BusinessVillage

MARKO LASNIA • VALENTIN NOWOTNY

AGILE EVOLUTION

EINE ANLEITUNG ZUR AGILEN TRANSFORMATION

BusinessVillage

Marko Lasnia, Valentin Nowotny
Agile Evolution – aktiv, effizient, kommunikativ
Eine Anleitung zur agilen Transformation
1. Auflage 2018
© BusinessVillage GmbH, Göttingen

Bestellnummern
ISBN 978-3-86980-411-8 (Druckausgabe)
ISBN 978-3-86980-412-5 (E-Book, PDF)

Direktbezug www.BusinessVillage.de/bl/1037

Bezugs- und Verlagsanschrift
BusinessVillage GmbH
Reinhäuser Landstraße 22
37083 Göttingen
Telefon: +49 (0)5 51 20 99-1 00
Fax: +49 (0)5 51 20 99-1 05
E–Mail: info@businessvillage.de
Web: www.businessvillage.de

Layout und Satz
Sabine Kempke

Coverillustration
Dominika Baum, fotolia by Adobe

Druck und Bindung
www.booksfactory.de

Copyrightvermerk
Das Werk einschließlich aller seiner Teile ist urheberrechtlich geschützt. Jede Verwertung außerhalb der engen Grenzen des Urheberrechtsgesetzes ist ohne Zustimmung des Verlages unzulässig und strafbar.
Das gilt insbesondere für Vervielfältigung, Übersetzung, Mikroverfilmung und die Einspeicherung und Verarbeitung in elektronischen Systemen.
Alle in diesem Buch enthaltenen Angaben, Ergebnisse usw. wurden von dem Autor nach bestem Wissen erstellt. Sie erfolgen ohne jegliche Verpflichtung oder Garantie des Verlages. Er übernimmt deshalb keinerlei Verantwortung und Haftung für etwa vorhandene Unrichtigkeiten.
Die Wiedergabe von Gebrauchsnamen, Handelsnamen, Warenbezeichnungen usw. in diesem Werk berechtigt auch ohne besondere Kennzeichnung nicht zu der Annahme, dass solche Namen im Sinne der Warenzeichen- und Markenschutz-Gesetzgebung als frei zu betrachten wären und daher von jedermann benutzt werden dürfen.

Inhalt

Über die Autoren 7

Intro 11

1. Warum sich Unternehmen modernisieren müssen 17

   1.1 Damoklesschwert Digitalisierung? 20

   1.2 Unternehmen in der VUCA-Welt 32

   1.3 Erfolgsfaktor #1: Das agile Mindset leben 41

   1.4 Erfolgsfaktor #2: Dynamische Route statt Standortdünkel 68

   1.5 Agile Prozesse der Zukunft 80

   1.6 Agiles Mindset entsteht nicht auf Knopfdruck 82

   1.7 Kick-off »ScruMa GmbH« – Einführung in den Fall 87

2. Die ersten vier Schritte zur agilen Transformation 105

   2.1 Schritt 1: Voraussetzungen schaffen 107

   2.2 Schritt 2: Durch die Analyse der Ist-Situation ein belastbares
       Fundament schaffen 111

   2.3 Schritt 3: Den Backlog anlegen und pflegen 117

   2.4 Schritt 4: Eine realistische Roadmap erstellen 119

   2.5 Wie hat ScruMa die ersten vier Stromschnellen gemeistert? 122

   2.6 Agility Check 1.0 174

3. Das smarte Team-Lern-System Scrum 181

   3.1 Go To Market: Das Hase-und-Igel-Spiel endlich gewinnen 183

   3.2 Die drei Dimensionen der Agilität: Wissen, Haltung und
       Verhalten 185

   3.3 Der Sprint: Der zentrale Dreh- und Angelpunkt 188

   3.4 Sprint Backlog: Die Challenge definieren 192

   3.5 Scrum Board: Arbeit mit Kanban visualisieren 194

   3.6 Der zweite große Sprung nach vorn – Scrum bei ScruMa 214

   3.7 Agility Check 2.0 254

4. Die ScruMa GmbH wird agil. Ein Happy-End? 257

4.1 Konstruktiv-positives Klima schaffen 259

4.2 Vertrauen in die Methode aufbauen 260

4.3 Beseitigung von Hindernissen angehen 261

4.4 Auf dem Weg zu echter Meisterschaft 262

4.5 Agile Anpassungsmeister statt kollektiver Kontrollverlust 266

4.6 Agility Check 3.0 289

Der Schlusspunkt für heute 293

Literaturverzeichnis 297

Über die Autoren

Dieses Buch entstand in gemeinsamer Arbeit der beiden Autoren Marko Lasnia und Valentin Nowotny. Beide sind als Trainer und Berater in unterschiedlichsten Agilitätsprojekten tätig.

Marko Lasnia

Marko Lasnia war viele Jahre in Führungspositionen zu den Themen Marketing, Vertrieb und Produktmanagement aktiv. So zum Beispiel in der dynamischen Wachstumsphase der MeinFernbus GmbH (heute Flixbus) als Leiter Marketing und Vertrieb, als hier die Marktführerschaft in der jungen Branche Fernbusreisen erreicht wurde. Seine Passion gilt echten Trends wie dem agilen Marketing und der Marketing-Automatisierung. An Scrum und Kanban begeistern ihn Schnelligkeit, die wesentlich geringere Fehleranfälligkeit, die Intensität der Kommunikation und die Flexibilität bei veränderten Rahmenbedingungen. Im Zuge der Einführung der verschärften Datenschutzregelungen der EU-DSGVO (Datenschutz-Grundverordnung) unterstützt er, unter anderem mit Scrum, deutschlandweit Unternehmen bei der Umsetzung von rechtssicherem Online-Marketing.

Kontakt
E-Mail: marko.lasnia@shaking-trees.de
Web: http://shaking-trees.de

Valentin Nowotny

Valentin Nowotny ist der agile Coach. Er ist spezialisiert auf das Coaching von agilen Teams, auf Trainings und Workshops zu den Themen Agilität, Leadership und Verhandlung sowie auf die Einführung agiler Frameworks und Methoden wie Scrum, Kanban und Design Thinking im Unternehmen. Mit seinem Buch *Agile Unternehmen: fokussiert, schnell, flexibel* etablierte er ein Standardwerk, das in der 4. Auflage erschienen ist.

Kontakt
E-Mail: vn@nowconcept.de
Web: http://www.nowconcept.de

Danke

Wir bedanken uns herzlich bei allen Kunden und Kollegen, die uns zu diesem Buch inspiriert und mit wertvollen Insight-Informationen unterstützt haben. Besonderer Dank gilt Christine Lasnia-Gerke, Eva Fischer-Lasnia, Philipp Schwarzbauer (Design des ScruMa-Logos) und Isabella Smolin (Illustrationen) für die geduldigen und wertvollen Hilfestellungen in den letzten Monaten.

Ein ganz besonderer Dank geht an das ganze BusinessVillage-Team: Zum einen für den Mut, tatsächlich mit uns dieses einzigartige Buch inklusive ScruMa-Story herauszubringen, zum anderen für die inspirierenden Abstimmungsgespräche, Überarbeitungsschleifen und Korrekturläufe, ohne die das Buch in der jetzigen Form nicht hätte entstehen können. Zudem danken wir unseren Familien für die Zeit und die Freiheit, die erforderlich ist, um ein solches Buch zu denken, im Detail zu konzipieren und in eine inhaltlich, sprachlich und visuell überzeugende Form zu bringen.

Intro

»Ein Unternehmen, das sich uneingeschränkt dem Service widmet, hat nur eine Sorge bezüglich der Gewinne. Sie sind peinlich groß.«

Henry Ford (1863–1947),
US-Industrieller, der das Auto zur Massenware machte

Allerdings, der Servicegedanke lässt sich nicht verordnen. Mitarbeiter müssen mitdenken, neue Ideen schnell umsetzen, eben agil sein.

Daher steht Agilität auf der Floskelliste eines jeden Unternehmens ganz oben. Aber was ist sie genau? Was verbirgt sich hinter dem Begriff? Es lohnt sich, diese Worthülse mit Leben zu füllen. Denn Studien zeigen sehr klar auf: Agile Unternehmen verdienen mehr, haben höhere Margen und sind die attraktiveren Arbeitgeber.

Aber wie haucht man Unternehmen Agilität ein? Wie bewegt man eine ganze Organisation zum Umdenken? Am Beispiel der ScruMa GmbH werden Sie das in diesem Buch durch eine erzählte Geschichte hautnah miterleben können. Wir wollen durch diese Emotionalisierung die theoretischen Inhalte des Buches für Sie als Leser erlebbarer gestalten und den gewünschten Lerneffekt verstärken. Je mehr Sie sich mit der Geschichte, den handelnden Personen und den dargestellten Situationen identifizieren, desto eher wird Ihr Gehirn dies als Lerneffekt dauerhaft abspeichern. Setzen Sie sich einfach in die erste Reihe und werden Sie Beobachter eines spannenden Veränderungsprozesses. Es ist ein Stück, das exklusiv nur für Sie aufgeführt wird!

Bei der ScruMa werden verkrustete Strukturen nach und nach aufgebrochen und starre Prozesse und klassisches Abteilungsdenken überwunden. Aber einfach ist das natürlich nicht. Erleben Sie mit, wie die ScruMa GmbH agil neue Methoden und Vorgehensweisen einführt, um damit ganz vorne zu sein. Erleben Sie mit, wie alle wichtigen agilen Methoden, Frameworks und Praktiken wie Canvas, Scrum, Backlogs, Roadmaps, Kanban Boards, Sprints, Reviews und Retrospektiven eingesetzt werden. So werden für Sie als Leser erprobte Methoden Stück für Stück sichtbar und anwendbar.

ScruMa GmbH ist der fiktive Name für ein Unternehmen, das sich den wachsenden Herausforderungen der Digitalisierung stellen muss. Ähnlichkeiten mit existierenden Unternehmen sind also rein zufälliger Natur und keinesfalls beabsichtigt, das können Sie uns glauben (oder auch nicht ;-)).

In einem agilen Evolutionsprozess entstehen innovative Dienstleistungen und Produkte

Nutzen Sie dies als lebendiges und einzigartiges Anschauungsbeispiel, um auch in Ihrem Unternehmen die notwendigen Impulse für die Zukunft zu setzen. Denn echte Meisterleistungen entstehen in guten Teams. Auch die Fresken des Michelangelo in der Sixtinischen Kapelle wurden nicht von Michelangelo allein geschaffen, sondern von einem sehr eng zusammenarbeitenden Team (vgl. Nowotny 2017d).

Eine Erfolgsgeschichte, die einer der Autoren als Leiter Marketing und Vertrieb aktiv begleiten durfte, ist der Aufstieg der MeinFernbus GmbH zum Marktführer im dynamischen Fernbusmarkt Deutschlands. Nach der Liberalisierung des Fernbuslinienverkehrs am 1. Januar 2013 entstand ein rasant wachsender Bedarf an preiswerten Fernbusreisen in Deutschland. Das Berliner Start-up MeinFernbus wuchs hier schnell zum Branchenprimus und immer mehr Reisende nutzten unter dem Motto »Fahr grün« die Alternative zu Bahn und Flugzeug.

Im November 2013 stieg dann der ADAC-Postbus in den Fernbusmarkt ein. Die Hoffnung, zeitnah die Marktführerschaft zu erringen, bröckelte sehr schnell und so war es der ADAC, der bereits nach nur einem Jahr das Gemeinschaftsunternehmen wieder verließ. Der Postbus fuhr fortan alleine seine Strecken, bis es im August 2016 mit dem Verkauf an die Flixbus GmbH zum endgültigen Aus kam. MeinFernbus und Flixbus fusionierten Anfang 2015 zur Flixbus GmbH. Flixbus gibt aktuell mit einem Marktanteil von rund 90 Prozent in Deutschland den Ton an und ist damit die unangefochtene Nummer Eins.

Ein wesentlicher Baustein des Erfolgs von MeinFernbus war die Umsetzungsgeschwindigkeit. Entscheidungen wurden schnell getroffen und in Windeseile umgesetzt. Die IT-Abteilung des Unternehmens arbeitete konsequent mit agilen Methoden und brachte im wahrsten Sinne des Wortes die Themen fertig auf die Straße.

Aber auch in anderen Bereichen wurde bereits im Jahr 2013 mit agilen Methoden erfolgreich gearbeitet. So wurden Linienstarts abteilungsübergreifend in Form von sogenannten Daily Stand-ups begleitet. Das war auch notwendig, um sich täglich kurz abzustimmen, denn die Rahmenbedingungen änderten sich oftmals von einem Tag auf den anderen.

Zum Markteintritt des ADAC-Postbusses wurde in der Abteilung Marketing und Vertrieb ein umfassendes Go-to-Market-Projekt mit agilen Methoden durchgeführt. Das war vornehmlich strategischer Natur und lief trotz der hohen Auslastung der Teammitglieder durch das Tagesgeschäft sehr erfolgreich. Einige Weichen wurden neu gestellt, Themen konsequent priorisiert und bis zum Ende abgearbeitet.

Bitte verstehen Sie uns nicht falsch. Wir behaupten hier nicht, dass MeinFernbus allein durch die Anwendung von Bausteinen der agilen Methodenwelt so erfolgreich wurde. Hier spielen viele Faktoren eine große Rolle, unter anderem der Umstand, zur rechten Zeit am rechten Ort zu sein, das richtige Angebot und sicherlich auch ein Stück weit das Glück des Tüchtigen. Aber wir sind der Überzeugung, dass – insbesondere im Vergleich zum ADAC-Postbus – die oben beschriebene Umsetzungsgeschwindigkeit einen echten Wettbewerbsvorsprung darstellte.

»Luck is what happens when preparation meets opportunity«, sagt man im Englischen. Im Deutschen lautet der Satz: »Glück ist, wenn Vorbereitung auf Gelegenheit trifft.« Dieser Aphorismus wird übrigens dem römischen Philosophen und Naturforscher Lucius Annaeus Seneca zugeschrieben (4 vor Christus bis 65 nach Christus), der hiermit vielleicht einen der ersten agilen Gedanken in Worte goss. Sich auf das Ungeahnte vorzubereiten, ist in einer klassischen Welt nahezu unmöglich. Die agilen Methoden erlauben jedoch genau dies. Wir waren und sind auch heute sehr dankbar, mit diesen Ansätzen arbeiten zu können!

Tipp: Wir haben unter *www.scruma.de* für Sie weiterführende Geschichten und Downloads bereitgestellt. Melden Sie sich einfach kostenlos mit dem Zugangscode an, den Sie am Ende des Buches finden, und werden auch Sie Teil der ScruMa-Community!

1.
Warum sich Unternehmen modernisieren müssen

Für Wunder muss man beten, für Veränderung aber arbeiten.

Thomas von Aquin (1225–1274), Philosoph und Theologe

Es gibt viele Trends, die heute für Unternehmen von Relevanz sind. Allen voran die Digitalisierung. In der sogenannten VUCA-Welt wird ein agiles Mindset zur Pflicht. Wir zeigen anhand der ScruMa GmbH, wohin die Reise geht und wie die Zielplanung individualisiert werden kann – wir möchten sagen, individualisiert werden muss! Dass dies alles immer noch Arbeit bedeutet, ist klar, aber immerhin auch eine, die glücklich macht: »Thank God it's Monday«, heißt eine Veranstaltungsreihe des visionären Unternehmers Uwe Rotermund und dieses Motto könnte so tatsächlich eine Art Leitlinie der künftigen Arbeitswelt werden!

Wir zeigen in diesem Buch, wie jedes Team seine Arbeitskultur schrittweise ändern kann und welche Chancen für alle im Wandel der Arbeitswelt tatsächlich stecken. Unser Buch ermutigt, sich von traditionellen Managementsystemen wie dem Management by Objectives (kurz: MbO) zu lösen und sich auf eine neue selbstorganisierte Arbeitsorganisation mit klaren Leitplanken sowie kurzfristigen und selbst gesetzten Zielen einzulassen. Denn erst das ermöglicht den agilen Flow.

Und wer möchte nicht tief greifende und hoch befriedigende Glücksgefühle bei der Arbeit haben? »Go with the flow« ist im Englischen eine Redewendung, die nicht unbedingt positiv das »Mitschwimmen im Mainstream« umschreibt. Aber müssen wir wirklich immer gegen den Strom schwimmen oder gar durch Wände gehen, um Erfolg zu haben? In dem Buch *Organisationaler Flow* wird der Flow im Unternehmen als »der einfache Weg« beschrieben (vgl. Greve 2016). Was ist verkehrt daran, wenn es auch einmal einfacher gehen kann?

Wir haben in einem größeren Projekt ein namhaftes Traditionsunternehmen in einer agilen Transition gemeinsam begleitet. Die Produktionsbelegschaft hatte in der Vergangenheit schon viele theoretische Konzepte von diversen Beratern vermittelt bekommen: Shopfloor Management, Lean, Management by Objectives, Six Sigma und vieles mehr. Das Einzige, was geblieben ist, sich gewissermaßen in der Evolution der Methoden behaupten konnte, war

Six Sigma, für die schweren, komplizierten Themen. Was mit uns dazukam, war das leichtgewichtige »Agile«, insbesondere mit den Ansätzen Scrum und Kanban, allerdings mit eingedeutschten Begrifflichkeiten und der ein oder anderen Modifikation bei »Getriebe und Radaufhängung«.

Denn eines ist klar: Nur weil es so viele schöne neue Buzzwords gibt, helfen diese in der Praxis noch nicht zwingend weiter. Doch das evolutionäre Kanban, verbunden mit dem zuweilen auch revolutionären Scrum, hat gezündet und zu einer hoch motivierten Mannschaft geführt. Und das ist – wir betonen das – bei einem Traditionsunternehmen mitnichten einfach zu erzielen und auch hinsichtlich der Positivwirkung auf die Moral nicht zu unterschätzen.

1.1 Damoklesschwert Digitalisierung?

»Computer werden kleiner und kleiner, bald verschwinden sie völlig.«

Ephraim Kishon (1924–2005), israelischer Satiriker ungarischer Herkunft

Wenn es denn nur so wäre, wie Ephraim Kishon gekalauert hat. Derzeit scheint eher das Gegenteil der Fall zu sein: Computer werden zwar kleiner (und smarter), dafür steigt aber auch ihre Verbreitung: Bald hat jedes Objekt, und sei es der »Schnuffelhase« Ihres Nachwuchses oder die Weiche im Gleisbett, seine eigene IP-Adresse.

Früher hat man sich mit einem Geschäftspartner zu Verhandlungsgesprächen persönlich getroffen. Heutzutage werden Deals am Telefon, per E-Mail, per Videokonferenz oder gar per Short-Message besiegelt (vgl. Nowotny 2017e). Die Digitalisierung ist also genauso unvermeidbar, wie sie bereits allgegenwärtig ist.

Konstruktiv-kreatives Arbeiten in einer digital-agilen Zukunft

Unsere These: Die Digitalisierung verändert die Unternehmen und damit auch die Art und Qualität von Arbeit, jedoch ist noch nicht ausgemacht, in welche Richtung. Aber: Die »Agilisierung« der Unternehmen ermöglicht es, die unter Umständen schwierigen, negativen und belastenden Effekte der Digitalisierung in ein neues, positives und herausforderndes Lernfeld zu verwandeln und dabei jeden Mitarbeitenden, die Arbeit selbst und die einzelnen Teams in einem neuen kreativ-konstruktiven (Work-)Flow zusammenzubringen.

Der Digitalisierungstrend wird in vielen Unternehmen zunehmend als Gefahr wahrgenommen und scheint wie ein Damoklesschwert bedrohlich über ihnen zu schweben. Der Druck, diesem Trend nachzukommen und in Zeiten von »Arbeit 4.0« (den Begriff erklären wir gleich noch einmal im Detail) nicht zurückzubleiben, ist jedoch in Wahrheit eine großartige Chance: eine Chance zur Modernisierung, eine Chance, Arbeit ganz neu und für alle hoch befriedigend nach dem »Pull-Prinzip« zu organisieren, eine Chance zu einer wirklichen Wertschöpfung durch Wertschätzung und gemeinsames Werken und Wirken!

Der Begriff »Digitalisierung«

Der Begriff der Digitalisierung hat in den letzten Jahren in der öffentlichen Diskussion Fahrt aufgenommen. Neben dem Begriff »agil« ist auch »digital« zu einem verheißungsvollen Punkt in der Unternehmenszukunft geworden. Gleichzeitig ist der Begriff lediglich ein Oberbegriff für eine Vielzahl von Einzelthemen, die sich darum gruppieren lassen. Und vor allem: Rechnerleistung ist zu einer »Commodity« geworden, also gewissermaßen zu einer überall und jederzeit verfügbaren Ware. Für die meisten erschwinglich und über das Web auch in hohen Kapazitäten abrufbar. Rechenleistungen können inzwischen problemlos eingekauft werden, wie der Erfolg der unzähligen Cloud-Services der letzten Jahre zweifelsfrei beweist.

Wir verstehen unter Digitalisierung die Transformation von analogen Strukturen in digitale Strukturen. Dies beinhaltet die digitale Umwandlung und Darstellung von Informationen und die digital-gestützte Kommunikation. Ein gutes Beispiel sind Bücher. Früher waren Bücher ausschließlich physisch und lokal verfügbar, zudem von der Anzahl her limitiert. Ein E-Book hingegen ist überall lesbar und online grundsätzlich in einer unbegrenzten Zahl verfügbar. Zudem ist ein E-Book durch den Wegfall der Druckkosten in der Regel günstiger als ein physisches Buch.

Im Zusammenhang mit der Digitalisierung werden stets Schlagworte wie Internet of Things (IoT), Industrie 4.0, Digitale Transformation, Cloud Computing, Big Data et cetera bemüht. Viele der Begriffe sind aber wenig selbsterklärend und lassen eine breite Masse der deutschen Bevölkerung eher verwirrt, teilweise verängstigt zurück. Was der Bauer nicht kennt, das frisst er halt auch nicht. Andererseits sind wir stets dann begeistert, wenn uns die Digitalisierung das Leben lebenswerter macht. Digitale Errungenschaften wie zum Beispiel Smartphones, Onlineshopping oder auch Onlinebanking sind fester Bestandteil unseres Lebens geworden und daraus nicht mehr wegzudenken.

Digitalisierung infiltriert unseren Alltag

Lassen wir uns derzeit noch von einem Navigationssystem leiten, so werden in nicht allzu ferner Zukunft die Autos völlig selbstständig fahren, während der Mensch am Tablet den neuen James-Bond-Film genießt. Müssen wir uns heute vielleicht noch einen halben Urlaubstag nehmen, um einen Reisepass zu beantragen, werden wir das morgen bequem per Mausklick von der Couch erledigen können.

Damit treten aber auch Themen wie Datenschutz, Persönlichkeitsrechte, Arbeitsplatzsicherheit, das Verhältnis von Mensch und Maschine immer mehr in den Fokus. Was passiert eigentlich mit unseren Daten? Wie sicher ist mein Arbeitsplatz? Wie kann ich mit den Anforderungen der Digitalisierung mithalten? Das sind nur einige der Fragen, auf die es heute selten klare Antworten geben kann. Auch dies führt eher zu einer breiteren Verunsicherung als zu einem positiven Schub für den digitalen Wandel.

Es setzt sich die Erkenntnis durch, dass wir inzwischen auf der nächsten Stufe einer beruflichen und gesellschaftlichen Evolution stehen. Es ist die Stufe der vierten industriellen Revolution, auch »Industrie 4.0« genannt.

Was bedeutet Industrie 4.0?

Industrie 1.0 meint die im 18. Jahrhundert beginnende Ära der **Mechanik**.
Industrie 2.0 bezieht sich auf die Ära der **Elektronik** (20. Jahrhundert).

Industrie 3.0 steht nach dieser Logik für die **zunehmende Automatisierung** der Industrie durch den Einsatz der Office-IT seit den Siebzigerjahren.

Industrie 4.0 steht für die »vierte industrielle Revolution«, also die **Individualisierung und Hybridisierung** (Kopplung von Produkten und Dienstleistungen) der Produkte und die **Integration** von Kunden und Geschäftspartnern.

Quelle: https://agile-unternehmen.de/was-bedeutet-4-0/ http://wirtschaftslexikon.gabler.de/Definition/industrie-4-0.html

---

Was braucht das Team 4.0?

Warum erwähnen wir das hier? Nun, die Frage ist ja: Was brauchen die Teams 4.0, um erfolgreich arbeiten zu können? Sie müssen vor allem sehr viel schneller lernen als in der Vergangenheit und sich darauf spezialisieren, neue Kundenbedürfnisse nicht nur immer wieder neu auszukundschaften, sondern diese dann auch ganz gezielt und vor allem auch schnell – bevor es nämlich ein anderer tut – zu bedienen.

Die »handwerklichen« Aufgaben der traditionelleren Teams 1.0, 2.0 und 3.0 lassen sich zum Beispiel über Marketing-Automatisierung in den Griff bekommen. Dort, wo Wissensarbeit gefragt ist, muss Arbeit in einem hohen Grade wertschöpfend sein und eben nicht aus repetitiven und im Zweifel auch mit mehr oder minder intelligenten Algorithmen darstellbaren Aspekten bestehen.

Es werden in den nächsten Jahren völlig neue Geschäftsmodelle und vor allem auch neue Berufsbilder entstehen. Zum Beispiel der Scrum Master (oder auf Deutsch der »Agilitätsmentor«) oder der Product Owner (auf Deutsch dann am ehesten ein »Prioritäten-Manager«). Wir haben hier unserer Ansicht nach passende deutschsprachige Entsprechungen zu den englischen Begriffen hinzugefügt. Unsere Erfahrung: Nicht jeder »normale« Mitarbeiter, jede »normale« Mitarbeiterin fühlt sich mit einer englischsprachigen Rollenbeschreibung gut aufgehoben! Mit den Originalbegriffen kann man arbeiten, muss man aber nicht. Letztlich geht es darum, dass jeder die Rollen inhaltlich versteht und seine Aufgaben in der Struktur nachvollziehen kann, und nicht etwa um begriffliche Linientreue!

Jede Veränderung des Geschäftsmodells birgt eine Chance und gleichzeitig auch eine Gefahr. In diesem Spannungsfeld befinden sich aktuell auch viele deutsche Unternehmen, deren Mitarbeiter und die bisherigen Führungsmannschaften.

Agile Führungskonzepte sind gefragt

Doch auf welche Führungskompetenzen kommt es hier an? Wie verändert sich sinnvollerweise das Selbstverständnis von Führungskräften? Anne M. Schüller sieht den Führungsstil der Zukunft in den Bereichen der Moderation und des Möglichmachens: »Führungskräfte moderner Prägung führen nicht mehr nur über Anweisungen und Kontrolle« (Schüller 2016). Angesichts der Herausforderungen, vor denen wir stehen, sieht sie noch weitere Funktionen, konkret »die Rolle des Katalysators, des Moderators, des Koordinators und des Möglichmachers« (ebenda). Mehr hierzu auch bei Nowotny (2017b). Während 92 Prozent der Befragten in einer sehr umfassenden Studie mit mehr als tausend teilnehmenden Führungskräften die Auswirkungen der digitalen Transformation im Unternehmen spüren, beginnen 39 Prozent erst mit den Vorbereitungen hierauf, 6 Prozent sind überhaupt nicht darauf vorbereitet (Marquardt 2017).

Egal, aus welcher persönlichen Position der Einzelne das Thema betrachtet: Die Digitalisierung wird sich in den meisten Bereichen unseres beruflichen und privaten Lebens nicht aufhalten lassen. Alles, was digitalisiert werden kann, wird vermutlich sehr bald digitalisiert sein. Wichtig wird sein, wie sich Unternehmen, Politik und Privatpersonen auf diesen digitalen Wandel emotional und strukturell einstellen. Nicht das »Ob«, sondern das »Wie« und das »Was« werden die Entscheider der deutschen Wirtschaft bewegen. Dazu später mehr.

Die Ansprüche wachsen

Der deutschen Wirtschaft geht es aktuell blendend. Die Auftragsbücher sind voll und die verfügbaren Ressourcen werden eingesetzt, um die Kundennachfrage zu bedienen. Das ist schwer genug, weil insbesondere sowohl der wachsende Fachkräftemangel als auch die gute Beschäftigungslage in Deutschland das Recruiting von geeigneten Fachkräften enorm erschweren.

Gleichzeitig sind die Ansprüche der Arbeitnehmer an die Arbeitsinhalte und das Arbeitsumfeld gewachsen. Themen wie »Work-Life-Balance«, »Vereinbarkeit von Privatleben und Beruf«, »Selbsterfüllung« und »Selbstbestimmung« sind insbesondere bei den Fachkräften in der Priorität deutlich gestiegen. Das Gehalt ist immer noch wichtig, gerät aber ab einer gewissen Höhe gegenüber den oben genannten Faktoren zusehends ins Hintertreffen.

De facto haben wir aktuell auf dem deutschen Arbeitsmarkt einen Nachfrageüberhang bei Fachkräften, das gilt verstärkt für die sogenannten MINT-Berufe, also Berufe rund um die Qualifikationsfelder Mathematik, Informatik, Naturwissenschaften und Technik, bei denen insgesamt eine steigende Nachfrage zu verzeichnen ist (Agentur für Arbeit 2016).

Deutlicher Nachfrageüberhang
Die Nachfrage an qualifizierten Arbeitnehmern ist höher als das Angebot auf dem Arbeitsmarkt. Bis vor einigen Jahren erhielten beispielsweise Werbeagenturen auf Stellenausschreibungen wäschekörbeweise Bewerbungen. Heutzutage ist die Resonanz an einer Hand abzuzählen und viele Vakanzen müssen über teure Personalvermittler besetzt werden.

Manche Unternehmen werden durch diesen Personalmangel in ihrem Wachstum gehemmt und haben wenig freie Kapazitäten für die anstehenden Wandelprozesse. Gleichzeitig steigt das Arbeitsvolumen je Arbeitnehmer stetig an. Das führt aufgrund der starken Belastungen zu höheren krankheitsbedingten Ausfallzeiten und folglich zu noch mehr Arbeitsanfall je einsatzbereitem Arbeitnehmer. Dieser sieht seine Ansprüche an seinen Arbeitgeber nicht erfüllt und sinkt auf der beruflichen Zufriedenheitsskala ab, wodurch der Veränderungswille genährt wird.

Die Bindung an die Unternehmen geht zurück
Blickt man auf den sogenannten Engagement Index Deutschland 2016 von Gallup, so zeigt sich das folgende Bild:

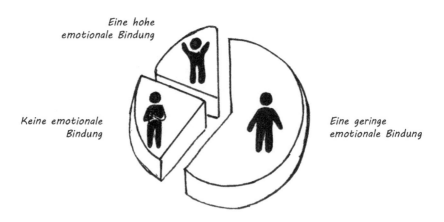

Nur 15 Prozent der Arbeitnehmer(innen) ab achtzehn Jahren in Deutschland haben eine hohe Bindung zu ihrem Arbeitgeber. 70 Prozent haben eine geringe Bindung und 15 Prozent sogar keinerlei Bindung. Dieses Ergebnis ist dramatisch, neu ist es aber nicht!

Blickt man in selbiger Studie auf die Zahlen, für wie sicher die gleichen Arbeitnehmer ihren Job im Vergleich zum Jahr 2015 halten, zeigen sich folgende Zahlen:

- 41 Prozent sicherer
- 49 Prozent gleich sicher
- 10 Prozent unsicherer

Folglich beschäftigen die deutschen Unternehmen eine Vielzahl von Arbeitnehmern, die wenig bis gar keine Unternehmensbindung haben, gleichzeitig aber eine hohe Sicherheit im Sinne einer Bindung des Unternehmens an den Mitarbeiter spüren.

Mitarbeiterbindung nach wie vor unbefriedigend!

Die Zahlen zur Mitarbeiterbindung sind seit 2013 fast unverändert und damit auf gleichem Niveau unbefriedigend für die Arbeitgeber. Das erlaubt den Rückschluss, dass Maßnahmen wie Erfolgsprovisionen als Incentivierung, kostenloses Wasser und Kaffee in der Kantine, Firmenevents und steigende Gehälter die Bindung der Mitarbeiter an das Unternehmen nicht nachhaltig positiv beeinflusst haben.

Gunther Wolf hat in seinem bemerkenswerten Standardwerk zum Thema rund 450 Maßnahmen zusammengetragen, die es grundsätzlich ermöglichen, die Mitarbeiterbindung zu verbessern (vgl. Wolf 2018); viele davon sind schon seit vielen Jahren bekannt, dennoch blieb die Situation weitgehend unverändert.

Mehr als das kleine Rädchen im Getriebe

Geht es am Ende doch um etwas ganz anderes, wenn Mitarbeitende nachhaltig gebunden und motiviert werden sollen? Vielleicht doch um agile Selbstorganisation? Vielleicht um das Gefühl, das Richtige am richtigen Ort zur richtigen Zeit in einem unterstützenden Team zu leisten? Vielleicht um eine neue soziale Sinnhaftigkeit, die verhindert, dass Mitarbeiter sich als bedeutungsloses Rädchen im Getriebe wahrnehmen?

Aktuell steigt der Anteil der deutschen Unternehmen, die das Thema Digitalisierung auf die Agenda nehmen. Das ist beruhigend, konnten wir doch in den vergangenen Jahren eher den Eindruck gewinnen, dass hier der Anschluss an die Zukunft verpasst wird.

Eine Unternehmensbefragung der Kreditanstalt für Wiederaufbau (KfW) legt nahe, dass fast die Hälfte aller Unternehmen bereits Digitalisierungsvorhaben für die nächsten zwei Jahre fest eingeplant hat (vgl. Zimmermann 2017). Nur von einem Drittel wird dies sicher ausgeschlossen. Die vier wichtigsten Digitalisierungshemmnisse sind aktuell:

1. Schwierigkeiten bei der Anpassung der Unternehmens- und Arbeitsorganisation,
2. Anforderungen an Datensicherheit und an den Datenschutz,
3. eine mangelnde IT-Kompetenz im Unternehmen sowie
4. die Verfügbarkeit von IT-Fachkräften auf dem Arbeitsmarkt.

Während die Punkte zwei bis vier sicher beklagenswert sind, allerdings durch »Ready-to-Go-Applikationen« und eine zusehends wachsende Anzahl von datensicher gehosteten Cloud-Produkten mehr und mehr verbessert werden können, stellt der erste Punkt die eigentliche inhaltliche Herausforderung dar. Wie stellen wir uns für die Zukunft auf, welche Zöpfe schneiden wir ab? Was kann auch organisatorisch und in den Abläufen anders und besser gelöst werden?

Entscheidet sich ein Unternehmen dafür, den Weg der Digitalisierung zu gehen, darf der Faktor Mensch, sein Engagement und seine Ideen nicht außen vorgelassen werden. Im Gegenteil: Ein nachhaltiger Wandel wird ohne eine moderne Form der Zusammenarbeit kaum möglich sein. Die Digitalisierung ist das Salz in der Suppe der Wissensökonomie. Somit wird klar, warum der digitale Wandel eines Unternehmens, nebst der Einführung von technischen Lösungen, die Mitarbeiter in das Zentrum der Bemühungen stellen sollte.

Was bewegt die handelnden Menschen in den Unternehmen? Es sind nach unserer Erfahrung vor allem die folgenden Aspekte:

- Der Begriff Digitalisierung löst durchaus Ängste und Bedenken aus.
- Die Ansprüche der Arbeitnehmer an die Aufgabe und das Arbeitsumfeld wachsen.
- Die Vereinbarkeit von Arbeit, Privatleben und dem persönlichen Wohlbefinden wird relevanter.
- Die aktuell messbare Mitarbeiterbindung ist in der Regel keine wirklich belastbare Basis für Veränderungsprozesse.
- Die Mitarbeiterrekrutierung, als Ausweg aus einem Engagement-Dilemma bei der bestehenden Crew, ist oft nur sehr eingeschränkt möglich.

Für den notwendigen Veränderungsprozess wird es kein Rezept und keine Blaupause geben, die für alle Unternehmen gleichsam umsetzbar sein wird. Jede Organisation ist auf ihre Weise einzigartig, hat ihre ganz eigene Historie, ihren eigenen digitalen Fingerabdruck. Dies bei dem Wandel außer Acht zu lassen, wäre sicher nicht zielführend. Wir können hier auch zuspitzen: Es wäre fatal! Dennoch gibt es Teilschritte einer Modernisierung der Aufbau- und Ablauforganisation, die durchaus universell umsetzbar sind. Am Ende dieser Schritte steht dann eine unternehmensindividuelle Lösung, die sich stetig und agil weiterentwickelt. Denn: Nur was sich bewegt, kann sich auch verbessern (vgl. Nowotny 2016b).

Warum sich Unternehmen modernisieren müssen | **29**

Reaktionsfähigkeit in der wilden VUCA-Welt sicherstellen

Der optimale Zustand ist dann erreicht, wenn die Organisation über die Möglichkeiten verfügt, schnell und dynamikrobust auf die komplexen Anforderungen der sogenannten VUCA-Welt (vgl. Kapitel 1.2) zu reagieren.

Wir begleiten in diesem Buch die ScruMa GmbH auf ihrem Weg in die neue Evolutionsstufe 4.0. Sie erhalten einen ganz konkreten Einblick, wie das ScruMa-Team sich langsam aber sicher an die unterschiedlichen Methodenwelten heranwagt und hier wichtige Erfahrungen sammelt. Aber warum macht sich die ScruMa-Crew eigentlich diese ganze Mühe? War es etwa schlecht, war es etwa unzureichend, wie die Arbeit in den letzten Jahren und Jahrzehnten organisiert worden ist? Ist ein solcher Umschwung nicht eine Entwertung des in der Vergangenheit Geleisteten und der geschaffenen Standards? Nein, denn ohne Wandel geht es nicht. Und wenn dieser, wie wir vorschlagen, »evolutionär« ausgestaltet wird, dann kann auch Gutes bewahrt werden, ohne den »Wir-erfinden-uns-neu-Prozess« zu gefährden ...

Das Leben besteht hauptsächlich darin, dass man mit dem Unvorhergesehenen fertig werden muss.

John Steinbeck (1902–1968), US-amerikanischer Autor
und Gewinner des Pulitzer Preises

1.2 Unternehmen in der VUCA-Welt

»Das Geheimnis des Vorwärtskommens besteht darin, den ersten Schritt zu tun.«

Mark Twain (1835–1910), US-amerikanischer Autor
und Erfinder von Huckleberry Finn

Unternehmen, die sich lange Zeit erfolgreich am Markt behauptet haben, können nicht alles falsch gemacht haben. Es ist auch kein neues Phänomen, dass sich das Unternehmensumfeld (ökonomisch, ökologisch, politisch-rechtlich, technologisch und soziokulturell) ständig verändert. Und es ist auch zuweilen so, dass die Öffentlichkeit (im Sinne der veröffentlichten Meinung) oft noch langsamer tickt als die Unternehmen selbst. Beispiel: Als Apple im April 2015 seine Apple Watch auf den Markt brachte, wurde das Unternehmen von vielen verspottet. So kommentierte die angesehene Zeitschrift CHIP den Marktstart der Apple Watch wie folgt (vgl. Redaktion CHIP 2016):

»Alles in allem ein erschreckendes Ergebnis und so ist es nicht verwunderlich, dass sich Apple zu genauen Verkaufszahlen in Schweigen hüllt. Es gibt sogar Stimmen, die behaupten, dass die Apple Watch vollkommen überflüssig sei.«

Heute wird das Branchenschwergewicht »Fossil« (rund vierhundert Outlets, Hersteller und internationaler Distributor von Fashion-Accessoires) an der Börse angezählt, weil das Unternehmen keine oder nur unzureichende Smart-Watch-Funktionalitäten in seinen Geräten anbieten kann:

»Im vergangenen Quartal fiel der gesamte Uhren-Umsatz von Fossil um 9,4 Prozent auf rund 450 Millionen Dollar … Im Geschäft mit Computer-Uhren führt – nach Berechnungen von Marktforschern – die Apple Watch. Von ihr wurden (Schätzungen der Analysefirma Strategy Analytics zufolge) im vergangenen Quartal 3,5 Millionen Geräte verkauft« (vgl. DPA 2017).

Da hilft es Fossil auch nicht mehr, etablierte Marken wie Diesel, Emporio Armani, DKNY, Burberry und Karl Lagerfeld im Sortiment zu haben. In diesem Fall sind es im Wortsinn tatsächlich »smarte Konzepte«, die den »Traditionalisten« mit viel zu langen Innovationsprozessen den Rang ablaufen. Verwunderlich ist dabei, dass sich hier die Geschichte augenscheinlich wiederholt. Nokia hat als ehemaliger Handy-Marktführer den Smartphone-Boom nach der Einführung der ersten iPhones von Apple im Jahre 2007 glattweg verschlafen und ist jetzt in die Bedeutungslosigkeit abgerutscht.

Lernen wir denn durch solche Unternehmensschicksale wirklich nichts dazu? Die Schnellen fressen jetzt die Langsamen, nicht die Großen die Kleinen wie früher!

Es ist auch nicht neu, dass Unternehmen Themen wie

1. Vertrauen
2. Eigeninitiative
3. Fähigkeit, zu teilen
4. Selbstreflexion
5. Verständigung auf ein gemeinsames Ziel
6. Kommunikation
7. Bereitschaft zur Veränderung
8. Konzentration auf das Wesentliche
9. Verständnis für Kundenbedürfnisse

als wichtige Erfolgsfaktoren für die Weiterentwicklung der eigenen Organisation erkannt haben.

Während unserer Studienzeit in den Neunzigerjahren war beispielsweise das »Lean-Management« insbesondere für die deutsche Automobilindustrie der Heilsbringer, um sich dem Wettbewerb mit der japanischen Konkurrenz zu stellen.

Schon damals war die Bedeutung der Fokussierung auf den Kunden mit Just-in-Time-Lieferung, Kanban in der Produktion, Kaizen, kontinuierliche Verbesserung (KVP), Eigenverantwortung und Teamarbeit ein ganz elementarer Bestandteil eines schlanken Managements. Begleitet wurde dies durch das »Total Quality Management« und dessen Normen wie die DIN 9001ff., welche die Anforderungen an ein Qualitätsmanagementsystem mit den Schwerpunkten Kundenfokus, Prozesse und kontinuierliche Verbesserung festschreibt.

Aber mal Hand aufs Herz: Für wie viele Unternehmen haben Sie bislang gearbeitet, in denen die oben genannten Themen konsequent gelebt und nicht nur in den Unternehmensleitlinien für die Image-Broschüre oder in geduldigen Handbüchern ausformuliert wurden?

Geben Sie doch einfach bei einer der Online-Jobbörsen (wie zum Beispiel *Stepstone.de*) den Begriff »Agile Coach« ein und machen Sie sich ein eigenes Bild davon, welche Unternehmen hier augenscheinlich die eigene agile Transformation vorantreiben.

Hervorgehoben sei hier die Daimler AG aus Stuttgart. Der Vorstandsvorsitzende Dieter Zetsche hat Ende 2016 die Weichen für den kulturellen Wandel zu mehr Schnelligkeit, Flexibilität, mehr Risikofreude und unkonventionellen Ideen gestellt. Ziel ist die schrittweise Etablierung einer sogenannten Schwarmorganisation, in der die stringenten Hierarchien und Abteilungssilos konsequent aufgelöst sind.

Seine Begeisterung für Agilität, Wandlungsfähigkeit und Entscheidungsfähigkeit, insbesondere von Start-ups, hat Zetsche in einem Interview in der *F.A.Z.* im Jahre 2016 formuliert: »Wenn man sich im Silicon Valley aufhält, merkt man, dass dort jeder überzeugt ist, dass seine Idee die Welt grundlegend verbessern wird. Da mag manches Überschätzung sein. Aber in vielen Fällen entstehen daraus Energie und Mut, große Ziele anzupacken. Man kann davon lernen. Und wir haben davon gelernt.« (F.A.Z. 2016)

An gleicher Stelle wird Zetsche mit der folgenden Äußerung zitiert: »Wir werden eine sehr große Organisation sein, die flexibel und wandlungsfähig ist, immer auf der Höhe der Zeit und bereit, Pionierarbeit zu leisten, Schrittmacher zu sein.«

Tesla macht Daimler Beine

Es kann an dieser Stelle unterstellt werden, dass Daimler diesen Veränderungsweg auf Basis der eigenen streckenweise positiven Erfahrungen mit dem Lean Management einschlägt, um evolutionär auf die neue, digitale Welt zu reagieren (vgl. Abschnitt *Ist »Agile« etwa alter Wein in neuen Schläuchen?* auf Seite 72 f.).

Zudem hat die Dynamik eines E-Auto-Pioniers wie Tesla auch die Schwaben nicht kalt gelassen. Neu sind nämlich hier das Tempo und die Komplexität der Veränderungen, die erforderlich sind, um weiterhin die Nase vorne zu behalten.

Aber wie viel eigene Innovationsfähigkeit legt ein Konzern wie Daimler tatsächlich an den Tag, wenn er es offenbar nötig hat, verdeckt über ein kleines bayrisches Unternehmen beim Autovermieter Sixt für sieben Wochen einen Tesla X anzumieten, diesen heimlich auseinanderzubauen, wieder feinsäuberlich zusammenzusetzen und ihn dann über die eigenen Teststrecken zu jagen, um das Auto am Ende ramponiert mit massiven Schäden wieder zurückzugeben? (vgl. Schmid 2017)

Betrachtet man jedoch generell die Historie der letzten Jahre, zeigt sich, dass sich die Innovationsgeschwindigkeit alle zwei Jahre verdoppelt hat. Insbesondere die technische Entwicklung befindet sich derzeit im »Highspeed-Modus«.

Der Begriff der VUCA-Welt ist in vielen Publikation ausführlich dargestellt worden (vgl. Nowotny 2016a: 247 ff.). Im Kern geht es um die neuen Herausforderungen, denen sich Unternehmen in der digitalen Welt stellen müssen, um auch in Zukunft zu überleben. VUCA steht für:

Volatilität (englisch »volatility«): Die Änderungen in unserer Umwelt – zum Beispiel beim Wetter, bei den Aktienmärkten und durch »Realtime-Effekte« der Internet-Kommunikation einschließlich Social-Media-Phänomenen wie Tweets, die eine weltweite Verbreitung und Eigendynamik aufweisen – werden immer häufiger, schneller und extremer.

Unsicherheit (englisch »uncertainty«): Wir können immer weniger Vorhersagen über zukünftig zu erwartende Ereignisse treffen. Auch die Wissenschaft muss immer wieder eingestehen, neue Phänomene nicht vollständig erklären zu können oder gar neuartige Phänomene wenn überhaupt, dann nur mit einer starken zeitlichen Verzögerung »behandeln« zu können.

Komplexität (englisch »complexity«): Die uns umgebende Umwelt wird immer verknüpfter, es spielen zunehmend mehr Abhängigkeiten in jede Thematik hinein. Die Verkettungen von sozialen, organisationalen und technischen Netzwerken schaffen neue Herausforderungen, die eine einzelne Person nicht immer vollständig überblicken kann.

Ambiguität (englisch »ambiguity«): Die Faktenlage wird immer mehrdeutiger, es wird immer schwieriger, zutreffende und präzise Beurteilungen zu treffen. Der Abgleich vieler subjektiver Sichtweisen hin zu einer mehrschichtigen und multiperspektivischen Wahrnehmung der Wirklichkeit wird immer wichtiger!

Das folgende Beispiel macht deutlich, wie uns die VUCA-Welt in der täglichen Arbeit erreicht:

Ein Bereichsleiter Marketing hat die Aufgabe, ein neues CRM-System einzuführen (CRM = Customer Relationship Management). Die Geschäftsführung hat die Erwartung, dass diese Software das Kundenbeziehungsmanagement in kürzester Zeit optimieren wird, um die Kundenabwanderungsquote zu senken. Es besteht auch die Erwartung, dass das CRM-System zukunftsfähig ist und alle Anforderungen der nächsten Jahre abdecken kann – auch diejenigen, die heute nicht bekannt sind.

Die Liste der Erwartungen seitens der Geschäftsführung ist noch weitaus länger und schließt weitere Themen wie die Verbesserung der abteilungsübergreifenden Kommunikation und Zusammenarbeit, ein umfassendes Reporting, ein Lead-Management, die Identifikation von Potenzialen zur Optimierung, den Abbau von Doppelarbeit und Administrationsaufwänden als auch die Anbindung an bereits vorhandene IT-Lösungen über zusätzliche Schnittstellen mit ein.

Klassisch geht's los mit Ist-Analyse und Pflichtenheft

Unser Bereichsleiter beginnt auf Basis dieser Anforderungen mit der Analyse und Dokumentation der Ist-Situation in allen Bereichen des Unternehmens.

Im nächsten Schritt formuliert er ein Pflichtenheft, in dem er alle ihm bekannten Anforderungen zusammenfasst, um – nach interner Abstimmung – die Suche nach der geeigneten Lösung zu starten. Das ist durchaus aufwendig und kompliziert, würde aber ein verständliches und belastbares Bild bieten.

Keinesfalls zu vergessen und besonders pikant ist eine Anforderung der Geschäftsführung: Zukunftsfähigkeit. Sie ist aus kaufmännischer Sicht verständlich. Schließlich ist ein CRM-System eine Investition von beträchtlicher Höhe, und da möchte man nicht Geld in Dinge stecken, die morgen vielleicht nicht mehr einsetzbar sind. Jetzt wird es für den Bereichsleiter aber knifflig, denn er muss den sicheren Boden des Istzustandes verlassen und antizipieren, was das CRM-System in drei, fünf oder acht Jahren eventuell zusätzlich leisten soll.

An diesem Punkt trifft ihn die VUKA-Welt (jetzt einmal aus dem Deutschen hergeleitet mit K wie »Komplexität«) mit voller Wucht, denn der Blick in die Zukunft ist heute schwieriger denn je. VUKA meint:

V olatilität: Die CRM-Lösung, die heute passt, kann morgen schon veraltet sein. Es fehlt die Beständigkeit.

U nsicherheit: Die Vorhersage bezüglich weiterer Anforderungen in den nächsten Jahren ist kaum belastbar. Es fehlt die Gewissheit.

K omplexität: Die Menge an verfügbaren Systemen, die gegebenenfalls in das CRM eingebunden werden müssen, macht es fast unmöglich, alle Informationen zu gewichten und miteinander ins Verhältnis zu setzen. Es fehlt die Vorhersehbarkeit.

A mbiguität: Die Faktenlage für das Thema Datensicherheit ist sehr schwer zu beurteilen. Es fehlt die Bewertungssicherheit.

Am Ende wird jede Entscheidung ein beträchtliches Risiko des Scheiterns beinhalten. Die Geschäftsleitung ist zunächst fein raus, hat sie doch die Entscheidung delegiert. Doch der Kern des Übels ist die Denke der Geschäftsführung, die ganz im Sinne eines Command-and-control-Denkens vom Bereichsleiter erwartet, dass er die Entwicklungen der nächsten Jahre voraussehen könne. Richtiger wäre es, die schnelllebige Welt als solche zu akzeptieren und in eigenen Planungen zu berücksichtigen. Nur dann kann die eigene Organisation wendig und flink aufgebaut werden.

38 | Warum sich Unternehmen modernisieren müssen

VOPA ist die passende Antwort auf das VUKA-Umfeld

Dr. Wilms Buhse, deutscher Digital-Experte und Autor

Die richtige Antwort auf VUKA heißt VOPA

VOPA steht für:

V ernetzung: Alle kommunizieren miteinander, nicht nur über die Station des »Chefs«. Die berüchtigten »Silos«, also Abteilungen, die nebeneinander existieren und nicht miteinander kommunizieren, werden so aufgebrochen. Vernetzung bedeutet also, dass sich Mitarbeiterteams als auch die Führungsmannschaft mit allen relevanten Informationsträgern (Kollegen, andere Abteilungen, andere Unternehmensbereiche, Lieferanten, interne und externe Kunden) bestmöglich vernetzen. Die bekannten sozialen Netze gehören dabei im Prinzip genauso dazu wie alle denkbaren virtuellen Plattformen, welche in der Lage sind, die Zusammenarbeit zu erleichtern.

O ffenheit: Alles, was andere denken, sagen und tun ist hilfreich. Vielleicht steckt eine Idee drin, die mir selbst hilft, die komplexe Welt besser zu verstehen. Offenheit ist also unverzichtbar, denn alle Beteiligten müssen jederzeit über alle wichtigen Informationen verfügen, um sinnhaft agieren zu können und im Sinne einer gemeinsamen Bewusstseinsbildung in Teams nachvollziehbare und kluge Entscheidungen zu treffen.

P artizipation: Wer sich eingeladen fühlt, mitzumachen, der identifiziert sich mehr mit dem Ganzen, ist motiviert, mitzuziehen und sich für den gemeinsamen Erfolg einzusetzen. Partizipation bedeutet in diesem Zusammenhang also, dass die Mitarbeiter nach ihrer jeweiligen Kompetenz und Erfahrung von Anfang an in Strategie- und Entwicklungsprozesse mit einbezogen werden. Die Arbeitsgruppen handeln autonom und entscheiden in einer Fehler akzeptierenden Kultur auf der Basis gezielter Experimente und deren Ergebnissen.

A gilität: Hier geht's darum, erste Dinge schnell fertig zu machen und so zu lernen, was der Kunde wirklich braucht. Es ist okay, in die falsche Richtung zu laufen, um die richtige herauszufinden. Agilität meint hier also vor allem, dass sich die Führungsmannschaft als auch die Teams ständig auf sich verändernde Bedingungen einstellt. Zudem, dass in möglichst kurzen Feedback-Schleifen der jeweilige Arbeitsfortschritt vorgestellt wird und gemeinsam mit den internen oder externen Kunden in der Folge ein für diese maximaler Wert generiert werden kann.

Aber wie können diese vier VOPA-Aspekte in einer von traditionellen Vorgehensweisen geprägten realen Unternehmensumgebung tatsächlich sichergestellt werden?

1.3 Erfolgsfaktor #1: Das agile Mindset leben

»Der Kopf ist rund, damit das Denken die Richtung ändern kann.«
Francis Picabia (1879–1953), französischer Schriftsteller, Maler und Grafiker

Unabhängig davon, für welche Möglichkeiten der vorhandenen Methodenwelten sich ein Unternehmen entscheidet, ist der Schlüssel zu einer erfolgreichen Transformation das »Mindset« der Organisation und ihrer Akteure.

Definition Mindset

Die menschlichen Einstellungen, Denkweisen, Anschauungen, Präferenzen und Mentalitäten entwickeln sich auf Basis von positiven und negativen Erfahrungen und beeinflussen unser Handeln daher im beruflichen sowie im privaten Umfeld in einem erheblichen Umfang.

Mit den Begriffen »Team Mindset« oder »Corporate Mindset« werden häufig vorherrschende Team- oder Unternehmenskulturen beziehungsweise die konkret vorherrschenden Haltungen und Denkweisen in dem jeweiligen Organisationssystem beschrieben.

Bedeutung und Relevanz einer neuen agilen Denke für die Veränderung

Zugegebenermaßen gibt es mittlerweile eine ganze Reihe von Publikationen zum modernen Management und zur Organisation der Zukunft. Die dort beschriebenen Ergebnisszenarien und Praktiken klingen geradezu himmlisch und lösen beim Leser den Impuls »Genau das brauchen wir, lasst uns das schnell einführen!« aus.

Aber die Früchte hängen nicht so tief, wie wir uns das wünschen würden. Eine Neugestaltung von Organisationen ist ein langwieriger und intensiver Prozess, der nie zu Ende sein wird. Eine Evolution endet auch nicht mit einem Abspann und dem Rausschmeißer wie im Kinofilm. Nein, die Evolution geht immer weiter: Mutationen über Mutationen in hunderten und tausenden Myriaden von Jahren.

Frederic Laloux beschreibt in seiner wegweisenden Analyse der gegenwärtigen Unternehmenslandschaft einige konkrete Praktiken des modernen Managements anhand von Fallbeispielen, beispielsweise die zeitoptimierenden Vorgaben für Pflegekräfte, die qualifizierte Pfleger in Scharen zu der als Netzwerk selbstbestimmter Teams organisierten Firma Buzzorg trieb, da sie nur dort noch den Sinn ihrer Arbeit finden konnten. Auch der Outdoor-Ausstatter Patagonia oder der Tomatenverarbeiter Morningstaar fallen nach Laloux in diese Kategorie. Er weist jedoch auch darauf hin, dass solche Praktiken nur dann lebendig werden können, wenn die Führenden ihre Weltsicht, ihre Tools und Modelle als auch ihr Menschenbild verändern, welches einer solch neuen Form der gemeinschaftlichen Zusammenarbeit zugrunde liegt (vgl. Laloux 2015). Gemeint ist hier natürlich auch die neue

Logik einer VUCA-Welt, welche die Nicht-Vorhersagbarkeit von künftigen Entwicklungen eher als Regel denn als Ausnahme nahelegt.

Erinnern wir uns an dieser Stelle anteilnehmend an unseren Bereichsleiter aus dem vorhergehenden Kapitel. Wir teilen prinzipiell die Ansicht von Frederic Laloux. Allerdings möchten wir sie um einen weiteren Gesichtspunkt ergänzen. Schon die Einführung von einzelnen Praktiken wie beispielsweise dem Daily Stand-up (vgl. Kapitel 3) bringt – auch wenn sie losgelöst ist von einem übergeordneten Veränderungsprozess – nachweisliche Verbesserungen hinsichtlich einer effizienteren Teamkommunikation.

Abhängig von dem unternehmensindividuellen Einführungsszenario kann dies ein geeigneter Ausgangspunkt für die schrittweise Veränderung der Arbeits- und Kommunikationskultur im Unternehmen sein. Erleben die Teammitglieder auf diesem Weg die Vorteile der Neuerungen – hier des Daily-Stand-up-Meetings – für die eigene Tätigkeit, so sind sie in aller Regel auch weiteren Veränderungen gegenüber aufgeschlossener. Wir möchten an dieser Stelle das Wort »erleben« hervorheben: kein aufbrandendes Theoriegebäude, sondern schlicht ein neues positives Gefühl des kontinuierlichen Miteinanders und der Verbundenheit stellt sich im Team durch die regelmäßigen schnellen Abstimmungen ein.

Unternehmen brauchen ein neues Ideal. Das alte Optimum war (Kosten-) Effizienz. Das neue Ideal ist gelebte Agilität. Sie ist dann erreicht, wenn im täglichen Tun, im Umgang miteinander, in geschriebenen und ungeschriebenen Regeln der Organisation ein darauf ausgerichtetes, individuelles und organisationales Verhalten entwickelt wird. Das ist ein grundlegendes neues Denken, da es einem neuen Nordstern folgt und den lange verfolgten einseitigen Glauben an die Kostenoptimierung zu Grabe trägt.

Was zeichnet das »neue« agile Denken aus? Wie so oft lassen sich Prozesse auf Organisationsebene im Sinne einer strukturellen Analogie auf der Ebene der individuellen Informationsverarbeitung nachvollziehen. Schauen wir doch unserem Gehirn einmal kurz auf die Finger, oder sagen wir vielleicht besser: direkt auf die Synapse. Wir möchten an dieser Stelle zwei Fundamentalsysteme des menschlichen Gehirns aufgreifen (vgl. Bauer 2015).

System #1: Das Basis- oder Triebsystem
Zum einen gibt es das sogenannte »Basis- oder auch Triebsystem«, zum anderen ein darauf aufbauendes System, den sogenannten präfrontalen Cortex. Diese Unterscheidung ist keine Entdeckung von uns, sondern wird von vielen Hirnforschern und an der Gehirnforschung orientierten Psychologen so oder in ähnlicher Weise beschrieben.

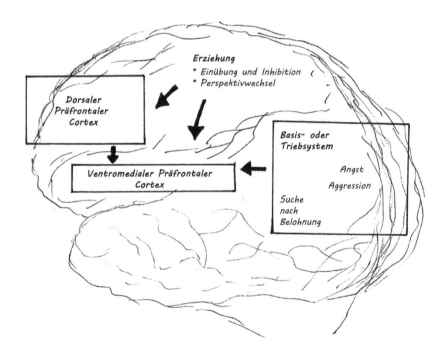

Dieses System, das Basis- oder Triebsystem, ist zum Zeitpunkt unserer Geburt weitestgehend ausgereift. Vereinfacht ausgedrückt, sind hier die menschlichen Bedürfnisse nach Wohlbefinden und Genuss und die Abneigungen gegen Unlust und Schmerz angelegt (Bauer 2015: 37 ff.). Ganz ähnlich einem BIOS (Basic Input Output System) auf einem Personal Computer sichert dieses System die Funktionsfähigkeit des Menschen zum Start und ist weitgehend unveränderlich.

System #2: Der präfrontale Cortex

Der präfrontale Cortex (kurz »PFC«) ist dagegen zur Geburt noch gar nicht ausgeprägt und bildet sich in den ersten fünfundzwanzig Jahren des Lebens in Form von neuronalen Systemen zum denkenden Teil des Gehirns schrittweise aus.

Der PFC ist verantwortlich für:
- die Regulierung der Aufmerksamkeit,
- die Kontrolle von Impulsen,
- antizipierende Voraussicht und Planung sowie
- das zielgerichtete Handeln.

Der PFC gilt als Sitz der Persönlichkeitsstruktur eines Menschen.

Welches System übernimmt die Führung?

Mit wachsender Entwicklung und auf Basis der menschlichen Erfahrungen des Einzelnen nimmt die Kontrollfähigkeit des zweiten Systems (»PFC«) über das erste System (Basis- beziehungsweise Triebsystem) zu. Anders gesagt: Menschen gewinnen im Laufe ihres Lebens immer stärker die Fähigkeit, sich selbst zu beobachten und das eigene Verhalten zu überprüfen und sich damit selbst zu steuern.

Entrepreneure wie Inhaber, Vorstände und Geschäftsführer wünschen sich von ihren Mitarbeitern häufig eine stärkere »Unternehmerdenke«, also einen »Entrepreneur«, der im Unternehmen wirkt. Das wird im Fachjargon auch als »Intrapreneurship« bezeichnet.

Ein solcher Entrepreneuer im Unternehmen zeichnet sich im Wesentlichen durch eine unternehmerische Haltung und entsprechende Tätigkeiten aus. Das gilt auch für die operativen Ebenen einer Organisation, bei der der Mitarbeiter keine wirklichen persönlichen Risiken zu tragen hat. Wir nennen dies hier »entrepreneur light«.

Selbstständig als »entrepreneur light«?

Menschen machen sich aus vielen unterschiedlichen Gründen selbstständig. Hauptgründe sind zum Beispiel der Wunsch nach persönlicher Freiheit, mehr Verdienst, eine tiefere Sinnhaftigkeit der Tätigkeit und, daraus abgeleitet, ein Mehr an Selbstverwirklichung. Selbstständige wollen zumeist eine eigene Idee umsetzen und sind auch bereit, das unternehmerische Risiko zu tragen.

In dem Konstrukt »entrepreneur light« fällt also das fundamentale unternehmerische Risiko eines finanziellen Verlusts weg. Dennoch gibt es Spielweisen einer sehr selbstständigen Arbeitsweise innerhalb einer Organisation, die einem »entrepreneurship light« entsprechen: unternehmerisch angelegt, jedoch ohne den harten finanziellen Risikoanteil. Das kann für viele Menschen durchaus sehr attraktiv sein! Allerdings: Nicht jeder sehnt sich nach einer selbstständigen Tätigkeit oder ist persönlich in der Lage, sofort selbstständig sowie eigenverantwortlich in einer Organisation zu agieren.

Wir erinnern uns an die Gallup-Studie aus dem Kapitel 1.1 dieses Buches. Nur 15 Prozent der angestellten Mitarbeiter haben aktuell eine hohe Bindung zu ihrem Arbeitgeber. Ist das der geeignete Nährboden, um schnell aus Mitarbeitern Mitunternehmer zu machen? Ja, wollen Mitarbeiter das überhaupt und müssen Mitarbeiter wirklich so unternehmerisch denken, wie es immer wieder gefordert wird?

Wir wollen an dieser Stelle niemanden von einer Transformation abschrecken. Wir wollen nur verdeutlichen, auf welcher Basis diese aufsetzt und warum wir im Buchtitel von einer Evolution und nicht von einer Revolution sprechen. Ein »ab morgen sind wir hier alle agil« klingt so formuliert amüsant, trifft aber den Kern einer falschen Herangehensweise. Besser wäre ein »ab morgen gehen wir gemeinsam neue Wege«.

Lebendige selbstführende Systeme

Übertragen wir die Erkenntnisse der Gehirnforschung auf unsere Transformationsprozesse, sprechen wir anstelle von »Selbststeuerung« (vgl. Bauer 2015) eher von selbstführenden, lebendigen Systemen, wobei jeder Mensch innerhalb des Systems mit der Freiheit ausgestattet sein muss, so zu agieren und zu reagieren, wie es seiner Ansicht nach gerade jetzt und hier nötig ist.

An dieser Stelle erscheint es sinnvoll, die Lektüre des Buches kurz zu unterbrechen und sich selbst die jeweils passenden Fragen ehrlich zu beantworten:

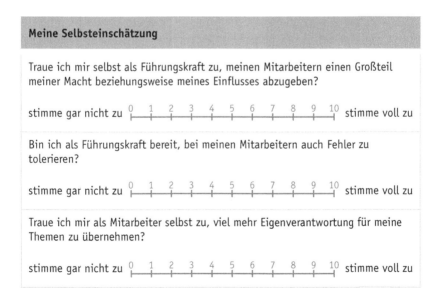

> **Meine Selbsteinschätzung**
>
> Bin ich als Mitarbeiter bereit, meine eigenen Fehler offen zu kommunizieren?
>
> stimme gar nicht zu 0 1 2 3 4 5 6 7 8 9 10 stimme voll zu

Sie können Ihre Antwort anhand einer Skala von »stimme gar nicht zu« bis »stimme voll zu« einordnen. Schreiben Sie sich bitte Ihre Antwort auf und schauen Sie beim Weiterlesen des Buches immer mal wieder auf Ihre Zeilen. Beobachten Sie dabei kritisch-wohlwollend, ob sich hier eine Veränderung bei Ihrer Selbsteinschätzung ergibt.

Die drei Ebenen der neuen agilen Denke

Wir unterstellen, dass die zu transformierende Organisation klassisch und damit hierarchisch als Top-down-Pyramide aufgebaut ist. Die oberste Ebene ist die Ebene der Strategie, die mittlere die der Konzeption oder Taktik und die unterste die der Umsetzung.

Wie bei einem Wasserfall regnet die Strategie von der Unternehmensführung kommend auf die Fachbereiche, Abteilungen und ausführenden Mitarbeiter(innen) herab. Von Stufe zu Stufe werden die Aufgabenstellungen operativer und beschränken sich mehr und mehr auf das bloße »Machen«. Die Unternehmensspitze denkt und gibt als Kapitän die Vorgaben, was zu tun ist. Die untergeordneten Einheiten haben auszuführen. Es herrscht ein Geist von Command and control. Die Chefs haben in dem Sinne ihren Laden im Griff, als sie möglichst immer wissen, was wo läuft.

An dieser Stelle lohnt es sich, genauer hinzusehen, was die neue agile Denke für die Vertreter der klassischen Hierarchieebenen konkret bedeutet. Wir vereinfachen die folgende Darstellung hier bewusst. Unsere Praxiserfahrungen zeigen, dass es oftmals zu einer Durchmischung der Ebenen kommen kann.

48 | Warum sich Unternehmen modernisieren müssen

Die oberste Ebene wirkt in einigen Fällen auch auf der operativen Ebene als »Micromanager« mit, insbesondere wenn es sich um den Gründer des Unternehmens handelt oder der Vorstand seine Karriere im gleichen Unternehmen auf der unteren Ebene begonnen hat. Ihre auf der operativen Ebene eingesammelten Erfahrungen können dabei sehr wertvoll sein, aber auch als Störfaktor wahrgenommen werden und zur Demotivation entscheidend beitragen.

Ebene #1: Strategische Ebene

Unter der strategischen Ebene fassen wir hier die oberste Ebene eines Unternehmens zusammen. Auf dieser Ebene, also vom »Top Management« wie Vorständen oder Geschäftsführern, werden weitreichende Entscheidungen mit einem langfristigen Zeithorizont von drei Jahren und länger getroffen.

Hier sollten wir nicht vergessen, dass auch diese oberste Ebene sehr oft in Abhängigkeiten von Investoren, Banken oder im Falle einer Aktiengesellschaft vom Aktienkurs beziehungsweise den Aktionären steht. Eine uneingeschränkte Entscheidungsfreiheit ist folglich auch auf der obersten Ebene in aller Regel nicht gegeben, denn die genannten Stakeholder müssen natürlich »bei Laune« gehalten werden.

Die Vertreter dieser Hierarchiestufe sind in es in der klassischen Unternehmenswelt eher gewohnt, die strategischen Vorgaben zu definieren, damit diese dann von den nachfolgenden Stufen schrittweise umgesetzt werden.

Abhängig vom individuellen Führungsverhalten bewegt sich die Skala des Führungsverhaltens von a) autoritär-hierarchisch über b) demokratisch-kooperativ bis hin zu c) »laissez-faire« wie bereits vor langer Zeit beschrieben (vgl. hierzu Lewin/Lippi/White 1939).

Warum sich Unternehmen modernisieren müssen | **49**

Die Freiheitsgrade für die Mitarbeiterschaft sind dabei beginnend mit Führungsverhalten a) bis hin zu c) kontinuierlich anwachsend. Auch hier gilt, dass bei den einzelnen Top-Managern durchaus Mischformen zu beobachten sind. Insbesondere in kritischen Situationen kann es zu einem sprunghaften Wechsel von »kooperativ« zu »autoritär« kommen. Nicht der Konsens zwischen den Ebenen steht dann im Fokus, sondern die schnelle Lösung als Top-Down-Entscheidung.

Dieser Wechsel des Führungsstils in der Krise hat durchaus seine Berechtigung. Ein Chirurg kann bei einer Komplikation während einer Herz-Operation auch nicht das gesamte Operationsteam bitten, im Konsens eine lebensrettende Maßnahme zu ergreifen. Er gibt klare Anweisungen und der Patient wird es ihm danken, wenn es die richtigen waren.

Ein Wechsel von Führungsstilen oder ein heterogener Führungsstil ist aber nicht unproblematisch, denn er kann bei den Mitarbeitern eine Verunsicherung auslösen.

Vertrauen und Zutrauen sind elementar

Vertrauen und Zutrauen sind in transformierten Organisationen geradezu elementar und das zarte Pflänzchen, das permanent gepflegt werden muss. Moderne Führungskräfte der obersten Ebene müssen das Zutrauen aufbringen, dass die selbstorganisierte Organisation mit den richtigen Methoden die richtigen Entscheidungen in der richtigen Qualität am richtigen Ort zum richtigen Zeitpunkt trifft. Das sieht aus wie ein riesiger Macht- und Einflussverlust. In Wirklichkeit müssen sich aber auch Führende in hierarchiebetonenden Unternehmen immer wieder eingestehen, dass sich Menschen und Organisationen weitaus weniger kontrollieren lassen, als man gemeinhin denkt.

Im Rahmen von Transformationsprozessen möchten wir hier den Begriff des Zutrauens verwenden. Bereits vor der Entscheidung für eine unternehmensweite Transformation muss die oberste Entscheidungsebene dieses Zutrauen belastbar aufbringen.

Ohne Irrungen und Wirrungen auskommen: eine Illusion

Belastbar deswegen, weil der eben dargestellte Idealzustand eines Unternehmens nach dem Prinzip der Selbstorganisation letztlich eine fluide, sich immer wieder weiter verändernde Organisation ist. Einem solchen Leitbild ist inhärent, dass es auf dem Weg dorthin im Sinne eines ständigen Probierens und Experimentierens selbstverständlich auch Rückschläge, Fehler, Irrungen und Wirrungen geben muss.

Speziell in der agilen Methodenwelt stehen zahlreiche Werkzeuge zur Verfügung, diese »Schmerzen« möglichst gering und beherrschbar zu halten. Dennoch wird es sie geben, unabhängig davon, wie perfekt der Einführungsplan ist. Hier anderes anzunehmen, wäre eine Illusion.

Das wirkliche Vertrauen wird dann auf der Zeitstrecke mit den erzielten Ergebnissen nach und nach entstehen. Ist dieses Vertrauen aufgebaut, ist das eine sehr belastbare Basis, um die Organisation evolutionär weiterzuentwickeln.

Die ScruMa GmbH – Im Spannungsfeld zweier Führungshaltungen

Sie werden an späterer Stelle des Buches die Geschäftsführer der ScruMa GmbH Richard und Peter kennenlernen. Richard pflegt einen autoritären Führungsstil, während sein Sohn Peter dem Leitbild einer demokratisch-kooperativen Führung folgt.

Die Führungsstile von Vater und Sohn unterscheiden sich also sehr grundlegend. Peter möchte seinen Vater in Form eines Pilotprojekts von einem neuen Weg überzeugen. Eine umfassende Transformation erscheint jedoch aufgrund einer »anderen Lesart der Dinge« aufseiten seines Vaters Richard nicht möglich. So kann die agile Transformation zunächst nur teilweise vonstattengehen. Diese Konstellation führt zu einem oft gewählten Weg: Wir wollen Agilität bei uns einführen, indem wir mit einem agilen Pilotprojekt starten.

Die Herausforderung wird jedoch schon an dieser Stelle sichtbar: Der Sohn Peter hat sich also für eine Art Testansatz entschieden, bei dem natürlich die Gefahr besteht, dass die ScruMa GmbH im Ganzen nicht erneuert wird und die notwendigen Voraussetzen für Agilität zum Beispiel in Bezug auf agile Werte und Prinzipien sowie das agile Mindset (vgl. Nowotny 2016a: 64 ff., 364) in der Breite und Tiefe der Organisation nicht geschaffen werden.

Peters Vorgehen ist verständlich und nachvollziehbar, denn er hofft pragmatisch und mit der Kraft positiver Ergebnisse am Ende seinen Vater doch noch vollumfänglich von dem neuen Weg überzeugen zu können. Auch für den Vater Richard erscheint dieser Weg zunächst gangbar zu sein, denn er scheint das Risiko, das mit jeder größeren Veränderung verbunden wäre, zu begrenzen und beherrschbar zu machen. Aber wird dies auch funktionieren? Wir sind schon sehr gespannt, wie diese Geschichte ausgeht …

Was fehlt bei der ScruMa GmbH für eine umfassende agile Transformation? Für einen solchen umfassenden agilen Transformationsprozess wären auch auf der Seite des Seniors Richard drei zentrale Einsichten oder auch Haltungen erforderlich, die bei der ScruMa GmbH – stellvertretend für sehr viele ganz real existierende Unternehmen aller Größenklassen – offenbar nicht gegeben sind:

- Der unbedingte Glaube an die Sinnhaftigkeit einer Transformation.
- Das Zutrauen in die Fähigkeiten der Mitarbeitenden.
- Der tatsächliche und uneingeschränkte Umsetzungswille.

Das gesamte Unternehmen ist betroffen

Die partielle Veränderung ist ein gangbarer Weg, wenn die Denke die Transformation eines gesamten Unternehmens noch nicht vollständig tragen würde. Hier gilt der Grundsatz, dass eine Praxis, die nicht mit der Weltansicht der Führungskräfte übereinstimmt, sich bald leblos anfühlen wird und im Zweifel die Lage verschlimmbessert (vgl. Laloux 2015).

Im Vorfeld einer Entscheidung für eine tatsächliche und umfassende agile Transformation sollten sich die Vertreter des Top-Managements die folgenden Fragen ehrlich beantworten:

Checkliste

Fragen zum eigenen Unternehmen:

- ❑ Wie ist unsere Ist-Situation?
- ❑ Wie gestaltet sich unser Umfeld aktuell?
- ❑ Welche Chancen und Potenziale sind erkennbar?
- ❑ Wie gestaltet sich die Arbeit in den Teams aktuell?
- ❑ Welche Vorgaben werden durch welche Führungsebene getroffen?
- ❑ Welche strategische Positionierung verfolgt das Unternehmen aktuell?
- ❑ Was sind die wesentlichsten Kernprozesse?

Fragen zur eigenen Führungspersönlichkeit:

- ❑ Bin ich persönlich bereit und in der Lage, Macht und Einfluss an meine Mitarbeitenden abzugeben?
- ❑ Sind mir die Vorteile und Möglichkeiten einer Transformation für das Unternehmen und meine eigene Person hinlänglich bekannt?
- ❑ Lösen diese Vorteile und Möglichkeiten einen echten Willen zur Umsetzung bei mir aus?
- ❑ Habe ich das Zutrauen in meine Mitarbeiter und in mich selbst, die Transformation fachlich und persönlich erfolgreich zu gestalten?
- ❑ Habe ich die Geduld, um den Weg der Transformation beharrlich zu gehen?

Wir unterstellen, dass die Beantwortung des ersten Frageblocks zur Unternehmung leichter fallen wird als das Finden von Antworten zur eigenen Führungspersönlichkeit. Hier sind Offenheit zu sich selbst und Bereitschaft zur Selbstkritik gefragt. Nicht das Aufrechterhalten einer Fassade ist hier wichtig, sondern eine ehrliche Analyse des eigenen ICHs.

Hilfestellungen können hier sogenannte Persönlichkeitsanalysen sein. Beispielhaft seien hier »Lumina Learning«, »Everything DiSG« oder das »Reiss Motivation Profile« genannt. Mithilfe von wissenschaftlich fundierten Tests wird dem zu Testenden ein Spiegel zur eigenen (Führungs-)Persönlichkeit vorgehalten, den man normalerweise nicht ignorieren würde, insbesondere dann nicht, wenn man die Ergebnisse mit einem Experten durchspricht.

Ein weiterer ergänzender Weg zur Selbsterkenntnis ist ein persönliches Coaching. Ob in der Gruppe oder im Einzelgespräch, gute Coaches unterstützen ihre Klienten bei persönlichen und beruflichen Veränderungsprozessen und natürlich auch bei der Selbsterkenntnis. Inzwischen wurde auch hier »aufgerüstet«, und auch für den ein oder anderen klassischen Coach ist »Agilität« keine »terra incognita« mehr.

Ebene #2: Konzeptionelle oder taktische Ebene

Auf dieser zweiten, mittleren Ebene, also dem Middle Management, werden auf Basis der strategischen Vorgaben der obersten Managementebene die Entscheidungen mit einem mittelfristigen Wirkungsgrad von ein bis drei Jahren getroffen.

Die Stelleninhaber – wie zum Beispiel die Bereichs- oder Abteilungsleiter – konkretisieren in der Regel die strategischen Vorgaben mit ausführbaren Umsetzungskonzepten und schaffen so den Rahmen für die operativen Umsetzungen mit der unteren Ebene als Ausführungsebene.

Damit nehmen sie innerhalb einer klassischen Organisation eine Art »Sandwichposition« zwischen den beiden anderen Ebenen ein. In dieser Position sind sie sowohl Empfänger als auch Sender von Anweisungen und Vorgaben und pflegen dabei – wie auch die oberste Ebene – unterschiedliche Führungsstile.

Wird jedoch eine Transformation in einem Bereich oder einer Abteilung entweder in Form eines Pilotprojektes oder auch einer kompletten Transformation der Einheit durchgeführt, so kommt dem »Mindset«, also der geistigen Grundhaltung des mittleren Managements, die gleiche Bedeutung zu wie dem des oberen Managements bei einer unternehmensweiten Transformation.

Sie werden in unserem Fallbeispiel Christian kennenlernen. Als Bereichsleiter Marketing ist er bei der ScruMa GmbH in der Verantwortung für ein CRM-Projekt mit hoher Relevanz für das Unternehmen.

Die oben dargestellten Fragen zur Unternehmung und zur eigenen Führungspersönlichkeit gelten hier sehr ähnlich und sollten auch im Vorfeld einer partiellen Transformation beantwortet werden.

Ergänzend ist die Beantwortung folgender Fragen auf persönlicher Ebene zu empfehlen:

- Bin ich tatsächlich bereit, mehr Verantwortung zu übernehmen?
- Empfinde ich den gelockerten Handlungsrahmen als Bedrohung oder bin ich motiviert, diesen mit meinen Kompetenzen eigenständig zu füllen?
- Wie wichtig ist mir die Selbstbestimmung an meinem Arbeitsplatz?
- Spüre ich genügend Zutrauen der oberen und unteren Ebene, um die Veränderung zu gestalten, oder rechne ich mit Negativkonsequenzen bei einem Misslingen?

Warum sich Unternehmen modernisieren müssen | 55

- Bin ich bereit, Teile meiner Macht im Sinne einer agil-kollegialen Führung an neue Rollenträger abzugeben?
- Glaube ich wirklich an den Mehrwert einer agilen Transformation oder bin ich jemand, der sein Fähnchen in solchen Fällen in den Wind hängt?

Christian, der Bereichsleiter Marketing der ScruMa GmbH, kommt zu der Erkenntnis, dass er sowohl den Willen und Glauben als auch das Zutrauen zu den anderen Ebenen hat. Damit sind zwei wesentliche Voraussetzungen für den Start der partiellen Transformation erfüllt. Sollte er Verlustängste spüren und für ihn die Waage zwischen Risiken beziehungsweise Gefahren sowie Chancen beziehungsweise Möglichkeiten in Richtung des ersten Begriffspaars ausschlagen, ist er für die ihm angedachte Rolle wohl noch nicht geeignet. Die möglichen Konsequenzen aus einer solchen Erkenntnis wären, Christian a) durch einen geeigneten Kollegen für das Pilotprojekt zu ersetzen oder b) ihn mit Fortbildungs- und Coaching-Maßnahmen für diese Aufgabe zu qualifizieren.

Ebene #3: Umsetzungsebene

Der Begriff »unterste Ebene« klingt wenig wertschätzend. Dabei ist diese Ebene der eigentliche Ort der Leistungserbringung und damit der »Motor« für die Geschäftsentwicklung des Unternehmens.

Eine Mannschaft in der ersten Fußball-Bundesliga kann den teuersten und besten Trainer der Welt haben. Wenn aber die elf Spieler auf dem Platz nicht das Können besitzen und nicht den Willen haben, an die eigene Leistungsgrenze zu gehen, wird dieser Trainer keinen Erfolg haben. Nicht der Trainer schießt die Tore, sondern die Spieler!

Gute Trainer zeichnet neben den fachlichen Kompetenzen sehr stark die Fähigkeit aus, zu fühlen und zu spüren was die jeweilige Mannschaft in einer gegebenen Situation benötigt. Was bei der einen Mannschaft großartig funktioniert, kann bei einer anderen der falsche Weg sein. Dabei steht auch im Fußball die Teamleistung immer vor der Einzelleistung. Ottmar Hitzfeld formulierte es wie folgt: »Es spielen nicht immer die elf Besten, sondern die beste Elf.«

Das ist nichts wirklich Neues und das Thema Mitarbeitermotivation begleitet uns schon seit Jahren. Was sich ändert, ist die Relevanz derjenigen Faktoren, welche Mitarbeiter nachhaltig motivieren und an das Unternehmen binden.

Folgende Faktoren beeinflussen die Mitarbeiterzufriedenheit direkt oder indirekt:

- Verantwortung und Einfluss,
- Identifikation mit der Unternehmenskultur,
- Wohlbefinden (Arbeitsklima und soziale Kontakte),
- Entwicklungsmöglichkeiten (Karriere und Weiterbildung),
- Work-Life-Balance des Einzelnen,
- Finanzielle Vergütung (Gehalt, Prämien, Bonus).

Eine systematische und sehr umfassende Aufarbeitung des Forschungsstandes zum Thema Mitarbeiterbindung findet sich bei Wolf (2018). Wir verzichten an dieser Stelle auf eine Priorisierung dieser Faktoren, denn diese trifft schließlich jeder Mensch für sich alleine. Deutlich wird aber, dass die extrinsische Motivation »Geld« nur eine von vielen Faktoren ist.

Der Zusammenhang zwischen einer höheren Zufriedenheit am Arbeitsplatz und einer Gehaltserhöhung lässt sich anhand von Studien nur als »schwach ausgeprägt« belegen. Schlimmer noch: Extrinsische Motivatoren sind sogar in der Lage, die intrinsische Motivation zu dämpfen oder ganz zu verdrängen; in der Literatur spricht man hier vom »Korrumpierungseffekt« (vgl. Chamorro-Premuzic 2013).

Die »intrinsischen« Motivatoren sind wesentlich nachhaltiger, weil hier der Mitarbeiter aus sich selbst heraus handlungsmotiviert ist und keiner externen Motivation bedarf. Er will etwas leisten, er muss es nicht. Seine Tätigkeit macht ihm Spaß, ist sinnstiftend, ist herausfordernd und entspricht seinen persönlichen Wertvorstellungen.

Die herausfordernde Gestaltungsaufgabe in den Unternehmen besteht heute darin, die perfekten Rahmenbedingungen für die »untere Ebene« zu schaffen, in der sich Mitarbeiter maximal entfalten können. Eine erfolgreich transformierte Organisation bietet diese Rahmenbedingungen.

Auch auf dieser Ebene ist das richtige Mindset für ein wirkliches Gelingen wichtig. Unterstellen wir dieser »unteren« Ebene ein Misstrauen zu allem Neuen und zu dem, »was die da oben sich wieder ausgedacht haben«, wird eines sehr schnell klar: Hier ist die Einbindung eine ganz zentrale Kernaufgabe im Veränderungsprozess, gewissermaßen das Scharnier zum Erfolg, ohne das die Dinge aus den Angeln kippen würden. Die ausführende Ebene ist aktiv in den Prozess einzubinden und mit allen Informationen zu versorgen, die notwendig sind, um das Neue auch tatsächlich begreifen zu können.

Blicken wir abschließend auf die Fragen, die sich ein Beschäftigter der »untersten« Ebene stellen sollte, so finden wir durchaus eine hohe Deckungsgleichheit mit den Fragen für die mittlere Ebene:

- Bin ich bereit, mehr Verantwortung zu übernehmen?
- Empfinde ich den gelockerten Handlungsrahmen als Bedrohung oder bin ich motiviert, diesen mit meinen Kompetenzen eigenständig zu füllen?
- Wie wichtig ist mir die Selbstbestimmung an meinem Arbeitsplatz?
- Spüre ich genügend Zutrauen gegenüber der mittleren Ebene, um die Veränderung positiv zu gestalten, oder rechne ich mit Negativkonsequenzen bei einem Misslingen?

58 | Warum sich Unternehmen modernisieren müssen

Und in vielen realen Unternehmenssituationen ist auch ein wichtiger Punkt:

- Bin ich bereit, einen neuen Veränderungsprozess mitzutragen, obwohl in den letzten Jahren andere Change-Initiativen im Unternehmen bereits erfolglos versandet sind?

Negative Lernerfahrungen prägen oft Traditionsunternehmen

Die Antwort auf die letzte Frage ist von besonderer Bedeutung. Anders als bei den meisten Start-up-Unternehmen sind die Veränderungsbedingungen bei einem etablierten Unternehmen aufgrund von Erfahrungswerten oftmals erschwert.

Insbesondere dann, wenn bereits neue Methoden eingeführt wurden, die a) zu keinen oder zu wenig positiven Ergebnissen führten, b) nicht nachhaltig und konsequent umgesetzt wurden oder c) von den Mitarbeitenden nicht wirklich verstanden wurden.

Zusammenfassend hat die »Denke«, also das Mindset, auf allen Unternehmensebenen einen hoch signifikanten Einfluss auf den jeweiligen Transformationsprozess. Der Idealzustand ist erreicht, wenn alle Mitglieder der Organisation die gleiche Denke haben. Wir könnten auch sagen: dem gleichen konzeptionellen Rahmen folgen. Wichtig hierfür ist eine Ist-Analyse und darauf aufbauend die Entscheidung für das geeignete Einführungsszenario.

Quertreiber und Einflussmöglichkeiten

Als Quertreiber wird im allgemeinen Sprachgebrauch jemand bezeichnet, der böswillig und bewusst die Absichten eines anderen stört und behindert. Das Wort stammt aus dem Niederdeutschen und geht auf das 17. Jahrhundert zurück: »dwarsdryver« bezeichnet einen Schiffer, der sein Fahrzeug in der Fahrrinne quer (also »dwars«) stellt und damit andere in ihrer Weiterfahrt behindert (vgl. Wikipedia).

Warum sich Unternehmen modernisieren müssen | **59**

Die Möglichkeiten, ein Schiff in einem agilen Transformationsprozess quer zu stellen (um im Bild zu bleiben), gehen nahezu gegen unendlich. Die Hoffnung, eine echte Veränderung auf Knopfdruck oder per Arbeitsanweisung auf dem Reißbrett zu erreichen, müssen wir Ihnen hiermit noch einmal nehmen. Wer agil werden will, der muss richtig ran und die DNA des Unternehmens umbauen, den Geist, die Seele des Unternehmens (re-)aktivieren, minimal die gefühlte Sinnhaftigkeit bei jedem Einzelnen erfolgreich adressieren und in eine positive Zone bewegen.

Welche Einflussmöglichkeiten gibt es also für eine Wende hin zur agilen Selbstorganisation? Sicherlich sind fachkundige Workshops, zielorientierte Trainings und aufklärende Vorträge sinnvoll, aber von Einzelmaßnahmen ist mit Blick auf die erforderliche und umfassende Veränderung insbesondere des bestehenden Mindsets nicht wirklich viel Nachhaltiges zu erwarten.

Die Liste möglicher Faktoren, die eine Transformation erschweren oder gar unmöglich machen können, ist durchaus beeindruckend. Wir möchten allen Interessierten an dieser Stelle keine Angst einjagen. Gleichwohl: Die Bretter, die gebohrt werden müssen, sind nicht gerade dünn. Und die Klippen, über die man dabei stürzen kann, sind zuweilen spitz, schroff und hart. Hier eine Auswahl der Gefahren, die bei halbherzigen »Implementierungen« lauern:

60 | Warum sich Unternehmen modernisieren müssen

Die fünfzehn gefährlichsten Stolperfallen einer agilen Transformation

1. Es ist kein einheitliches Verständnis vom Begriff der Agilität und dessen Wertesystem im Unternehmen vorhanden.

2. Vision und Ziele der Agilität für das eigene Unternehmen sind unklar. Es fehlt die Einbindung aller Beteiligten in den Prozess.

3. Einzelne Manager haben Trennungsängste von der Machtfülle und dem eigenen Einfluss und nehmen die neue Rolle nicht an.

4. Es gibt eine Uneinigkeit auf Entscheider-Ebene; das verunsichert die Mitarbeitenden und torpediert deren Umsetzungswillen.

5. Die Strategie ist eine Art blinder Fleck: Eine fehlende Transparenz schafft Interpretationsräume für den Einzelnen und individuelle Antworten auf offene und vielleicht nie gestellte Fragen.

6. Die intrinsische Motivation der Belegschaft ist unterentwickelt, da es zum Beispiel in der Vergangenheit sehr starke, rein monetäre Leistungsanreize gab.

7. Ausgangspunkt ist ein »Veränderungsbefehl« von oben, ohne ein hierarchieübergreifendes, agiles Wissens- und/oder Erfahrungsfundament.

8. Mangelnde Geduld: Eingeschlagene Wege werden bei auftretenden Widerständen schnell wieder verlassen.

9. Methodenuntreue: Wichtige Elemente der Agilität werden weggelassen oder bis zur Unkenntlichkeit verstümmelt.

10. Mangelnde Fehlertoleranz und Fehlerkultur im Unternehmen und zu starker Fokus auf operative Kurzzeitziele – auch das führt oft zum »schnellen Abbruch«.

11. Die räumlichen und/oder technischen Rahmenbedingungen sind ungünstig und lassen sich nicht verändern.

12. Falsche und zu hohe Erwartungen der Stakeholder.

13. Fehlende Anpassung an die eigene Organisation durch Eins-zu-Eins-Abarbeitung von agilen Regelwerken (»Agile Talibans«).

14. Agilität ist nur ein Marketing-Gag für die Positivdarstellung in der externen Kommunikation.

15. Negativerfahrungen aus gescheiterten Change-Projekten dampfen die mobilisierbare Veränderungsenergie auf eine Größe sehr nah am Nullpunkt ein.

Quelle: https://teamworks-gmbh.de/50-typische-fehler-bei-der-einfuehrung-von-mehr-agilitaet-agiler-fuehrung-und-selbstorganisation-in-unternehmen/

Was verändert die Denke von Menschen und Organisationen?

Aus der Psychologie wissen wir: Es ist ein weiter Schritt von der Einstellungsänderung bis hin zur Verhaltensänderung.

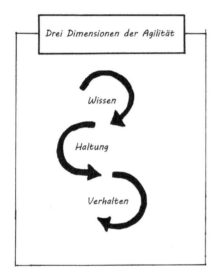
Drei Dimensionen der Agilität

Alle drei Elemente funktionieren am besten in einem ausgewogenen Zusammenspiel. Daher vermitteln wir in unseren Projekten zuerst relevantes Wissen, dann kümmern wir uns um die Haltung der Teilnehmenden, schließlich folgt das Verhalten.

Allerdings ist dies nicht als statisches Modell zu betrachten. Auch erfolgreiches Verhalten wirkt sich wieder auf die Haltung aus. Und eine agile Haltung wiederum sorgt dafür, dass mehr Wissen zu Agilität aufgesogen wird, da dies interessanter erscheint als vorher.

Wissen: Wissen wird vermittelt über Vorträge, Workshops, sicherlich bei dem einen oder anderen auch durch das Studium von Literatur. Einführend wäre hier zum Beispiel Nowotny (2016a) zu empfehlen.

Haltung: Die Haltung ist sehr stark verbunden mit den agilen Werten. Hier sind insbesondere folgende fünf Werte zu nennen; diese Werte sind auch im Scrum Guide (vgl. Schwaber/Sutherland 2017) enthalten:

Commitment: Ja, ich will kurzfristige Ziele erreichen
Fokus: Dinge fertigmachen und das Wesentliche fokussieren
Mut: offener Meinungsaustausch auf Augenhöhe
Respekt: Ich respektiere mein Gegenüber
Offenheit: neue Sichtweisen nachvollziehen

Agile Werte

Commitment
Ja, wir wollen

Fokus
auf das Wesentliche fokussieren

Mut
neue Ideen auszuprobieren

Respekt
vor dem anderen

Offenheit
für das Fremde, Neue

Verhalten: Agiles Verhalten zeigt sich im täglichen Tun. Es ist die Aufgabe von Mentoren und Moderatoren, in der Scrum-Welt die des Scrum Masters, hier die Teams und jeden Einzelnen entsprechend zu unterstützen.

Quick Wins sind für alle wichtig!

Die Erfahrung zeigt: Je schneller es greifbare Ergebnisse durch agiles Arbeiten gibt, desto besser! Das gibt Auftrieb und motiviert. Am Anfang ist es gar nicht so wichtig, ob es gleich ein Riesending ist. Eine einfache Checkliste, auf die sich ein Team geeinigt hat, um einen bestimmten Prozess zu verbessern, ist oft schon ein Anfang.

Hier ist das Vorbild wichtig: kleine erfolgreiche Schritte statt Riesenprojekte ohne Ende. Jeder Schulterblick ist die Chance auf ein wertvolles Feedback. Zögern Sie nicht, sich ganz einfach ein schnelles Feedback zu holen und in die direkte Kommunikation zu gehen: Das ist agil, das bringt Ihr Denken voran! Manche Menschen mögen genial sein, die meisten brauchen eine Meinung, eine Würdigung, das Gefühl, etwas zu bewegen, um ausreichend motiviert zu sein und um die neuen Ideen gedanklich weiterzuentwickeln!

Wie organisieren wir den agilen Flow in der Praxis?

Das große Ziel ist es, durch die richtigen Impulse eine harmonisierte Verbreitungswelle in der Organisation auszulösen. Dies ist ein Schritt hin zum »agilen Flow«. Andere nennen dies »Organisational Flow« (vgl. Greve 2016). Ziel ist in beiden Fällen, eine ganze Organisation in einen positiven Aufbruchs- und Kommunikationszustand zu versetzen.

Die richtigen Impulse setzen

An welcher Stelle und in welcher Form diese Impulse gesetzt werden, ist eine erste Entscheidung beim Einleiten der Transformation. Die Dramaturgie ist nicht starr vorausgeplant, vielmehr offen. Was eignet sich für die ersten Impulse? Was bewegt die Mitarbeitenden? Wo ist gewissermaßen »Musik drin«?

In Vorbereitung einer Transformation ist abzuwägen, welches der folgenden Einführungsszenarien für die jeweilige Organisation der vielversprechendste Weg ist.

Dies ist nicht trivial, weil im Vorlauf einer solchen Entscheidung neben einer Analyse der messbaren Daten und Fakten das »Hineinfühlen« in das eigene Unternehmen eine sehr hohe Relevanz hat. Das notwendige (Er-) Spüren ist eine Fähigkeit, die in einer Vielzahl von Unternehmen verkümmert ist, jedoch durchaus wiederbelebt werden kann und auch sollte.

Hier die unterschiedlichen Transformationsebenen:

Transformation auf unterschiedlichen Ebenen

Transformation eines Projektes
⇨ Alle Projektmitglieder sind betroffen

Transformation einer Abteilung
⇨ Betrifft alle Mitarbeitenden in der Abteilung

Transformation einer Ausgründung
⇨ Der Spin-off ist betroffen

Parallele Transformation in mehreren Abteilungen
⇨ Mehrere Abteilungen sind betroffen

Transformation der gesamten Organisation
⇨ Alle sind betroffen, vom CEO bis zum Telefonisten

Klar sollte jedoch sein: Unabhängig davon, für welches Szenario die Entscheidung ausfällt – schon zum Start muss eine Anpassungsbereitschaft vorhanden sein. Wenn sich eine Organisation mit zu viel Make-up von der Realität abkapselt, dann wird es nicht funktionieren. Anpassungsbereitschaft heißt, die Dinge an sich ranzulassen, neugierig zu sein auf neue Wege und nichts für unmöglich zu halten, nur weil irgendwann irgendetwas mal nicht geklappt hat.

Nicht das bedingungslose Abarbeiten eines Einführungsplanes ist das Wesen eines flinken Unternehmens, sondern die schnelle Reaktion auf die tatsächlichen Entwicklungen. Das gilt auch für die Schritte in die Transformation. Was erfolgreich war, wird weiter ausgebaut. Was sich nicht erfolgreich entwickelt hat, wird modifiziert oder eingestellt. Es ist wie bei Hase und Igel: Setzen Sie auf den Igel, der gewinnt immer!

Ein aktuelles Beispiel ...

Während wir dieses Buch schreiben, erstellen wir für ein mittelständisches Produktionsunternehmen im Rheinland ein Rahmenkonzept für eine agile Transformation. Der Kunde kennt die Methoden und Vorteile der Agilität in der Theorie und möchte jetzt ein erstes agiles Pilotprojekt aufsetzen.

Dieses agile Pilotprojekt setzt inhaltlich auf ein vor zwei Jahren klassisch durchgeführtes Projekt auf. Das Ursprungsprojekt hatte zwar enorm viele Verbesserungspotenziale in der Fertigung aufgezeigt, doch wurden diese Potenziale in der Umsetzung dann nie wirklich realisiert. Gründe hierfür waren unter anderem interne Widerstände.

Schon in der Angebotsphase für diesen Auftrag haben wir den Kunden aktiv darauf hingewiesen, dass wir ihm keinen konkreten – im Detail ausgearbeiteten – Einführungsplan vorlegen werden und wir im Verlauf der Zusammenarbeit gemeinsam den passenden Weg finden werden.

In dem Fall hatte der Kunde das Zutrauen in die agile Methodenwelt und in uns als Begleiter. Übertragen auf die Allgemeinheit bedarf es genau eines solchen Zutrauens, das eine belastbare Startbasis für die Transformation bildet. Das Bewusstsein, einen Weg zu gehen, der nicht klar und stringent vordefiniert ist und somit teilweise auch einen experimentellen Charakter hat. Das Wort Experiment löst bei Menschen oft eine Unsicherheit aus. Wir werden an späterer Stelle dieses Buches sehen, welche Vielzahl von Methoden zur Verfügung steht, um hier in beherrschbaren Schritten agieren zu können.

In unserem Kundenbeispiel gilt das Ursprungsprojekt als gescheitert, weil es zu wenig zu konkreten Umsetzungen und somit zu wirklichen Erfolgen geführt hat. Die Frage, warum es zu solch einem Ergebnis kommen konnte, wurde nie konsequent erörtert und bildet jetzt den Aufsatzpunkt für das agile Folgeprojekt.

Es sind im Ursprungsprojekt Fehler in der Kommunikation und in der Zusammenarbeit der Projektmitglieder gemacht worden. Der Hauptfehler war jedoch nach unserer Einschätzung, dass die Potenziale zur Verbesserung nicht offengelegt wurden und dass die Mitarbeiter keine klare Struktur hatten, anhand der sie als Team Stück für Stück an ihren Erfolgen hätten arbeiten können. Wären die Missstände angesprochen und transparent gemacht worden, so hätte das Projekt sehr befruchtend für das Unternehmen sein können. So aber kam es am Ende zu einer Versandung des Projektes, das schließlich sogar ohne Abschluss beendet wurde.

»Es ist unerhört schwer, neue Wege wirklich zu gehen, nicht bloß neue Gedanken auszusprechen«, hat es der Theologe und Publizist Heinrich Lhotzky einmal umschrieben. Ja, und auch in agil transformierten Unternehmen werden Fehler gemacht. Anpassungsfähige Strukturen benötigen eine Fehlerkultur, in der gemeinsames Denken und Ausprobieren jederzeit möglich und erwünscht sind. Taktisches Agieren tritt hier in den Hintergrund, zugunsten einer Ausprobierkultur, die in der Praxis nach den Lösungen sucht, die geeignet sind, wirkliche Ergebnisse zu bringen!

1.4 Erfolgsfaktor #2: Dynamische Route statt Standortdünkel

»Den guten Lotsen erkennt man an der ruhigen Hand und nicht an der lautesten Stimme.«

Hans-Dietrich Genscher (1927–2016), deutscher Politiker

Früher hätte man gesagt, uns fehlen die Führungspersönlichkeiten. Wir würden heute sagen, es bedarf gut ausgebildeter Lotsen, um eine ausbalancierte neue Organisationstruktur zu schaffen, in der sich alle mitgenommen und motiviert fühlen, die neuen Wellen so zu surfen, wie sie eben kommen. Ohne Verluste und immer auf der Suche nach neuen, bisher ungesehenen Varianten. Und das Schöne dabei ist: Gemeinsam auf der »Challenge Wave« zu surfen, kann auch ganz schön Spaß machen!

Das große Ziel: die balancierte Organisationsstruktur

Was ist für Sie, lieber Leser, liebe Leserin, der feine Unterschied zwischen Agile, New Work, Reinventing Organizations, Holocracy, Lean, Management 3.0 und verwandten Ansätzen? Lassen Sie uns doch das Beste aus allen Methoden herausziehen. Lassen Sie uns flexibel bleiben und legen wir uns nicht auf einen einzigen Lösungsweg fest. Es geht vielmehr darum, unternehmensindividuell das passende Menü zu kochen (vgl. Schneider 2012). Und Sie wissen doch, welches Restaurant das leckerste ist: Genau, mal eurasisch, mal nepalesisch, je nach Laune zum Beispiel mal französisch oder italienisch und dann sicherlich auch mal vietnamesisch oder indisch. Wir speisen dort, wonach uns gerade der Sinn steht. Und das macht durchaus auch Sinn, denn nur so kommen wir auf neue Ideen und erleben neue Geschmackswelten!

Die Antwort auf die oft gestellte Frage: »Wie kann ich meine bestehende Organisation transformieren?« kann seriös nur mit »Finden Sie den für Ihr Unternehmen passenden Weg selbst heraus« beantwortet werden. Es gibt mittlerweile eine Vielzahl von Unternehmen, die den Weg der Veränderung erfolgreich gegangen sind. Es war aber am Ende immer die eigene Expedition, die zur Zielerreichung oder auch Zielverfehlung geführt hat.

Jede Organisation, jedes Unternehmen ist für sich ein Unikat, unabhängig davon, ob es sich um ein Start-up, ein klein- oder mittelständisches oder ein Großunternehmen handelt. Natürlich versuchen speziell Unternehmen innerhalb einer Branche, dem jeweiligen Primus nach Durchführung von Wettbewerbsanalysen nachzueifern, um die Leistungslücke zu schließen. Eine Eins-zu-Eins-Kopie kann es aber niemals geben, haben wir es am Ende doch mit unterschiedlichen Firmenkulturen und autonom handelnden Menschen zu tun.

Richtig ist aber auch, dass mit der wachsenden Anzahl von erfolgreichen Fallbeispielen und Studien der Fundus an Wegweisern langsam aber sicher wächst. Es ist nun die anspruchsvolle Aufgabe, aus diesem Pool die richtigen Erfolgsfaktoren herauszuziehen, die – kombiniert und individuell gestaltet – zu einem veränderungsbereiten Unternehmen passen.

Der unbelastete Blick von außen

Allerdings wünschen Unternehmen an diesem Punkt oftmals externe Unterstützung von Beratern, Coaches oder auch sogenannten Interim-Managern. Neben deren hoffentlich vorhandenen Kompetenzen hinsichtlich Veränderungsprozessen, die man sich einkauft, ist der unvoreingenommene Blick von außen auf das eigene Schaffen für analytische und strategische Fragestellungen gewinnbringend.

Das gilt schon für die Analyse des Istzustandes. Diese ist umso wertvoller, je tief greifender die Ergebnisse sind, welche zu Tage gefördert werden. Nicht nur die gut sichtbare Spitze des Eisbergs, sondern der unsichtbare Teil birgt das meiste Potenzial für Veränderungen mit Langzeiteffekt.

Warum sich Unternehmen modernisieren müssen | **69**

Eisbergmodell in Anlehnung an Sigmund Freud

Wie und in welchen Teilschritten ein Veränderungsprozess konkret durchlaufen werden kann, beschreiben wir ab Kapitel 1.7 am Beispiel der ScruMa GmbH. Hier können Sie hautnah miterleben, wie es im agilen ScruMa-Kochstudio so zugeht. Erfahren Sie aus erster Hand, wie hier geschnippelt und gebrutzelt wird, und stellen Sie schon jetzt Ihren Sinnesapparat auf Empfang, denn in der ScruMa GmbH wird durchaus scharf gewürzt und auch mal rasant angebraten, denn halb gar soll es ja schließlich nicht werden! Sollten Sie jetzt langsam ungeduldig werden, dann hat das durchaus Methode: Nur das, was ich lange vermisse, wird mir am Ende auch eine hohe Befriedigung bringen, wenn ich es in Händen halte!

Sie erhalten aber kein universell nachkochbares Rezept für die agile Transformation. So einfach ist die Welt nicht. Wir können nicht mehr tun, als Ihnen einen Einblick zu bieten, welche Küchengeräte, Töpfe, Pfannen, erlesenen Zutaten, Gewürze und Zubereitungsformen Ihnen zur Verfügung stehen und in welcher Reihenfolge diese zum Einsatz kommen könnten. Wir bemühen uns auch – weil wir das für sehr wichtig halten – Ihnen einen Eindruck zu vermitteln, was hierbei so alles passieren kann und vor allem welche emotionalen Safaris auf sie lauern.

Der Masterplan

Was brauchen Sie also, um sich erfolgreich durch den Dschungel der Methodenwelten zu kämpfen? Die wichtigen agilen Alternativen inklusive deren Möglichkeiten und Grenzen, eine konkrete Idee, wie Sie von der Vision zur Mission gelangen, eine elaborierte Vorgehensweise, wie sie aus einer zunächst vielleicht eher versteckten Agenda am Ende tatsächlich gemeinsame Ziele herausdestillieren können, und eine gut durchdachte konsequente Eigenanalyse, die den Startpunkt Ihres Masterplans bildet. Und dann? »Cherry picking« heißt die Devise! Das klingt für den einen oder anderen vielleicht etwas negativ, ist es jedoch nicht. Denn gute Gründe für den Weg in die Agilität gibt es viele und Wege dahin noch viel mehr!

Kurzeinführung zum Thema Agile

»Kleine Taten, die man ausführt, sind besser als große, die man plant.«
George Catlett Marshall jr. (1880–1965), US-amerikanischer General, Friedensnobelpreisträger und Erfinder des nach ihm benannten Marshall-Plans

Agilität ist das methodische Schmieröl der Wissensgesellschaft. Aber auch für Traditionsbranchen kann Agilität eine Art Lebenselixier sein. Das manager magazin sieht die Reisebranche hier ganz weit vorn, ganz hinten kommen derzeit Telekommunikationsunternehmen. Das Flaggschiff des deutschen Wirtschaftsjournalismus kommt dabei zu einem durchaus überraschenden Schluss: »Die agilsten Unternehmen einer Branche sind im

Zehn-Jahres-Vergleich 2,7-mal erfolgreicher als ihre Wettbewerber« (manager magazin 2017). Davon möchte sich doch mancher zu gerne eine Scheibe abschneiden!

Der Kunde ist König und armes Schwein zugleich!

All das funktioniert nur, wenn klar ist, wer der Kunde ist und wer ihn mit dem beliefert, was er wirklich will. Aber wer die unbegrenzte Wahl hat, der hat auch die ultimative Qual (vgl. Lotter 2016). »Der Kunde ist König«, hört und liest man immer wieder. Aber ist es wirklich so? Ist der Kunde nicht eher – mit Verlaub – eine arme Socke, weil ihm die Möglichkeiten schlicht und ergreifend über den Kopf wachsen? Eigentlich möchten Kunden doch das, was wir alle möchten: jemanden, der einen vertrauensvoll mit einem möglichen nächsten Schritt oder eben auch Kauf vertraut macht, wo wir nicht selbst aus tausend Varianten wählen müssen, sondern nur entscheiden, ob das am besten Passende für uns tatsächlich okay ist oder eben nicht!

Der Kunde ist also mitnichten der König, der über alles bestimmt, sondern er ist Entscheider in eigener Sache und er hat das Recht, dass ihm etwas vorgelegt wird, was seinen Vorstellungen nahekommt. Welche das allerdings sind, finden Kunden in der Regel jedoch dadurch heraus, dass Sie entscheiden, welcher Lösungsschritt für Sie in die richtige Richtung geht. Damit ist der Kunde also ganz normal König und gleichermaßen ein armes Schwein, dem geholfen werden sollte.

Die wichtigsten Prinzipien und Werte im Überblick

Zunächst seien an dieser Stelle die wichtigsten agilen Werte vorgestellt. Die Impulse eines guten agilen Coachs sind oft das Salz in der Suppe des agilen Arbeitens. Und sie entstehen oft aus neuen Interpretationen und Gedanken zu den agilen Werten. Und diese Impulse sind wichtig, denn ohne Anstöße, wie das Team noch besser werden kann, macht agiles Arbeiten nur halb so viel Spaß! Wenn ein Theologe zur Bibel greift, dann ist es im Fall eines agilen Coachs eher das agile Manifest oder der Blick in den offiziellen Scrum Guide von Jeff Sutherland und Ken Schwaber, den Entwicklern der Scrum-Methode zum agilen Handling von Projekten.

Im aktuellen Scrum Guide gibt es fünf zentrale agile Werte, die jeder gute agile Coach in der Regel verinnerlicht hat:

Der Wert »Offenheit«

Scrum als empirisches Vorgehen benötigt Offenheit, auf deren Basis informierte Entscheidungen getroffen werden können. Es geht um die Bereitschaft des Einzelnen, sich auf neue Praktiken, Techniken und Denkweisen einzulassen, diese auszuprobieren und so zu neuen Erkenntnissen zu gelangen.

Der Wert »Mut«

Um sich den Herausforderungen und Risiken stellen zu können, die sich durch Veränderungen ergeben, braucht es Mut. Auch für die Selbstorganisation ist Mut erforderlich: Die Teammitglieder müssen stets die Konsequenzen ihrer Entscheidungen kennen, selbst wenn sie nicht über alle Fakten und Details verfügen und sich die Umweltbedingungen stetig ändern.

Der Wert »Commitment«

Ein wesentlicher Aspekt von Scrum ist, dass das Team innerhalb eines jeden Sprints ein bestimmtes Zwischenprodukt, das Produkt-Inkrement, auch tatsächlich liefert. Der psychologische Mechanismus, konkret die Selbstverpflichtung, erhöht die Wahrscheinlichkeit, dass die gefassten Pläne, Vorhaben und Ziele nach Möglichkeit im gegebenen Zeitraum auch tatsächlich erreicht werden.

Der Wert »Respekt«

Für eine effektive Kommunikation im Team ist zwischenmenschlicher Respekt eine wichtige Grundvoraussetzung. Das bedeutet auch, den eigenen Standpunkt zu überdenken, auch wenn man sich inhaltlich im Recht wähnt. Respekt bedeutet auch eine Haltung, die davon ausgeht, dass die anderen mindestens genauso klug sind wie man selbst!

Der Wert »Fokus«

Fokussierung ist erforderlich, um das Sprintziel überhaupt erst zu erreichen und darüber hinaus das Ergebnis noch weiter zu verbessern. Echter Fokus verhindert auch Ablenkung. Die Kunst, die Menge nicht getaner Arbeit zu maximieren, ist hierbei eine der zentralen Stellgrößen für den Erfolg. So wird über den Wert Fokus Kundenwert erzeugt.

Andere Frameworks

Aber auch die agilen Werte sind nicht starr und können variieren, so zum Beispiel für Kanban; hier kommen die folgenden Werte, die an dieser Stelle nur kurz benannt werden sollen, hinzu:

- Vereinbarung,
- Balance,
- Flow,
- Kooperation,
- Shared Leadership.

Für Design Thinking und Lean Start-up gelten wiederum leicht abweichende Wertewelten, auf die ein agiler Coach – je nach Kontext – zurückgreifen sollte, um gezielte Impulse für die agilen Teams geben zu können.

Ist »Agile« etwa alter Wein in neuen Schläuchen?

Alter Inhalt in neuer Verpackung? Alte Ideen neu präsentiert? Das Argument »das ist doch nur alter Wein in neuen Schläuchen« ist ein echtes Killerargument. Wer also vom »alten Wein in neuen Schläuchen« spricht, der sagt eigentlich »das gefällt mir alles nicht, die Richtung stimmt für mich nicht! Das will ich nicht!« Ja, und davon gibt es nicht wenige. Also sprechen wir einmal über das, was bei »agil« geeignet ist, einen ordentlichen Widerstand hervorzurufen.

74 | Warum sich Unternehmen modernisieren müssen

Nachvollziehbare Gründe für Widerstand

Was sind mögliche und vielleicht ja auch tatsächlich nachvollziehbare Gründe für Widerstand? Nun, vielleicht: »Das ist neu für mich!« Gut, das kann man verstehen. Dafür gibt es Seminare und viele Möglichkeiten, sich auszutauschen und sich langsam an die neue Methodenwelt heranzurobben.

»Ich befürchte, meine Privilegien zu verlieren!« Das ist öfter der Fall, als man denkt. Gerade Führungskräfte aus dem sogenannten Middle-Management, also konkret Abteilungsleiter oder Bereichsleiter, haben viel zu verlieren: Privilegien, Macht, Einfluss und Ähnliches mehr.

Wenn wir diese Art von Widerstand ausblenden, dann können wir die lange methodische Tradition, die »Agile« besitzt, an dieser Stelle getrost einmal ganz von der positiven Seite beleuchten: Ja, die agilen Methodenwelten stellen inzwischen tatsächlich ein über einen Zeitraum von fünfzehn bis zwanzig Jahren erprobtes Methodenreservoir zur Verfügung, das über die Zeit auch in vielen Punkten verfeinert und optimiert wurde. Nur für die D-A-CH Region (also Deutschland, Österreich und die Schweiz) ist das Ganze ziemlich neu. Hier geht es jetzt eher darum, neuen – also unbekannten – Wein in alte und somit bekannte Schläuche zu verpacken, damit er hierzulande überhaupt angenommen wird!

Welche Vorteile entstehen durch Agilität in der Praxis?

Gelebte Agilität ist ein sehr wirksamer Kommunikations- und Leistungsbeschleuniger, der stets den zu schaffenden Kundenwert im Blick hält! Wo man sich vielleicht früher gemächlich mit dem Rasenmäher unterwegs wähnte, da stellt man heute fest: Agile Teams machen an allen Orten, wo agile Methoden ernsthaft praktiziert werden, ihr eigenes Formel1-Rennen auf: stecken täglich neue Strecken fest, stellen neue Regeln auf, messen ihre Rundenzeiten et cetera, mit dem Ziel, Kunden immer wieder neu zu beliefern und zu begeistern.

Agile Teams befinden sich im Flow, sorgen dafür, dass sie immer wieder neue Herausforderungen bekommen und diese dann auch bewältigen. Agile Teams müssen nicht permanent »angeschubst« werden, sondern suchen immer wieder neu nach der nächsten Challenge! Pull statt Push, Go statt Stop-and-go, Vortrieb statt Abrieb, das alles wären Umschreibungen für das, was in einem agilen Team passiert.

Vom agilen Manifest zur Best Practice

Das agile Manifest
Who built the moon? heißt ein bekanntes Album von Noel Gallagher. Wie, was, wo, ich dachte, der Mond wäre schon vor uns da gewesen? Klar, geologisch mag das stimmen, aber damit ist heute kein Blumentopf mehr zu gewinnen! Oder etwa doch?

Genau so hätte man die klassischen Projektmanagement-Methoden mit ihren wunderbaren Gantt-Diagrammen und der eingebauten Milestone-Logik als gegeben hinnehmen können, schließlich hat man doch so in der Nachkriegszeit erfolgreich tausende von Riesenprojekten abgewickelt. Ja, das stimmt, damals, als die Welt, die Wirtschaft, die Unternehmenswelt noch nicht so komplex war wie heute, ohne Internet, ohne riesige Datenflüsse in Realtime, zwar international, aber noch nicht wirklich global. Und nicht digital.

Die Erfahrung war jedoch, damals im Jahre 2001, trotzdem schon die, dass gewisse Projektdynamiken die klassischen Vorgehensweisen auf immer neue Proben stellten. Das führte dazu, dass immer größere Projekte immer öfter scheiterten. Das, was wir heute mit Blick auf den Berliner Großflughafen »Willy Brandt« süffisant als »BER-Phänomen« beschreiben (je länger der Planungsvorlauf, desto ameisenartiger werden die Ergebnisse), war auch damals schon bekannt, und siebzehn Vorausdenker aus der Software-Industrie hatten die Nase einfach voll von den vorprogrammierten Misserfolgen.

76 | Warum sich Unternehmen modernisieren müssen

Heute vor mehr als fünfzehn Jahren veröffentlichte eine Gruppe aus siebzehn renommierten Softwareentwicklern ihr Manifest für agile Softwareentwicklung (vgl. Beck et al. 2001). Die seinerzeit formulierten Leitsätze haben von diesem Zeitpunkt an maßgeblich die Teamarbeit in der Softwareentwicklung – und inzwischen auch weit darüber hinaus – verändert. Viele Teams nehmen mittlerweile für sich in Anspruch, dass sie agil arbeiten.

Im Zentrum stehen vier Paradigmen:
- Die Beteiligten und ihre Zusammenarbeit *steht über* den Prozessen und Werkzeugen.
- Eine lauffähige Software (beziehungsweise ein funktionierendes Produkt) *steht über* einer umfassenden Dokumentation.
- Die Zusammenarbeit mit den Kunden *steht über* dem Verhandeln von Verträgen.
- Das Reagieren auf Veränderungen *steht über* dem Verfolgen eines Plans.

Die Formulierung »steht über« bedeutet nicht, dass der zweite Teil der Gleichung unwichtiger wäre, jedoch liegt der Fokus in der Agilen Welt darauf, den jeweils ersten Teil mindestens genauso ernst zu nehmen wie das traditionellerweise in den meisten Organisationen für den zweiten Teil gilt.

Die sich anschließenden zwölf Prinzipien unterstützen das agile Vorgehen. Sie stellen etwas detaillierter die Werte und die grundlegende agile »Denke« dar. Es finden sich hier zum Beispiel der Gedanke einer frühen und kontinuierlichen Auslieferung von Software beziehungsweise Produkten, die Vorstellung einer engen Zusammenarbeit von Fachabteilungen und Entwicklungsteams, die Bedeutung von motivationsfördernden Rahmenbedingungen, das Thema technische Exzellenz sowie der Grundgedanke von sich selbst organisierenden Teams.

Vieles von dem, was sich im agilen Manifest und in den Ursprungsprinzipien findet, ist heute aktueller denn je. Denn das agile Manifest ist ein Aufschrei von engagierten Softwareentwicklern, die sich nicht mit bestehenden Unzulänglichkeiten des Projektmanagements abfinden wollten. Es ist ähnlich grundlegend wie das Bild *Der Schrei* von Edmund Munch, eines der berühmtesten und bis heute immer noch rätselhaften Gemälde, das vor mehr als hundert Jahren die Grundbefindlichkeit der Moderne auf den Punkt gebracht hat. Verzweiflung und Angst – diffus und trotzdem existenzbedrohend. Oder in gewisser Weise ähnlich wie *The Wall* von Pink Floyd: ein zeitloses und irgendwie immer aktuelles Stück Musikgeschichte, das uns auch – heute noch – inspiriert.

Best Practice

»Learning agility means to learn, de-learn, and relearn all the times.«
Pearl Zhu, Autorin und digitale Visionärin mit technologischem Weitblick

Viele Geschäftserfordernisse werden inzwischen von der agilen Arbeitsweise unterstützt. Das gilt insbesondere für die folgenden Punkte:

- Deutlich schnellerer Markteintritt
- Schnellere Anpassungen und Marktreaktionen
- Spürbare Produktivitätsfortschritte
- Identifikation von zukunftskritischen Aktivitäten
- Kundenzentrierte Produkte und Ergebnisse

Was sagen die Zahlen (vgl. Rooney 2014)?

Während sich 88 Prozent aller nicht agilen Unternehmen einen schnelleren Markteintritt wünschen, geben 93 Prozent der agilen Unternehmen an, genau das durch eine agile Arbeitsweise erreicht zu haben.

91 Prozent der nicht agilen Unternehmen haben große Probleme, sehr schnell die Ausrichtung zu verändern. 93 Prozent aller agilen Unternehmen geben an, genau das für sich erreicht zu haben.

96 Prozent der nicht agilen Unternehmen sagen, dass es für sie eine Priorität sei, die Produktivität zu erhöhen. 87 Prozent der agilen Unternehmen sagen, dass »Agile« ihre Teams hat produktiver werden lassen.

88 Prozent der nicht agilen Unternehmen sagen, dass Priorisierung der wirklich wichtigen Dinge Not tue. 80 Prozent der agilen Unternehmen geben an, dass bei ihnen die Nutzung agiler Arbeitsmethoden zu einer stärkeren Priorisierung der wirklich wichtigen Dinge beigetragen habe.

89 Prozent der nicht agilen Unternehmen sagen, dass es für sie Priorität habe, ein für den Nutzer relevanteres Produkt zu erzeugen. 80 Prozent der agilen Unternehmen gaben an, dass agile Vorgehensweisen dazu beigetragen hätten, ein besseres und für den Kunden relevanteres Endprodukt zu erzielen.

Es spricht also vieles dafür, sich auf die agilen Prozesse einzulassen und selbst zu erfahren, wie schnell sich so klassische Kernprobleme – sogar solche, die bislang selbst den alten und erfahrenen »Beratungshasen« als unlösbar galten – auf einen Schlag lösen lassen!

Warum sich Unternehmen modernisieren müssen

1.5 Agile Prozesse der Zukunft

»Niemand hat mehr Fehler gemacht als ich.«

Ingvar Kamprad (1926–2018), Ikea-Gründer und achtreichster Mensch der Erde,
als Antwort auf die Frage nach seinem Erfolgsgeheimnis

Verschiedene Unternehmensebenen verbinden

»Bin ich agil genug?«, fragten sich im vergangenen Jahr plötzlich viele Marketer, nachdem es in den Jahren zuvor noch um Schlagworte wie »Content« und »Disruption« ging. Doch der Kompetenzaufbau in Sachen Agilität ist vielerorts weit vorangeschritten und die ganze Mannschaft ist geschult und sprintet um die Wette. Wo liegt also das Problem?

Wohl am ehesten in diesem Punkt: »Das Topmanagement lebt [...] oftmals noch die konventionelle Governance-Struktur« (vgl. Pechmann 2017). Mit anderen Worten: Die Veränderungsgeschwindigkeit »da unten« ist »da oben« noch nicht angekommen, das heißt starre Deadlines, Agenda für die Meetings eine Woche vorab, Entscheidungszyklen aus der Steinzeit der Industrialisierung et cetera.

Was bedeutet das? In einem wirklich agilen Unternehmen, das sich wie ein lebendiger Organismus an Umweltbedingungen fluide anpassen möchte, müssen alle Ebenen lernen, miteinander dynamischer und agiler umzugehen; ansonsten ist es, als ob Sie einerseits den Motor Ihres Autos aufrüsten, andererseits aber unterm Blech alles gleichbleibt: Irgendwann werden die freigesetzten Kräfte zu stark für die Standard-Karosserie. Und was passiert unter dem Blech?

Unser Prozessablauf für »Agile Abteilungen«

Wer wirklich agil vorgehen möchte, der sollte sich mit dem folgenden Prozessablauf vertraut machen: Neben der Mission und der Vision sind es auch neue Ideen und konkrete Marktforschungsergebnisse, die sich mittels Design Thinking in Kundenanforderungen übersetzen lassen. Auf Basis des CANVAS Marketing oder Business Modells wird dann der Backlog erstellt. Die Roadmap zeigt den Weg vom Sprint Planning hin zur konkreten Abarbeitung der jeweiligen Sprint Backlogs. Die tägliche Besprechung und regelmäßige Ergebnislieferungen im Sprint Review sind Voraussetzungen für ein frühes Go Live beziehungsweise ein schnelles Go-to-market. In der Sprint-Retrospektive reflektiert das Team die eigene Vorgehensweise und sucht nach weiteren Verbesserungen.

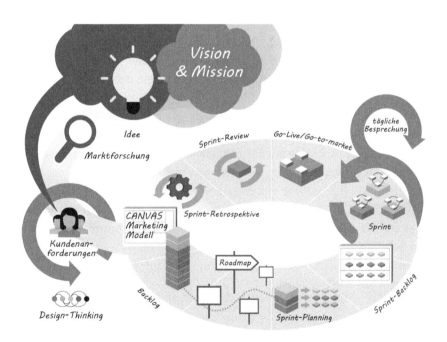

1.6 Agiles Mindset entsteht nicht auf Knopfdruck

»Die Lösung für ein Problem verändert das Problem.«

Philosophische Weisheit

Menschen und soziale Systeme sind nicht statisch, sie verändern sich. Unternehmen sind soziale Systeme. In dem Moment, wo eine gemeinsame Initiative entsteht, stellt sich jeder die Frage: »Sollte ich hier nicht dabei sein?« Und wenn der Zug sich erst einmal in Bewegung gesetzt hat, steht weniger die Frage »Was habe ich davon?« im Vordergrund als vielmehr »Komme ich noch mit?«

Die Kunst ist es, gemeinsam auf ein Problem, eine Thematik, eine Herausforderung zu schauen, eine inhaltliche und emotionale Basis zu schaffen und dann – indem jeder nach und nach eingebunden wird – eine neue agile Identität einer Organisation zu kreieren, die sich über ihre Veränderungsfähigkeit und nicht über die Starrheit ihrer Kulturen definiert.

Der agile Flow – manche würden auch vom agilen Virus sprechen – breitet sich unterschiedlich schnell aus. Ist er aber erst einmal präsent, dann lässt er sich nur noch schwer in enge Schranken verweisen. Und einhergehend damit werden neue Werte im Unternehmen wichtiger. Neue Werte, die sich auf die Basis, die Qualität und den Geist des Miteinanders beziehen.

Bei den agilen Praktiken wie zum Beispiel Kanban ist der Flow einer der wichtigsten Werte. Bei Steve Tendon ist nachzulesen, dass es im Unternehmen genau vier Arten des Flows gibt, die sich durch das gesamte Unternehmen ziehen (vgl. Tendon 2015):

1. operationaler Flow
2. finanzieller Flow
3. informationeller Flow
4. psychologischer Flow

Alle vier sind mit einer inspirierenden Teamführung, klaren Zielen, die alle nachvollziehen können sowie einer hohen erlebbaren Sinnhaftigkeit verbunden.

Die Psychologie des Flows

Das weit bekanntere und im engeren Sinne psychologische Flow-Konzept stammt von Mihaly Csikszentmihalyi (2012). Es wurde von ihm als ein Zustand beschrieben, bei der eine Person Aktivitäten nachgeht, in die sie sehr stark involviert ist und auf die sie sich voll fokussiert. Im Zustand des Flows ist ein Mensch auf sein Tun so konzentriert, dass er um sich herum kaum noch etwas wahrnimmt, außer der Handlung, die im Hier und Jetzt von ihm ausgeführt wird. Er ist optimal engagiert und motiviert, hat Freude bei der Arbeit und befindet sich in einem ausbalancierten Zustand (»im Flow-Kanal«) zwischen Unter- und Überforderung.

Die Aufgabe einer intelligenten Selbstorganisation kann in diesem Zusammenhang als »zielgerichtete Unterstützung jedes Einzelnen, sich optimal im eigenen Flow-Kanal zu bewegen« beschrieben werden. Hilfreich sind hierfür viele leichtfüßige Interaktionen und spontane Kurzgespräche sowie die konsequente Beobachtung der Körpersprache hinsichtlich möglicher Überforderungen oder Unterforderungen: Wie geht es meinem Kollegen gerade? Wo kann ich unterstützen?

Flow-Erleben bei der Arbeit

Menschen, die ein glückliches Leben führen, kommen oftmals nicht aus der Welt der Kunst oder Wissenschaft, sondern aus der Welt sogenannter »niedriger Arbeiten«. Csikszentmihalyi beschreibt hier ein schönes Beispiel: Eine Almbäuerin, die tagein, tagaus riesige Ballen von Stroh über die Alm zu tragen hat, genießt ihr einfaches Leben und lässt es sich nicht nehmen, während ihrer Arbeit mit Menschen, Tieren und sogar Pflanzen ins Gespräch zu kommen. Auch eine alte christliche Weisheit sagt: »Du kannst genauso glücklich sein, Kartoffeln zu schälen wie Kathedralen zu bauen, wenn du es für den Glanz Gottes tust!«

Die politisch linke Sicht »Glücklich sein durch die Arbeit – das kann nur zu Ausbeutung führen, weil es wie Opium die Arbeiter einlullt und unkritisch werden lässt« darf psychologisch als überholt gelten. Es ist eine Frage des Klimas, der Stimmung und der Atmosphäre. Arbeit kann sehr wohl glücklich machen, wenn man sie psychologisch klug und mit Sinn organisiert.

Aber es kann natürlich auch in die andere Richtung gehen. Es gibt auch die Variante einer Negativspirale: Menschen, die zwanghaft ehrgeizig sind und sich überfordern, um andere zu übertrumpfen und die Nummer eins zu werden oder zu bleiben. Diese Menschen sind längst nicht mehr in ihrem ganz natürlichen Fließgleichgewicht, sondern entfernen sich in großen Schritten vom Flow-Zustand und nähern sich rasant dem »Burn-out-Zustand«, führt Mihaly Csikszentmihalyi aus. Denn »[...] um Flow zu erfahren, darf der Einzelne sich weder über- noch unterfordern, sonst kann er sich nicht so auf das fokussieren, was er tut, wie es ihm gemäß wäre.«

Eine kurze Geschichte, die das wunderbar beschreibt, ist die von einer schwedischen Polizeistation. Dort war es üblich, zu zweit auf Streife zu gehen. Für viele war dieses Modell nicht befriedigend, da oftmals einer der Beamten automatisch die Führung übernahm und der andere sich in der Folge zurückgesetzt führte. Aus dem Flow-Gedanken heraus wurde die Einzelstreife wieder eingeführt. Bei wirklich brenzligen Situationen konnte über moderne Kommunikationsmittel jederzeit Verstärkung angefordert werden. Damit war die Sicherheit gewährleistet und die Polizeiarbeit machte auch im Streifendienst wieder mehr Spaß.

Nur wenn Arbeit Spaß macht, dann sind Menschen auch offen für eine neue, andere Art des Arbeitens und damit für ein agiles Mindset.

Das agile Mindset

Was macht die agile Zusammenarbeit aus? Was macht Menschen glücklich? Es sind die fünf Elemente des agilen Mindsets (vgl. Nowotny 2016a):

Fünf Elemente des agilen Mindsets

1. Weniger Profitdenken und mehr Sinngebung
2. Weniger Hierarchien und mehr Netzwerken
3. Weniger Kontrollieren und mehr Befähigen
4. Weniger Langfristplanung und mehr Austesten
5. Weniger Verschlossenheit und mehr Transparenz

Mehr Sinnhaftigkeit für jeden Einzelnen

Mehr Sinnhaftigkeit: Was sind die Voraussetzungen? Das Ganze sehen, das Ganze verstehen, den Überblick haben, die Vision teilen. In unserem Fall ist es wichtig, dass tatsächlich alle im Team die Vision eines neuen CRM-Systems begreifen. Wenn nur einer den Plan hat und die anderen einfach folgen, dann führt das zwar kurzfristig durchaus auch mal zu Erfolgen, aber nicht zu mehr erlebter Sinnhaftigkeit bei jedem Einzelnen. Die Frage ist immer: Wie trägt meine Arbeit dazu bei, dass wir unsere großen Ziele erreichen können? In der agilen Welt ist dies etwas, das fortwährend untereinander diskutiert wird: Sind unsere Handlungsschritte wirklich wertgenerierend? Das führt natürlich dazu, dass diese Perspektive der Wertgenerierung sehr präsent ist (auch wenn zuweilen jemand den Sinn vielleicht momentan nicht erkennen kann), aber alles ist hier eben darauf ausgerichtet, tatsächlich diesen Sinn immer wieder neu zu schaffen.

Mehr Netzwerken für alle im Team

Die vertikale Kommunikation ist in Traditionsunternehmen oftmals holprig, manchmal gar gestört und langwierig (besonders von unten nach oben). Einzelne wissen teilweise nicht, ob sie mit einem Kollegen, mit dem es fachlich notwendig ist, auf dem kurzen Dienstweg den Kontakt aufnehmen dürfen. »Muss ich hier nicht den offiziellen Weg über meinen Chef gehen und dieser fragt dann wiederum den Chefkollegen auf gleicher Hierarchieebene? Wenn ich Glück habe, geben beide meine Fragen und Infos an meinen eigentlichen Ansprechpartner weiter.«

Die Normalität langwieriger Kommunikationswege in einer Hierarchie ist aus agiler Sicht tatsächlich negativ. Wir sprechen gerne von Abteilungssilos, deren Bremswirkung aufgelöst werden muss. Alles halb so wild, denken Sie jetzt vielleicht. Nun gut, wir behaupten, dass das Folgende hierzulande nicht die Regel, sondern eher die Ausnahme darstellt. Leider. Das nun kommende Zitat stammt von Elon Musk, dem charismatischen CEO des US-Elektroauto-Pioniers Tesla (vgl. Libby 2017): »Anyone at Tesla can and should email or talk to anyone else according to what they think is the fastest way to solve a problem for the benefit of the whole company.«

Mehr Empowerment für das Team
Was Teams dürfen und was sie nicht dürfen, ist in vielen Firmen ein heißes Eisen. Dabei ist es für das agile Arbeiten eigentlich sehr klar, wie die Dinge hier geregelt sein müssen: Erfolgreiche Teams brauchen mehr Möglichkeiten für gezielte Experimente sowie gleichzeitig ein Mehr an Transparenz.

a) Mehr Möglichkeiten für gezielte Experimente
Ein Experiment ist eine bewusste Versuchsanordnung, bei der das Ergebnis eben nicht bereits feststeht. In einem solchen Vorgehen werden unterschiedliche Herangehensweisen ganz einfach ausprobiert und anschließend gemeinsam bewertet: Was war der bessere Weg? Was funktioniert am besten für uns als Team, für unsere Kunden, für das Unternehmen?

b) Mehr Transparenz
Eine erhöhte Transparenz wird in mehreren Richtungen wirksam: Nach innen stärkt sie die Bereitschaft, an allen Stellen »sauber« zu arbeiten, also nichts zu verstecken. Nach außen erlaubt sie anderen, die Tätigkeit

des Teams nachzuvollziehen zu können. In der Folge entsteht weniger Aufwand für Rechtfertigung und Kontrolle sowie zum Teil sogar weniger Aufwände für Abstimmungen oder andere »koordinative« Tätigkeiten, die traditionellerweise von Führungskräften übernommen werden.

Mehr Empowerment für das Team hört sich sicherlich gut an, der Weg dorthin ist jedoch mitunter nicht ganz einfach. Wir haben das in vielen Unternehmen beobachtet. Die Muster, die wir dabei identifizieren konnten, haben wir hier zu einer einzigen Geschichte verdichtet. Es ist die Geschichte der ScruMa GmbH.

1.7 Kick-off »ScruMa GmbH« – Einführung in den Fall

»Ich würde nur an einen Gott glauben, der zu tanzen verstünde.«

Zitat aus Zarathustra von Nietzsche

»Ein Bild sagt mehr als tausend Worte«, hat unser Physiklehrer immer gesagt, bevor er einen Schüler oder eine Schülerin erwartungsvoll zum Gang an die Tafel einlud, um sich dort zum Beispiel das Teilchenmodell oder die Gravitation illustrieren zu lassen.

Unser fiktives Fallbeispiel der ScruMa GmbH soll in Ihrem Kopf auch konkrete Bilder entstehen lassen und einen sinnstiftenden Einblick in die Anforderungen einer Transformation vermitteln. Denn das wissen wir inzwischen: Der ScruMa-Agilitätsfunke ist in vielen Unternehmen verbreitet, und daher laden wir Sie hiermit ein, den Weg der ScruMa GmbH in den nächsten Kapiteln zu begleiten. Auch wenn wir nicht wissen, ob es die ScruMa GmbH in der Realität wirklich gibt, so sind die Inhalte kein Auszug aus einem Science-Fiction-Roman, sondern so etwas wie die Essenz der Essenz aus unzähligen, ganz realen Fallbeispielen aus der Praxis.

Warum sich Unternehmen modernisieren müssen | **87**

Die ScruMa GmbH beschäftigt sich als Dienstleistungsunternehmen mit der Personalvermittlung von gut ausgebildeten Fach- und Führungskräften. Hauptsitz des Unternehmens ist die schöne Hansestadt Hamburg. Zu den Kunden gehören namhafte Mittelstandsunternehmen aller Branchen aus Deutschland, Österreich und der Schweiz (D-A-CH).

Richard, der Firmengründer

Gegründet wurde das Unternehmen im Jahr 2001 von Richard. Nach fünfundzwanzig Jahren in verantwortlicher Position in einer renommierten deutschen Unternehmensberatung wollte er sich mit Mitte fünfzig seinen Traum der Selbstständigkeit erfüllen. Von Beginn an war seine Gründung sehr erfolgreich. Durch sein sehr gut ausgebildetes Netzwerk zu vielen Entscheidern aus dem Mittelstand war die Kundenakquise nach den ersten Gehversuchen nicht mehr das zentrale Nadelöhr. Eine Herausforderung sicherlich, aber eine gut überwindbare.

Die ScruMa GmbH wuchs und konnte sich schnell am Markt etablieren. Die Rekrutierung der Fach- und Führungskräfte lief in den ersten Jahren meist über klassische Anzeigen in den Print-Medien. Später kam dann auch die Direktansprache von Kandidaten über Online-Netzwerke wie XING oder LinkedIn hinzu.

Als Hamburger Unternehmer identifiziert sich Richard sehr mit den Werten eines »ehrbaren Kaufmanns«. Daher sind für Richard Tugenden wie Redlichkeit, Sparsamkeit, Weitblick, Ehrlichkeit, Ordnung, Genügsamkeit, Fleiß, Aufrichtigkeit, Gerechtigkeit, Demut und Entschlossenheit wichtig und er versucht, diese auch in seinem Unternehmen »zu leben«.

Peter, der Sohn: seit fünf Jahren Geschäftsführer

Vor fünf Jahren ist Peter zum Geschäftsführer berufen worden. Als Sohn von Richard wächst er seitdem schrittweise in die Rolle des Hauptgeschäftsführers hinein. Eigentlich war es angedacht, dass sich Richard schneller aus dem Tagesgeschäft zurückzieht, aber in den letzten Jahren ist es ihm noch nicht wirklich gelungen, die Verantwortung vollständig zu übergeben. Für den Sohn Peter ist das eine schwierige Situation. Er sieht auf der einen Seite Modernisierungsbedarf bei der ScruMa GmbH, aber andererseits ist er nicht der alleinige Entscheider, sondern muss den klassischen Ansichten seines Vaters hinsichtlich der Mitarbeiter- und Unternehmensführung gerecht werden.

Seit mittlerweile siebzehn Jahren erfolgreich am Markt, war die ScruMa GmbH in den letzten zwei bis drei Jahren vermehrt einigen Herausforderungen der VUCA-Welt ausgesetzt. Getrieben durch den Fachkräftemangel und gleichzeitig durch die wachsende Bedeutung und Verbreitung von Online-Jobportalen, entwickelt sich das Umsatzwachstum seit einigen Jahren unter Plan. Der Veränderungsdruck wächst, aber die Weichen in Richtung Veränderung sind nicht gestellt.

Peter, heute zweiundvierzig Jahre alt, hat den Ehrgeiz, diese Veränderung zur Zukunftssicherung jetzt einzuleiten. Er ist sehr aktiv in diversen Unternehmernetzwerken und hat sich in verschiedenen Vorträgen und Veranstaltungen ein fundiertes Basiswissen zu Themen wie Digitalisierung, Agilität, Management 3.0 und Holocracy angeeignet.

Er beobachtet sich selber dabei, wie begeistert er von diesen Inhalten ist. Gleichzeitig hat er aber noch nicht die Kraft und den Mut, sich auf einen umfassenden Transformationsprozess zu begeben. Der Schatten seines Vaters ist groß und Peter respektiert ihn auch sehr für das, was er in der Vergangenheit geleistet hat.

Parallelen zu Bereichsleiter Christian

Wir erinnern uns wieder an den Marketing-Bereichsleiter Christian aus Kapitel 1.3, achtunddreißig Jahre alt, seit sieben Jahren im Unternehmen tätig. Er hat sich in wenigen Jahren vom Sachbearbeiter im Marketing zum Fachbereichsleiter weiterentwickelt. Christian ist sowohl bei der Geschäftsführung als auch bei seinen Mitarbeitern und Kollegen hoch anerkannt.

Insbesondere mit Peter verbindet ihn ein vertrauensvolles und offenes Verhältnis. Die beiden sind seit Jahren befreundet.

Die Entscheidung für ein neues CRM-System haben der Senior Richard und der Junior Peter vor dem Hintergrund getroffen, dass sich die bestehenden Insellösungen als nicht mehr zukunftsfähig erwiesen haben. Viel zu viele Daten mussten mehrfach erfasst werden und konnten nur mit viel Aufwand in eine Gesamtsicht überführt werden. Wichtige Datenanalysen blieben immer wieder auf der Strecke. Ein unhaltbarer Zustand!

Marketing-Bereichsleiter Christian ist bei der ScruMa GmbH für die Einführung der Software zuständig und stößt schon bei den ersten Schritten auf schier unlösbare Probleme. Die Anforderung an die Zukunftsfähigkeit des CRM-Systems werden von den meisten traditionellen Software-Schmieden schlicht nicht erfüllt.

Er ist interessiert an evolutionären Formen der Zusammenarbeit und schlägt daher Peter vor, die Einführung des CRM-Systems als agiles Pilotprojekt aufzusetzen. Peters Reaktion auf diesen Vorschlag ist zunächst sehr verhalten. Ein agiles Vorgehen im Rahmen einer hoch-relevanten Zielsetzung – wie dem Management von Kundenbeziehungen – zu testen, löst in ihm zunächst eine instinktive Ablehnung aus. »Ich glaube, das wird nichts, so weit sind wir noch nicht«, sagt er daher etwas resigniert, als Christian ihm eines Morgens diesen Vorschlag unterbreitet.

Später wird Peter jedoch klar, dass es vielleicht genau dieser Relevanz bedarf, um bei einem Gelingen schrittweise die Transformation des gesamten Unternehmens umzusetzen. Ein agiles Testprojekt mit einem »Nice-to-have«-Ergebnis würde weder seinen Vater noch den Rest seiner Führungskräfte und Mitarbeiter nachhaltig beeindrucken, geschweige denn deren Willen zur Veränderung forcieren.

In Abwägung von Pro und Contra entscheidet sich Peter am Ende seines Arbeitstages für den Vorschlag von Christian und bittet ihn tags darauf um die Umsetzung im Rahmen des bereits von Richard freigegebenen Budgets und Zeitrahmens.

ScruMa goes Agile

Nun kann es losgehen: »ScruMa goes Agile« und wir sind bei jedem Schritt ganz nah dabei …

Christian ist begeistert von der Möglichkeit, sein theoretisches Wissen zu der agilen Methodenwelt nun auch in der Praxis anzuwenden. Er schreitet motiviert zur Tat und plant seine nächsten Schritte. Wochenlang hatte ihm das CRM-Projekt große Sorgen bereitet. Ihm schien es geradezu unmöglich, die notwendigen Funktionalitäten vor Beginn des Projektes klar zu definieren.

Folglich hatte er erkannt, dass er die Anforderungen mit einem klassischen Projektmanagement nicht erfüllen kann. Klassisch wird eine Projektidee in eine Planungsphase überführt, in der die gesamte Planung dann im Detail vor Beginn der Umsetzung geleistet wird.

Es entstehen dabei in der Regel umfangreiche Lasten- und Pflichtenhefte als Momentaufnahme, die nach einer Freigabe dann in die Umsetzung gehen. Zum Projektabschluss erfolgt dann die Kontrolle in Form eines Abgleiches zwischen dem Geplanten und dem Erreichten. Oder besser: Sie sollte erfolgen. In einigen Projekten entfällt diese Analyse aus Zeit- und Ressourcenmangel teilweise oder sogar komplett.

Oft ändert sich alles, und das auch noch ziemlich schnell!

Als Marketingchef hat Christian schon oft erlebt, dass sich die Rahmenbedingungen während der Umsetzung schnell ändern und gut gemeinte Planungen ad absurdum führen.

Warum sich Unternehmen modernisieren müssen

Das gilt für seine Projekte wie für das operative Geschäft gleichermaßen. Sein Hauptgeschäftsführer Richard fordert jedes Jahr einen Marketingplan mit einem Planungshorizont von drei Jahren. Dieser muss neben den geplanten Einzelmaßnahmen auch die Kosten je Monat umfassen.

Selbstverständlich erstellt Christian jedes Jahr diesen Plan, auch wenn er genau weiß, dass dieser mit der Realität am Ende sehr wenig zu tun haben wird. Nicht weil er unsauber plant, sondern weil er im Tagesgeschäft unter anderem auf die Aktivitäten des Wettbewerbs oder sich ändernde Kundenanforderungen reagieren muss.

Würde er stringent seine eingereichten Planungen umsetzen, hätte das fatale Auswirkungen auf das Unternehmensergebnis. Innovative und kostengünstigere Alternativen – beispielsweise im Online-Marketing – blieben somit ungenutzt, weil diese in der Langzeitplanung nicht vorhergesehen wurden.

Oft stellt sich die Frage nach der Sinnhaftigkeit ...

Schon oft hat er sich die Frage nach der Sinnhaftigkeit dieser aufwendigen Planungen gestellt. Würde es denn nicht ausreichen, ein Kostenbudget je Jahr und die damit zu erreichenden Ziele festzulegen? Täuscht diese Detailplanung der Geschäftsführung nicht nur eine Sicherheit vor, die es in der Realität nicht geben kann?

Im agilen Projektmanagement sieht Christian den Weg der Zukunft, weil hier die Ungewissheit kein Problem, sondern sogar willkommen ist, um iterativ zu den passenden Ergebnissen zu kommen.

Ein Leuchtturmprojekt, um geballtes Wissen zu nutzen

Christian hat den Ehrgeiz, das agile Pilotprojekt als strahlendes »Leuchtturmprojekt« bei ScruMa zu etablieren. Gerne wäre er derjenige, der mit diesem agilen Experiment den Grundstein für die agile Transformation weiterer Teams oder vielleicht sogar des gesamten Unternehmens einleitet.

Inhaltlich fühlt sich Christian gut auf die Aufgabe vorbereitet. Was hat er nicht alles zum Thema Agilität gelesen oder sich anhand von Online-Videos bei YouTube angesehen. Die Methoden sind aus seiner Sicht einfach anzuwenden und die vielen positiven Fallbeispiele haben ihn schon lange begeistert und inspiriert.

Bereits vor sechs Monaten hat er sich in einem zweitägigen »Bootcamp« zum Scrum Master ausbilden und anschließend von der »Scrum.org« durch einen Online-Test zertifizieren lassen. Die Fragen des Testes waren zwar allesamt in englischer Sprache, aber zum Glück in Form von Multiple-Choice-Fragen gestellt. Das erlaubte Christian, bei ein paar Fragen nach dem Ausschlussverfahren vorzugehen und manchmal auch einfach nur zu raten. Bestanden ist bestanden.

Der Startpunkt: Wer gehört zum Projektteam?

Im ersten Schritt steht für ihn nun die Zusammenstellung des Projektteams im Vordergrund. Er hat sich einiges zum Thema Kollaboration, das heißt zur Zusammenarbeit in multidisziplinarischen Teams angeeignet und ist sich der Relevanz bewusst.

Die ScruMa GmbH hat insgesamt fünf Fachbereiche mit insgesamt 37 Mitarbeitenden. Christian ist bekanntermaßen verantwortlich für den Marketingbereich. Die weiteren Bereiche werden von Johannes (Vertrieb), Camilla (Kundenservice), Wolfgang (Finance and Controlling) und Larissa (Personal und Organisation) verantwortet. Die IT wird von einem externen Dienstleister betreut: Seit fünf Jahren ist Michael der Betreuer der gesamten IT-Infrastruktur des Unternehmens und wird vom ScruMa-Team als ein Teil von ihnen wahrgenommen und akzeptiert.

Für Christian ist es wichtig, nicht bereits beim Set-up des Projektes einen Fehler hinsichtlich der Teilnehmerzusammenstellung zu begehen. Inhaltlich hat das CRM-Projekt für alle Bereiche eine Relevanz. Folglich ist klar, dass jeder der Bereiche in das Projekt einzubinden ist. Aber wer in Persona?

Pauschal einfach die Leitenden? Oder ist es notwendig, neben der Verantwortlichkeit schon bei der Auswahl der Teilnehmer weitere Kriterien in das Kalkül einzubeziehen?

Gut, systematisches Vorgehen hilft, sagt sich Christian, und notiert die folgenden vier Punkte auf einem Blatt Papier:

- Zeitliche Verfügbarkeit
- Fachkompetenz
- Persönlichkeit und Haltung
- Akzeptanz im Unternehmen

Gemeinsam mit Junior-Geschäftsführer Peter erstellt Christian dann eine Matrix, um die Kollegen nach den Kriterien auf einer Skala von 1 (trifft nicht zu) bis 10 (trifft voll zu) einzuordnen. Dabei werden die einzelnen Kriterien zueinander priorisiert und gewichtet.

Natürlich ist diese Bewertung rein subjektiver Natur, liefert aber Christian und Peter schon wichtige Erkenntnisse für die Zusammenstellung des Teams. Aber auch hier gilt: Es sind durchaus positive und negative Überraschungen während der Einführung der Agilität zu erwarten!

Mitstreiter, die in hierarchisch geprägten Strukturen eher passiv und ideenlos agiert haben, blühen in agilen Strukturen vielleicht auf und bringen neue Ideen und Impulse motiviert ein. Andere, die bislang positiv durch Engagement und Ideenreichtum aufgefallen sind, bleiben hinter der Erwartung zurück, weil sie beispielsweise mit der Selbstverantwortlichkeit bei der Umsetzung komplett überfordert sind.

Erst mal die Führungskräfte mitnehmen

Peter und Christian entscheiden sich, das erste agile Projektteam mit den Führungskräften zu besetzen. Christian hätte gerne auch andere Kollegen aus der operativen Ebene der Bereiche eingebunden, um deren konkrete

Anforderungen an das CRM der Zukunft zu integrieren. Peter scheut dies jedoch, da er keinen seiner Führungskräfte vor den Kopf stoßen wollte. Zu groß ist die Gefahr, dass es bereits hier beim Start zu nachhaltigen internen Dissonanzen oder gar Blockadehaltungen kommt, und zwar insbesondere bei den nicht beteiligten Führungskräften.

Christian trägt die Entscheidung mit, die ersten agilen Erfahrungen mit dem Führungskreis zu sammeln. Insgeheim rechnet er aber mit einer Veränderung der Teamzusammenstellung im weiteren Verlauf des Projektes. Eine Vermutung, die sich auch so erfüllen wird – aber dazu später mehr ...

Das Team – jeder ein echtes Unikat!

Die mangelnden zeitlichen Ressourcen von Wolfgang, dem beständigen, zweiundfünfzigjährigen Leiter für Finance and Controlling, sind kritisch. Gleichzeitig sticht er hinsichtlich seiner Fachkompetenz und seiner persönlichen Haltung sehr positiv hervor. Peter und Christian entscheiden sich daher dafür, Wolfgang in das Projekt einzubinden. Er ist seit zwölf Jahren im Unternehmen und wird von Firmenchef Richard sehr geschätzt. Daher kann er auf dem weiteren Weg der Transformation ein wichtiger Multiplikator sein.

Johannes, ein dreiundvierzigjähriger »Einzelkämpfer«, ist ein Vollblut-Verkäufer und kommuniziert gerne und viel. Er ist sehr erfolgsorientiert und neigt zu impulsgesteuertem Handeln. Das führt regelmäßig dazu, dass er sich nicht an Absprachen hält und seine Kollegen vor vollendete Tatsachen stellt.

Camilla, die neunundreißigjährige »Neue«, ist erst seit vier Monaten im Unternehmen und hat gerade die ersten hundert Tage erfolgreich bestanden. Fachlich wird Camilla von den Kollegen akzeptiert, hält aber ganz bewusst eine persönliche Distanz zu ihnen. Insgeheim fühlt sie sich noch unsicher in ihrer ersten Führungsrolle im Bereich Kundenservice und versucht diese Unsicherheit mit sachlicher Fachkompetenz zu überdecken.

Larissa, die vierunddreißigjährige »Viel-Interessierte«, ist aus Leidenschaft Personalerin. Sie hat sich in den letzten Jahren viel mit dem Thema Organisationsentwicklung beschäftigt und hat erkannt, dass die ScruMa GmbH sich hier neu aufstellen muss. Sie hatte aber nie den Mut, der Geschäftsführung entsprechende Vorschläge zu machen.

Michael, der neunundzwanzigjährige »Realist« und IT-Spezialist, ist stark faktengetrieben. Er glaubt nur das, was er auch sehen und messen kann. Er war bei anderen Kunden schon an einigen Scrum-Projekten als Teammitglied erfolgreich beteiligt und bewegt sich sicher in dem Framework. Er weiß aber auch, dass die Agilität zum Start bei Weitem kein Selbstläufer ist, sondern ein Weg.

Die laufenden Ziele – Echter Sprengstoff für das Projekt

Ein sehr kritischer Faktor in der Vorbereitung des Projektes ist das Thema Zielvereinbarung. Denn bis auf den externen Mitarbeiter Michael liegen für jede angestellte Führungskraft geltende Zielvereinbarungen für das laufende Jahr vor. Und diese sind wichtig, denn abhängig von der Erreichung der individuellen Ziele werden von der ScruMa GmbH Geldprämien als erfolgsabhängige Komponenten zum Jahreswechsel ausgezahlt. Die Entscheidung für das Pilotprojekt ist aber unterjährig getroffen worden und somit in keiner Zielvereinbarung aufgeführt.

Damit besteht die Gefahr, dass das agile Projekt aus nachvollziehbaren, vorwiegend monetären Gründen bei den Projektmitgliedern – im Vergleich zu den definierten Jahreszielen – weniger priorisiert wird als es zielführend wäre. Peter und Christian erkennen diese Gefahr frühzeitig. Es ist insbesondere Peters Aufgabe, die Veränderung dieser Rahmenbedingung im Vorfeld des Projektstarts zu erreichen.

Zielvereinbarungen unterjährig verändern?

In einem kontroversen Gespräch mit seinem Vater äußert Peter die Bitte, zum ersten Mal in der Geschichte der ScruMa GmbH die Zielvereinbarungen der Führungskräfte unterjährig zu verändern. Richard zeigt sich zunächst wenig einsichtig und lehnt eine Veränderung ab. Er möchte durch die angedachten Änderungen keine Unruhe in seine Firma bringen, denn eine unterjährige Änderung der Zielvereinbarungen hat immer etwas Willkürliches an sich und ihm ist wichtig, dass sich seine Mitarbeiter und insbesondere seine Führungskräfte auf ihn verlassen können.

Erst als Peter ihm für jede Führungskraft eine priorisierte Liste der zu erreichenden persönlichen Ziele darlegt, ändert Richard seine Meinung. Anhand dieser Listen wird für ihn transparent, dass jede Führungskraft auch Ziele zu erreichen hat, die im Vergleich zu der Relevanz des CRM-Projektes weniger relevant sind. Diese Ziele in das Folgejahr zu verschieben, ist geradezu unkritisch.

Im Ergebnis erfolgt eine Änderung der Zielvereinbarung zu Gunsten des agilen Projektes; alle Führungskräfte partizipieren nun auch monetär von einem erfolgreichen Projektverlauf und haben auf dem Papier auch die zeitlichen Ressourcen für eine aktive Teilnahme. Wie wichtig die Priorisierung von Themen und Aufgaben in der Agilität ist, werden wir im Weiteren noch an einigen Stellen erleben.

Und die Zeit, die läuft ...

Für Christian ist auch der Faktor Zeit ein sehr kritischer. Er weiß aus vielen persönlichen Gesprächen mit seinen Kollegen, dass diese durch das jeweilige Tagesgeschäft mehr als ausgelastet sind. Auf der anderen Seite sieht er in der Agilität die Chance, diese Belastungen unter anderem durch Priorisierung der Aufgaben und Abgabe von Verantwortlichkeiten zu senken. Es muss ihm also schon in einer sehr frühen Phase der Transformation gelingen, seine Kollegen von den Vorteilen eines agilen Weges zu überzeugen.

Warum sich Unternehmen modernisieren müssen | 97

Nachdem Christian sein Projektteam zusammengestellt hat, lädt er die Mitglieder zu einem zweitägigen Kick-off-Workshop ein. Er achtet darauf, dass dieser nicht in den Räumlichkeiten von ScruMa stattfindet, sondern in einem Seminarraum eines Co-Working-Spaces in der Hamburger City.

Das »Agilitätsding« – Aufklärung im Kick-off-Workshop

Nachdem er die Kollegen zum Workshop eingeladen hat, beginnt für ihn die Aufklärungsarbeit. Die meisten seiner Kollegen nutzen gemeinsame Mittagspausen, um nach diesem »Agilitätsding« zu fragen. Insbesondere Larissa (die Personal-Chefin) zeigt sich sehr interessiert, zweifelt aber an einem Gelingen bei der ScruMa. Bislang hatte sich der Hauptgeschäftsführer Richard immer sehr starr in seinen Überzeugungen und Ansichten gezeigt. Einen echten Willen zur Veränderung konnte sie wahrlich nicht bei ihm wahrnehmen. Umso mehr hatte es sie überrascht, dass Richard einer Veränderung bei den genannten Zielvereinbarungen zugestimmt hat.

Der Vertriebschef Johannes fragte nur sehr oberflächlich bei Christian nach und hörte bei den Antworten nicht wirklich aufmerksam zu. Er ist kein großer Freund von Projektteams, da er ungern in Abhängigkeiten von Kollegen und deren Zutun kommt. Seine Welt ist der Verkauf. Er ist am liebsten unterwegs beim Kunden und empfindet interne Meetings als bloße Zeitverschwendung, die ihn nur aufhält. Dennoch ist ihm die Wichtigkeit eines CRM-Systems für seine Aufgabe sehr bewusst und er ist interessiert daran, seine lange Liste an Anforderungen einzubringen. Warum er dazu gleich als Projektmitglied beteiligt sein muss, ist ihm nicht klar. Hätte nicht auch eine Mail mit seinen Anforderungen gereicht?

Nach den vielen Einzelgesprächen wird Christian noch klarer, dass sich sein Projektteam aus einer Vielzahl von unterschiedlichen Charakteren zusammensetzt. Alle Mitglieder kennen die aktuellen Geschäftszahlen und sehen Handlungsbedarf.

Mehr Fokus statt fortwährend Tagesgeschäft!

Christian ist es wichtig, seine Kollegen für zwei Tage dem Tagesgeschäft zu entziehen, um den Fokus auf die Inhalte seines Workshops zu lenken. Der gewählte Seminarraum schafft eine besonders kreative und offene Arbeitsatmosphäre und ist mit allem ausgestattet, was für kreatives und agiles Arbeiten notwendig ist: Flipcharts, Beamer, Whiteboards, eine große Kreidetafel und diverse Pinnwände plus alle notwendigen Moderationsmaterialien. Christians erklärtes Ziel ist es, seine Kollegen von den Möglichkeiten der Agilität zu begeistern und für die Mitarbeit im Projekt zu motivieren. Er nimmt sich daher viel Zeit, um den Workshop vorzubereiten. Christian ist nicht nur ein kreativer, sondern auch ein strukturierter Mensch, mit einem feinen Hang zum Perfektionismus. Er bereitet die theoretischen Inhalte in Form von Folien zwecks einer inhaltsreichen Beamer-Präsentation vor.

Die Limits werden sichtbar

Die beiden Workshop-Tage bringen Christian an seine persönlichen und fachlichen Grenzen. Speziell am ersten Tag bläst ihm ein gehöriger Gegenwind – auch bedingt durch ein gewisses Profilierungsgehabe von einigen Kollegen – entgegen.

Wie im Vorfeld zu befürchten war, ist es speziell der Einzelkämpfer Johannes, der sich zu einigen Inhalten recht abschätzig, teilweise sogar flapsig äußert. Mit seiner offensiven und präsenten Art verschafft er sich immer wieder Gehör bei den anderen Workshop-Teilnehmern und verbreitet eine wenig konstruktive Grundstimmung.

Alle anderen Teilnehmer verhalten sich eher passiv und verharren in einer Art Konsumentenhaltung. Sie beobachten Christian als Leiter des Workshops und sind gespannt auf seine Reaktion. Aber der zeigt sich äußerlich unbeeindruckt, auch wenn es innerlich in ihm brodelt. Er verzichtet bewusst darauf, als »Leiter« von oben herab aktiv zu intervenieren. Das würde schon zum Start augenscheinlich den Prinzipien der Agilität widersprechen und sicherlich nicht den geeigneten Nährboden für einen erfolgreichen Workshop-Verlauf zu genau diesem Thema bieten.

Wir sind nicht allein – agile Erfahrungsberichte motivieren!

Überraschenderweise ist es Michael, der hier nüchtern und bedacht einlenkt. Nicht in Form von einer direkten Ansprache an Johannes oder einer Bewertung von dessen Verhalten, sondern durch wertvolle Erfahrungsberichte aus seiner agilen Praxis bei anderen Kunden.

Diese Übersetzung der Theorie in die erlebte Praxis beeindruckt die anderen Teilnehmer und lässt sie aufhorchen. Interessiert folgen sie den Redebeiträgen von Michael und nun auch den theoretischen Ausführungen von Christian.

Schnell füllen sich die Flipcharts und Pinnwände mit Inhaltskarten, persönlichen Feedbacks, Einschätzungen, offenen Fragen und ersten Umsetzungsideen der Teilnehmenden. Wirklich von allen Teilnehmern?

Johannes ist abgelenkt und total busy

Nein, Johannes kommt aus seiner selbst gewählten Rolle noch nicht raus und verlässt regelmäßig den Raum, um »wichtige« Kundentelefonate am Handy zu erledigen. Jedes Mal, wenn er den Seminarraum wieder betritt, fällt es ihm schwer, wieder in die Inhalte und die Dialoge der Teilnehmer hineinzufinden. Es schleicht sich bei den anderen Beteiligten langsam das Gefühl ein, dass er nicht mehr dazugehören will und den Anschluss an das Team verliert.

Die anderen sind mittlerweile engagiert und interessiert bei der Sache und staunen, wie schnell die Zeit vergeht. Es ist Christian, der den ersten Workshop-Tag mit der Ankündigung beendet, dass er gerne am zweiten Tag auch agile Spiele durchführen möchte. Welche das sein werden, verrät er nicht und entlässt die Teilnehmer mit einer gespannten Vorfreude in den Feierabend.

100 | Warum sich Unternehmen modernisieren müssen

Christian wird von Johannes noch einmal angesprochen, nachdem die anderen Kollegen den Raum verlassen haben. »Brauchst du mich wirklich morgen wieder hier oder schafft ihr das auch ohne mich?«

»Natürlich schaffen wir das auch ohne dich, aber besser noch schaffen wir das mit dir«, antwortet Christian und wünscht Johannes einen guten Heimweg.

Der zweite Tag stimmt hoffnungsvoll ...
Der Tag Nummer zwei beginnt mit einer kurzen Fragerunde, in der Christian gerne wissen möchte, welche Gedanken die Teilnehmer im Nachgang zum ersten Tag noch beschäftigt haben. Das Ergebnis der Runde stimmt Christian sehr hoffnungsvoll. Die meisten Teilnehmer hinterfragen sowohl das eigene als auch das Vorgehen in der Vergangenheit. Nicht dass alles schlecht war, aber man kommt schon zu der Erkenntnis, erhebliche Verbesserungspotenziale in der Art der Zusammenarbeit heben zu können.

Johannes überrascht alle Teilnehmer. Auch er hat sich im Nachgang einige Gedanken gemacht und seiner Frau von dem Tag erzählt. Ihn hatte das Gefühl nicht mehr losgelassen, von dem Team ausgegrenzt zu sein, und zu Hause hatte er davon seiner Frau berichtet. Seine Frau hörte ihm geduldig zu und sagte einen Satz, der Johannes ins Staunen versetzte: »Ich glaube schon lange, dass du nicht alles wissen kannst, und ich wünsche dir sehr, dass du deinen Glauben an die eigene Unfehlbarkeit bald verlierst.«

Den Mut, den ehelichen Dialog in der Fragerunde wiederzugeben, hat Johannes freilich nicht. Er will sein Gesicht wahren und rettet sich mit einer allgemeineren Formulierung: »Die Inhalte des ersten Tages fand ich recht interessant. Zum Glück habe ich heute keine Telefontermine und kann mich aktiver an dem Workshop beteiligen.«

Warum sich Unternehmen modernisieren müssen | **101**

Christian freut sich über diese ersten Erfolge und löst sich im weiteren Verlauf immer öfter von seiner durch die Folien vorgedachten Struktur. Er reagiert auf die Teilnehmer und sobald er es spürt, gibt er den einzelnen Inhalten jenen Raum, den diese offenbar brauchen. Auch die agilen Spiele kommen sehr gut an und bringen wertvolle Erkenntnisse zu den Mehrwerten der agilen Methodenwelt. Aber auch gemeinsamen Spaß! Und Christian wird bald klar, dass dies dazugehört.

Auf diese Weise vergeht der zweite Tag in Windeseile und die Wände des Seminarraums sind fast vollends mit erstellten Flipchart-Bögen behängt. Christian fällt auf, wie wertschätzend und gleichrangig die Kollegen miteinander umgehen. Auffällig ist das insbesondere im Umgang mit Michael. Der ist zwar seit Jahren als Dienstleister für die Company engagiert aktiv, aber dennoch de facto ein externer Mitarbeiter.

Johannes hat sein Versprechen eingehalten und fokussiert an allen Übungen teilgenommen. Ab und zu ist er wieder leicht in sein altes Rollenverhalten gerutscht und fiel durch ein paar unpassende Bemerkungen auf. Im Vergleich zur Vergangenheit war er aber kaum wiederzuerkennen, auch wenn er seine kritische Haltung zu diesem Agilitätsding noch lange nicht verloren hat.

Und wie geht es jetzt weiter?
In den nächsten Kapiteln stellen wir Ihnen, liebe Leser, die Teilschritte eines agilen Projektes in der Theorie vor. Diese Inhalte entsprechen im Wesentlichen den Inhalten des ScruMa-Workshops.

Am Ende eines jeden Kapitels richten wir wieder den Blick auf die Umsetzungen in der ScruMa-Praxis. Teils in Form einer Retrospektive, teils in sogenannten »Agility Checks«. Sie werden dabei sein, sehen, verstehen und lernen. Wir zeichnen dabei nicht das Bild einer Transformation ohne Irrungen und Wirrungen. Es wird also Verwicklungen geben und der Weg in die erfolgreiche Selbststeuerung des ScruMa-Teams wird kein leichter sein.

Allerdings: Wir zeigen einen Weg, der von den beteiligten Menschen getragen und von den agilen Methoden unterstützt wird. Agilität ist dabei zunächst einmal eine neue Haltung, die auf Basis von bestehenden Erfahrungen entwickelt werden muss. Erinnern Sie sich an den Film *Men in Black* mit Will Smith und Tommy Lee Jones? Hier wurde fleißig »geblitzdingst«, um zielgerichtet Informationen und Erfahrungen im Gehirn zu löschen.

Es wäre naiv zu glauben, dass ein Workshop oder auch dessen Folgeschritte einen ähnlichen Effekt erzielen können. Hier lehrt die Forschung und erlebbare Praxis in Unternehmen etwas anderes: Eine neue Haltung entsteht schrittweise durch das »Machen und Erleben«. Bitte verinnerlichen Sie das und erwarten Sie nicht vom Start an zu viel von allen Beteiligten. Geben Sie der Entwicklung den Raum und die Zeit, die sie braucht. Es wird sich lohnen. Agilitätsgeduld würde man gewissermaßen zu dem sagen, was man früher wohl Engelsgeduld genannt hätte. Der Weg ist also nicht so geradlinig wie eine Bundesautobahn, eher verschlungen wie ein versteckter Dschungelpfad.

Nicht anders verläuft die Transformation der ScruMa GmbH. Christian hat sehr konkrete Vorstellungen, wie die ersten Schritte der Transformation laufen sollen. Aber passiert es auch genauso? Wir werden sehen.

Tipp: Wir haben unter *www.scruma.de* für Sie weiterführende Geschichten und Downloads bereitgestellt. Melden Sie sich einfach kostenlos mit dem Zugangscode an, den Sie am Ende des Buches finden, und werden auch Sie Teil der ScruMa-Community!

2.
Die ersten vier Schritte
zur agilen Transformation

Alles Umdenken geschieht in Bildern: Darum ist die Phantasie ein so notwendiges Werkzeug desselben, und werden phantasielose Köpfe nie etwas Großes leisten – es sei denn in der Mathematik.

Arthur Schopenhauer (1788–1860),
deutscher Philosoph und subjektiver Idealist

Nach unseren Erfahrungen gibt es vier Schritte, die zum Start in eine agile Transformation sinnvoll sind:

Schritt 1: Voraussetzungen schaffen
Schritt 2: Durch die Analyse der Ist-Situation ein belastbares
Fundament schaffen
Schritt 3: Den Backlog anlegen und pflegen
Schritt 4: Eine realistische Roadmap aufstellen

In den folgenden Abschnitten werden wir dies konkreter beschreiben.

2.1 Schritt 1: Voraussetzungen schaffen

In der Praxis haben sich vor allem die folgenden Punkte als relevant erwiesen:
- Eigenverantwortung und Kommunikation fördern
- Eine proaktive Feedbackkultur etablieren
- Flexible und transparente Strukturen schaffen
- Kross-funktionale Feature-Teams bilden
- Agilität selbst verkörpern und konsequent vorleben
- Auf den Kunden und konkrete Ergebnisse fokussieren
- Auf Erfolgssichtbarkeit sowie Quick Wins setzen

Eigenverantwortung und Kommunikation
Organisationen sind ein lebendiges Netzwerk. In der Theorie mag das stimmen, real ist es heute immer noch oft so, dass die Abteilungsmauern zuweilen an die Zeiten des Kalten Krieges erinnern! Böse Blicke werden über weite Gänge geworfen und es wird geargwöhnt, was wohl drüben im Nord-, West-, Süd- oder Ostflügel des Gebäudes so alles getrieben wird. Jeder soll und jeder darf mit jedem interagieren, wenn es der Sache dient. Und in echten Netzwerkkulturen braucht es nicht die Erlaubnis irgendeiner Instanz, um miteinander zu kommunizieren, zu initiieren und um Verantwor-

tung zu übernehmen. In klassischen Unternehmen haben Mitarbeitende oft keine Freude daran, Verantwortung zu übernehmen, da sie im Zweifel ausschließlich daran gemessen werden, ob sie Fehler gemacht, eine Regel missachtet haben et cetera.

Proaktive Feedbackkultur

In den neunziger Jahren hatte die Coachingwelle ihren ersten großen Boom. Die Republik wurde überschwemmt mit Angeboten, wie Führungskräfte ihre Mitarbeiter unterstützen, fördern und entwickeln können. Aber ist damit die Stimmung in den Unternehmen eine bessere geworden? Wir glauben kaum, und wenn, dann nicht sehr nachhaltig. Was fehlt, sind weniger die Einzelimpulse als vielmehr die positive Teamdynamik. Und diese braucht eine proaktive Feedbackkultur als psychohygienische Grundlage: »Du, lieber Kollege, ich muss dir heute einmal ein kritisches wie wohlwollendes Feedback geben!« Das macht Sinn, da es den einen emotional entlastet und den anderen intellektuell stimuliert. Und das bringt Teams wirklich nach vorne! Gehen Sie also hier über das klassische Eins-zu-Eins-Setting bewusst hinaus!

Flexible und transparente Strukturen

Warum werden Entscheidungen so und nicht anders getroffen? Wer trifft Entscheidungen? Nach welchen Kriterien? Wo liegen welche Informationen? Was wissen wir über die Wünsche unserer Kunden? All das sind wichtige Elemente einer transparenten Struktur. Wenn diese nun auch in einem konsensualen Prozess flexibel weiterentwickelt werden können, dann ist die Sozialprognose für ein Unternehmen zumeist positiv!

Kross-funktionale Feature-Teams

Ein Feature-Team kümmert sich um kundenrelevante Funktionalitäten oder Prozesse. Es ist fachlich so zusammengesetzt, dass in der Regel alle Kompetenzen gebündelt werden, die hierfür erforderlich sind.

Überall dort, wo vor allem »Fachabteilungen« die inhaltliche Deutungshoheit haben, ist man von einem Feature-Team normalerweise noch sehr weit entfernt. Wissensmonopole sind ausdrücklich nicht das Ziel von kross-funktionalen Feature-Teams!

Agilität verkörpern und vorleben
Vormachen statt vorschreiben, überzeugen statt abwiegeln, kommunizieren statt einigeln, etwas zusammen vollbringen statt jemandem etwas ausreden. Agilität zu verkörpern ist nicht einfach, es basiert auf einer »Yes, we can!«-Haltung. Ja, wir können und wollen alte Gewohnheiten abstreifen und zusammen schneller werden.

Ein kleines, mutmaßlich wahres Twitter-Schmankerl verdeutlicht dies: Der Berater und Unterstützer in Zeiten des Wandels Thomas veröffentlicht über seinen Twitter-Kanal ein Fundstück aus seinem Mail-Eingang:

Anregendes Fundstück aus dem Maileingang – »... Trotz agiler Methoden, optimierter Abläufe und vieler Best Practices fällt uns die exakte Planung von Projekten häufig schwer ...«

Wer immer noch glaubt, dass komplexe Projekte bis in die kleinste Verästelung exakt geplant werden können, der hat den Grundgedanken von Agilität einfach noch nicht verstanden!

Auf den Kunden und konkrete Ergebnisse fokussieren

Viele Unternehmen drehen sich im Kreis: Es wird vorzugsweise für den Chef gearbeitet, nicht für das Unternehmen. Als Dienstleister hören wir immer wieder mal den Spruch »Das muss ich erst mit meinem Chef besprechen«, sehr viel seltener hingegen »Da müssen wir mal unsere Kunden fragen!«

Auch ist zu beobachten, dass die Projekte länger und länger dauern, je mehr Personen darin involviert sind. Unter dem Deckmantel der Absicherung (»Wir müssen erst prüfen, ob wir hier wirklich alle Punkte fein säuberlich abgewogen haben«) sind manche Projekte schon tot, nur dass es keiner wahrhaben möchte. Tote Pferde zu reiten, ist nicht nur für Cowboys und Cowgirls ein schwieriges Unterfangen. Alle motivierten Projektleiter und Projektmitglieder, die mit Ehrgeiz Projekte erfolgreich umsetzen wollen, kostet das oftmals den letzten Nerv, manchmal sicherlich auch ein Stück Lebenskraft!

Auf Erfolgssichtbarkeit sowie Quick Wins setzen

Regelmäßige Quick Wins sind für den Erfolg umfangreicherer Vorhaben nahezu unverzichtbar. Erfolgssichtbarkeit motiviert alle und es sollte auch alles dafür getan werden, dass Erfolge sichtbar gemacht werden!

Vier Faktoren machen einen echten Quick Win aus:
1. Greifbare Zahlen, Daten, Fakten zu den Fortschritten
2. Eindeutigkeit in der Zielerreichung
3. Klarer Zusammenhang zum Change
4. Echte Fortschritte und keine Tricks

2.2 Schritt 2: Durch die Analyse der Ist-Situation ein belastbares Fundament schaffen

»Nicht alles, was zählbar ist, zählt auch wirklich; nicht alles, was zählt, kann man auch zählen.«

Albert Einstein (1879–1955), theoretischer Physiker
und Erfinder der Relativitätstheorie

Analysetools für Teams

Bei den vorgestellten Tools geht es vor allem darum, die Wissensmonopole in den Unternehmen aufzubrechen und die Statik des Status quo zu überwinden. Wer sind eigentlich unsere Kunden? Für was geben wir das meiste Geld aus? Was steht an erster Stelle? Wo geht die Reise hin?

Die SWOT-Analyse

Ein SWOT-Analyse ist ein seit Jahrzehnten bewährtes Analysewerkzeug der klassischen Strategieberatung: Was sind die Stärken und Schwächen (Strenghts and Weaknesses) nach innen, und welche Chancen und Gefahren (Opportunities and Threats) gibt es von außen?

Gemeinschaftlich in einem Workshop durchgeführt, wird die SWOT-Analyse jedoch zu einem agilen Tool, da alle Ideen aus der Gruppe gleich aufgenommen und weitergesponnen werden können: Wer weiß was? Wer hat welche Erfahrungen gemacht? Gerade zum Start eines Projekts ist die SWOT-Analyse auch als Teambuilding-Maßnahme nicht zu unterschätzen!

Wie wird es gemacht? Zunächst wird ein Vier-Felder-Schema auf ein Board gezeichnet, überschrieben mit den vier großen Buchstaben S-W-O-T:

Gute Informationen sind schwer zu bekommen. Noch schwerer ist es, mit ihnen etwas anzufangen.

Sir Arthur Conan Doyle (1859–1930), britischer Schriftsteller

STRENGTHS	WEAKNESSES
OPPORTUNITIES	THREATS

Dann werden die folgenden Bereiche näher beschrieben:

- Strengths – »Schreibt bitte auf, was ihr gut könnt und was für das Team hilfreich sein könnte«
- Weaknesses – »Was sind die Themenfelder, in denen ihr euch verbessern könnt?«

Man gibt dem Team nun Zeit, um zu diesen beiden Feldern Notizen zu verfassen. Dann werden alle Stärken und Schwächen laut vorgelesen und Verständnisfragen geklärt. Eine inhaltliche Diskussion findet noch nicht statt.

Dann werden die beiden anderen Bereiche eingeführt:

- Opportunities – »Stärken des Teams einmal vorausgesetzt: Auf was lässt sich aufbauen, um damit in eine Erfolgsrichtung gehen zu können?«
- Threats – »Mit den gegebenen Schwächen: Welche Hindernisse gilt es zu überwinden?«

Dann sollte der agile Coach dem Team erneut Zeit geben, um Notizen für diese beiden Bereiche zu verfassen. Im Anschluss folgt dann eine für neue Ideen aufgeschlossene Gruppendiskussion.

STRENGTHS	WEAKNESSES
Mitarbeiterqualifikation	Wenig Mitarbeiterinformation
Produkt-Portfolio	Kaum interne Kommunikation
Zentraler Standort	Keine klaren Ziele und Prioritäten
OPPORTUNITIES	THREATS
Neue Zielgruppen erschließen	Fachkräftemangel
Agiles Vorgehen	Wettbewerbsangebote
Neue CRM-Lösung	Verschärfter Datenschutz

Den Markt erkunden

»Es kommt nicht darauf an, mit dem Kopf durch die Wand zu rennen, sondern mit den Augen die Tür zu finden.«

Werner von Siemens (1816–1892), deutscher Erfinder und Industrieller

In einem klassischen Analysekontext darf bei jeder Art der Geschäftsfeldplanung der Punkt Marktforschung nicht fehlen. Es sind gewissermaßen die beiden letzten Punkte der SWOT-Analyse, also die Opportunities and Threats, die hier im Detail untersucht werden. Marktforschung kann quantitativ und qualitativ erfolgen. Man spricht zudem von Primär- und Sekundärmarktforschung, wobei Letztere die Recherche am Schreibtisch (= Desk-Research) wäre. Auch wenn dieser Ansatz sicher auch zu der einen oder anderen Erkenntnis führt, raten wir davon ab, sich ausschließlich hierauf zu verlassen.

Viel wichtiger ist der direkte Kontakt mit der eigenen Zielgruppe: Seien Sie neugierig und führen Sie besser mit Ihren Kunden empathische Interviews durch, wie das etwa im Design-Thinking-Prozess üblich ist, und erspüren Sie noch nicht formulierte Bedürfnisse. Sie sollten daher genau überlegen, ob Sie solche Interviews (wie es gerne gemacht wird) überhaupt an einen Dienstleister outsourcen wollen. Noch besser ist es, wenn Sie statt mit einem Interessenten (gemäß der Denke des Lean Start-up) bereits mit einem ersten zahlenden Kunden sprechen können. Denn dieser hat in der Regel ein wirkliches Interesse und einen echten Bedarf. Die Aussagen solcher Personen sind um ein Vielfaches richtungsweisender für Ihre künftigen Erfolge als die Aussage eines Probanden bei einer klassischen »Mafo-Studie«, der ein Produkt nur eventuell oder mit einer errechneten Wahrscheinlichkeit kaufen würde. Ein gutes Beispiel für den Sinn oder Unsinn von Befragungen sind die aktuellen Elektroautos. Wenn Sie Menschen danach fragen, wie ein Auto in Zukunft aussehen sollte, dann kommt dabei so etwas wie ein E-Golf oder ein BMW i3 heraus. Wenn Sie schauen, was für Autos Menschen aber tatsächlich kaufen, dann wird es ein Tesla Model S.

Durchblick mit dem Business Model Canvas

»Aufs Ganze zu gehen lohnt sich erst, wenn wir den Überblick gewonnen haben.«

Ernst Ferstl (* 1955), österreichischer Lehrer, Dichter und Aphoristiker

Alle Einflussgrößen wie durch eine große Lupe auf einen Blick zu sehen, kann zu überraschenden Einsichten führen. Für ein gesamtes Team ist das in aller Regel nur durch den Einsatz von A0 großen Postern eines Business Model Canvas möglich. A0 ist die größte vom Deutschen Institut für Normung (DIN) definierte Papiergröße. Die Maße eines solchen Papiers betragen 84,1 cm in der Breite und 118,9 cm in der Länge und somit in etwa die Größe eines Kinderbetts oder eines kleinen Schreibtischs. Oder eben quergelegt die Größe eines Business Model Canvas.

In neun Feldern wird die Dynamik des eigenen Geschäftsmodells veranschaulicht. Schlüsselkunden werden sichtbar, aber auch die eigenen Leistungen sowie die Kundenbeziehungen und Vertriebskanäle.

Das Business Model Canvas, das erstmals von Alexander Osterwälder beschrieben wurde, bietet sich als einfach nachzuvollziehende Übersicht an, um das eigene Geschäftsmodell weiterzuentwickeln, zu überprüfen und zu verbessern.

Auf Basis von Schlüsselfaktoren wird das aktuelle Geschäftsmodell auf einem großen quergelegten Blatt Papier, der »Canvas« (englisch für »Leinwand«), in einer charakteristischen Weise entwickelt, dargestellt und dann anschließend im Team analysiert. Das eigene Geschäft kann auf diese Weise sehr viel klarer von allen nachvollzogen werden, um so Potenziale zu finden oder um neue ergänzende Geschäftsideen zu suchen und zu entwickeln.

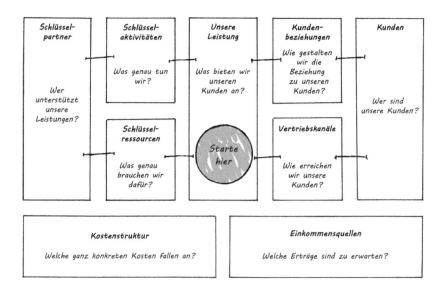

Wie geht man bei der Erstellung eines Business Model Canvas im Team vor? Das eigene Geschäft wird mithilfe der neun Schlüsselfaktoren anhand folgender Fragen durchdrungen und gemeinsam erarbeitet:

1. Unsere Leistung: Was bieten wir unseren Kunden an?
2. Schlüsselaktivitäten: Was genau tun wir?
3. Schlüsselpartner: Wer unterstützt unsere Leistungen?
4. Schlüsselressourcen: Was genau brauchen wir dafür?
5. Kundenbeziehungen: Wie gestalten wir die Beziehung zu unseren Kunden?
6. Kunden: Wer sind unsere Kunden?
7. Vertriebskanäle: Wie erreichen wir unsere Kunden?
8. Kostenstruktur: Welche spezifischen Kosten fallen an?
9. Einkommensquellen: Welche Erlöse sind zu erwarten?

Stück für Stück, Schicht um Schicht wird so die aktuelle Geschäftssituation analysiert und es lassen sich so leicht neue Handlungsschwerpunkte identifizieren, neue Ideen formulieren und zum Teil auch überraschende Lösungsmöglichkeiten für Problemfelder entwickeln.

2.3 Schritt 3: Den Backlog anlegen und pflegen

»The only thing that matters is customer delight.«
Steve Denning (*1944), australischer Psychologe
und Erzähler von Management-Fabeln

Was das Rückgrat für die Spezies Mensch ist, das ist der Backlog für das agile Arbeiten: das Sammeln, Verdichten, Überarbeiten, Priorisieren und Re-Priorisieren der kommenden Themen ist die genuine Aufgabe des »Product Owners«. Wir nennen ihn in unseren eigenen Projekten manchmal auch den »Prioritäten-Manager«, das ist für viele Menschen einfacher zu verstehen.

Die ersten vier Schritte zur agilen Transformation | **117**

Wie ein Bildhauer schnitzt dieser an Aufbau und Form des »Product Backlogs« (auf Deutsch Funktionenliste, Themen-Pool, Themenliste) herum und schafft so gewissermaßen das Drehkreuz des agilen Arbeitens, also die konkrete und inhaltlich gefüllte Verbindung von den eigentlichen Auftraggebern innerhalb und außerhalb des Unternehmens zu den funktionalen Umsetzungsteams.

Das »Product Backlog« wird zum Transmissionsriemen der Wissensarbeit. »Ihre Route wird neu berechnet!«, entfährt es so immer wieder den Product Ownern bei der Suche nach den perfekten Punkten, an denen Aufwände und Erträge symbiotisch-retrograd attraktiv zusammenlaufen.

Um was geht es also beim »Product Backlog«? Im Wesentlichen darum, Anforderungen und Ideen zu sammeln, zu verwalten und zu priorisieren. Auf den Product Owner prasseln jeden Tag neue Anforderungen, Ideen und Wünsche von den unterschiedlichsten Seiten ein: Seien es die Kollegen aus Vertrieb, Marketing, Produktion, Kundensupport, Human Resources oder anderen Abteilungen, aus der Geschäftsführung oder natürlich unsere Nutzer und Kunden – jeder hat eine Idee dazu, was das Produkt noch alles können sollte.

Der Product Owner nimmt die Vorschläge an, filtert sie und muss dann für die relevanten und interessanten Ansätze eine Möglichkeit finden, diese in einer übersichtlichen Form aufzuschreiben und zu priorisieren, damit sie dann genauer untersucht und für die Umsetzung vorbereitet werden können.

Für die unterschiedlichen Ideen und Anforderungen werden Lösungsansätze und Konzepte entwickelt, die nach der Überprüfung dann in Themen, »User Stories« und Aufgaben gegossen werden. Diese Themen, User Stories und Aufgaben müssen unter Umständen dann noch weiter spezifiziert werden. Es werden zum Beispiel Prototypen, spezifische Designs und zusätzliche Artefakte erstellt, die dann zusammen mit der Story abgespeichert werden. Aus der Menge an verfügbaren Themen, Storys und Aufgaben ergibt sich schließlich der Product Backlog.

Die fünf wichtigsten Anforderungen an den Product Backlog lauten:
1. Einfachheit
2. Verständlichkeit
3. Priorisierung
4. Transparenz
5. Veränderbarkeit

Der Product Backlog ist also im Prinzip eine endlose, jedoch gut nachvollziehbare Liste. Die am höchsten priorisierten Elemente stehen stets ganz oben. Somit ist immer klar, wohin die nächste Reise geht: nach Hannover, Helsinki, Hongkong oder Honolulu. Jeden Morgen in eine andere Richtung aufzubrechen, macht keinen Sinn! Das Team muss sich fokussieren, das Product Backlog ist gleichsam das Reisebüro, welches die Anforderungen und Ideen bündelt und zu spannenden Reisen verbindet.

2.4 Schritt 4: Eine realistische Roadmap erstellen

»Nur wer seinen eigenen Weg geht, kann von niemandem überholt werden.«
Marlon Brando (1924–2004), US-amerikanischer Schauspieler und Charakterdarsteller

Die richtige Roadmap zu haben, heißt, dass man seinen Weg, den man gehen möchte, gefunden hat. Es ist meist ein einzigartiger Weg und auf inhaltlicher Ebene wird hier die Frage beantwortet, was man in welcher Reihenfolge wann und wo einführen beziehungsweise umsetzen möchte. Also gewissermaßen eine grobe temporale Verortung der kommenden Schritte und Sequenzen. Das lebendige Navi zur eigenen Agilität. Was sind typischerweise die wichtigsten Elemente einer Roadmap? Nun, zunächst einmal die Etappen, die Sie zurücklegen wollen, und dann eine grobe zeitliche Ordnung.

Die ersten vier Schritte zur agilen Transformation | **119**

Die wichtigsten Elemente einer agilen Roadmap sind:

1. Orientierung/Agile Agenda
2. Unterweisung/Training
3. Begleitung/Facilitation
4. Eigenständigkeit/Weiterentwicklung

Ad 1: Orientierung/Agile Agenda

In dieser Phase orientieren sich Unternehmen neu. Externe Experten und Berater halten Vorträge, geben Einblick, sensibilisieren und öffnen die Zuhörenden für die neuen Themen. Auch wir haben schon oft solche Veranstaltungen für Kundenunternehmen durchgeführt. Begriffe müssen erklärt und eingeordnet werden, alle Fragen sind erlaubt und Unsicherheit reduziert sich zugunsten neuer Einsichten in die Materie.

Sehr wichtig: Am Ende dieser Phase sollte ein Unternehmen eine erste agile Agenda formulieren, also diejenigen Elemente identifizieren, die im Weiteren dann sehr viel genauer in Augenschein genommen werden.

Ad 2: Unterweisung/Training

Substanzielles Wissen ist für eine agile Transformation unabdingbar. Die agilen Theoriewelten mit ihren inzwischen mehr als fünfzehn Jahren Entwicklungszeit stellen ein Arsenal von neuen Waffen im Kampf mit der Komplexität zur Verfügung, die erst einmal verstanden werden wollen.

Das Eintauchen in die agilen Methodenwelten wie Scrum, Kanban, Design Thinking oder Lean Start-up wird hier üblicherweise erst einmal im geschützten Raum erprobt, beispielsweise in einem offenen Seminar oder in einem Inhouse Workshop.

Ad 3: Begleitung/Facilitation

In dieser Phase sind die wichtigsten inhaltlichen Wissensstrecken bereits in die Organisation getragen worden. Jetzt geht's um den kritisch-wohlwollenden Blick von außen: Zu regelmäßigen Zeitpunkten kommt eine neue Bluttransfusion von außen, wir nennen diese Impulse »Agility Checks«.

Diese »Agility Checks« setzen – jeweils aufeinander aufbauend – an einer spezifischen Ebene an. Sie helfen einer Organisation und den einzelnen Teams plus Mitarbeitenden, eine eventuell aufkommende Agilitätsmüdigkeit zu überwinden und die nächsten Schritte zu gehen.

Ad 4: Eigenständigkeit/Weiterentwicklung

Zur Eigenständigkeit/Weiterentwicklung gehört auch die Schaffung von Communities of Practice (CoPs). Welche Erfahrungen gibt es hier? Bei Nowotny (2017a) findet sich der Hinweis, dass bei Spotify diese Communitys in ihrer kraftvollen Selbstorganisation in vielen Fällen eine formal-hierarchische Vorgehensweise überflüssig machen. Dieser gelebte Graswurzelansatz der CoPs kann letztlich nicht verordnet, nur konsequent gefördert werden. Die CoPs müssen als einzelne Initiativen Stück für Stück wachsen. Und das braucht seine Zeit. Und Sie wissen ja: Eine Pflanze wächst auch nicht schneller, wenn man an ihr zieht.

Ein zweites Element ist die Suche nach einem geeigneten Agile Coach, der dann typischerweise durch eine Festanstellung auch fest an das Unternehmen gebunden werden kann. Die Kontinuität der agilen Impulse ist in dieser Phase von hoher Relevanz. Und es ist schon vorgekommen, dass wir Unternehmen, mit denen wir die ersten drei Phasen erfolgreich bewältigt haben, dann bei der Suche nach einem Senior Agile Coach (m/w) mit Perspektive auf eine Festanstellung unterstützt haben.

2.5 Wie hat ScruMa die ersten vier Stromschnellen gemeistert?

Nach dem Kick-off-Workshop lädt Christian alle Teilnehmer zum Essen in ein Fischrestaurant am Hamburger Hafen ein. Die Stimmung ist sehr energiegeladen und insbesondere Camilla, die »Neue«, zeigt eine ganz andere Seite von sich. Sonst eher distanziert und unnahbar, erzählt sie pointierte Geschichten von ihren Fernreisen rund um den Globus. Keiner der Kollegen hat geahnt, welche Abenteuerlust in ihr schlummert!

Wandern durch Kasachstan, Übernachtungen in der Wüste »Erg Chebbi« in Marokko, Paragliding in den Alpen oder Bungee-Jumping von der Golden Gate Bridge sind nur einige Beispiele für die mutigen Aktivitäten von Camilla. Christian hört gebannt zu und ist regelrecht fasziniert. Weniger von den Geschichten als von der Tatsache, dass ein und derselbe Mensch beruflich und privat anscheinend zwei komplett unterschiedliche Charaktere zeigen kann. Innerlich wünscht sich Christian, diese Seite von Camilla auch im weiteren Verlauf des Projektes – also auch im beruflichen Kontext – erleben zu können.

Aber genau diese Hoffnung zerschlägt sich bei dem ersten Zusammenkommen des Projektteams zum Thema »Analyse«. Christian führt den Folgetermin zu dem Thema in der Woche nach dem Workshop durch, um den Elan und die Energie für den Start zu nutzen.

Als Marketer ist Christian mit Markt- und Wettbewerbsanalysen bestens vertraut. In seiner Karriere hat er schon einige SWOT-Analysen erstellt, die neben den Stärken (**S**trengths) und Schwächen (**W**eaknesses) auch die Chancen (**O**pportunities) und Risiken (**T**hreats) von neuen Produkten beleuchteten. Er möchte anhand einer SWOT-Analyse den inhaltlichen Einstieg schaffen und von allen Funktionsbereichen deren Einschätzungen und Meinungen sammeln und verdichten. Christian ist diese Transparenz als gemeinsamer Aufsatzpunkt für die Folgeschritte sehr wichtig.

In seiner Einladung zu dem Termin bittet er seine Kollegen, die SWOT-Inhalte a) für den eigenen Bereich und b) auch bereichsübergreifend vorzubereiten. Die Reaktion von Camilla kommt schnell per E-Mail an Christian. In dieser Mail formuliert sie ihre Bedenken zu dem Vorgehen und lehnt es ab, die eigenen Schwächen und die der anderen Bereiche offen anzusprechen. »Ich betreibe doch kein Fingerpointing oder lasse mich von den anderen an den Pranger stellen«, schreibt Camilla. Und weiter: »Können wir unsere Antworten nicht an dich schicken und du trägst die dann anonymisiert vor?«

Christian ist bewusst, wie enorm wichtig gerade der Input von Camilla als Leiterin des Kundenservice für das CRM-System der Zukunft ist. Er hat sich vorgenommen, ein paar Quick Wins zu erzielen. Und jetzt diese Bedenkenträgerei! Muss man denn jedes Detail des Vorgehens immer so kritisch unter die Lupe nehmen?

Er entscheidet sich, direkt den persönlichen Kontakt mit Camilla zu suchen und besucht sie spontan in ihrem Büro. Er möchte das Thema nicht per E-Mail mit ihr erörtern und verspricht sich auf diese Weise einen ehrlicheren und offeneren Dialog mit ihr.

Camilla überrascht diese schnelle Initiative ihres Kollegen, sie fühlt sich etwas überrumpelt. Normalerweise ist es bei der ScruMa auf der Führungsebene üblich, per E-Mail zu kommunizieren. Das ist nicht immer sehr effektiv und von einigen Missverständnissen geprägt, bietet aber die Möglichkeit, das Gesagte zu dokumentieren und eventuell auch mit anderen (offen oder verdeckt) zu teilen.

Christian lässt sich aber von ihrer offensichtlichen Irritation nicht beeindrucken und stellt Camilla die folgende Frage: »Welche Konsequenzen befürchtest du, wenn du auch einmal die kritischen Themen offen ansprichst?« Camilla fühlt sich durch diese Frage ein wenig herausgefordert und kontert selbstbewusst: »Ich befürchte gar keine direkten Konsequenzen für mich als Person. Du erwartest aber einfach zu schnell zu viel von uns. Wir müssen uns schrittweise zu einer anderen Fehlerkultur entwickeln dürfen.«

Christian macht diese Antwort nachdenklich. Er vermutet, dass das Sicherheitsdenken von Camilla auch bei weiteren Projektmitgliedern noch sehr ausgeprägt ist und zu eher »weichgespülten« Inhalten für die geplante SWOT-Analyse führen wird. Bloß keine Schwächen zeigen und Fehler eingestehen! Das wäre aber nicht in seinem Sinne, da die geplante Analyse eine wichtige Basis für sein weiteres Vorgehen sein soll. Umso klarer und transparenter tatsächliche Chancen und Gefahren, Stärken und Schwächen ausgearbeitet werden, umso leichter und wahrscheinlicher ist die Durchführung der weiteren Schritte möglich.

Die Top-Down-Pyramide bestimmt noch immer die Arbeit

Dabei kann Christian Camillas Zurückhaltung durchaus nachvollziehen. ScruMa ist ein über die Jahre gewachsenes Unternehmen mit einer klassischen Top-Down-Pyramidenstruktur. Richard hat als Gründer und Geschäftsführer die Firmenkultur sehr stark geprägt. Er hat seine Führungskräfte stets in die Verantwortung genommen, behielt aber immer das letzte Wort und die Kontrolle. Nicht immer war er dabei berechenbar. Seine durchaus impulsive und sprunghafte Art führte regelmäßig auch zu kleineren Kurswechseln bei der ScruMa. Das rief immer wieder ein erhebliches Maß an Verunsicherung auf der zweiten Führungsebene hervor. Auch in leitender Position war die Abhängigkeit der Führungskräfte von Richard als Hauptgeschäftsführer immer präsent und gab wenig Raum für selbstverantwortliches Handeln. Erst seit Sohn Peter in die Geschäftsführung kam und immer aktiver wurde, wehte ein leichter Wind der Veränderung durch die Hallen.

Die SWOT-Analyse soll Klarheit bringen

Doch wenden wir den Blick von Camilla ab zu Christian. Wie sieht es an der Spitze aus – ist Christian selbst überhaupt bereit, Schwächen und Fehler seines Verantwortungsbereiches offenzulegen? Gerade in Top-Down-geführten Unternehmen sollte man von den unteren Ebenen nicht verlangen, was nicht auch an der Spitze praktiziert wird. Gerade weil Peters Vater Richard durchaus in der Vergangenheit impulsiv reagierte. Christians letzte Online-Kampagne beispielsweise war ein gigantischer Misserfolg. Die gesteckten Ziele wurden weit verfehlt und das eingesetzte Budget verpuffte weitestgehend im digitalen Nirwana. Bislang hatte Christian nur mit seinem Team und Peter darüber gesprochen. Er vermutet aber, dass der Flurfunk diesen Misserfolg lange durch das Unternehmen getragen hat.

Christian beschließt daher und zum Glück für die anderen, als gutes Beispiel voranzugehen und den Kollegen seine eigene SWOT-Analyse als Vorlage zukommen zu lassen. Seine Kollegen sollen wahrnehmen, zu welchem Grad an Offenheit er selber bereit ist, und es ihm dann gleichtun.

Ihm ist wichtig, dass seine eigenen Marketing-Mitarbeiter ihn aktiv mit wertigem Input versorgen, und nutzt sein nächstes Teammeeting für die Sammlung dieser Themen. Schnell sind Karteikarten an die fünf anwesenden Mitarbeiter verteilt. Christian bittet darum, dass von jedem Kollegen je drei Karten zu »Stärken«, »Schwächen«, »Möglichkeiten« und »Gefahren« geschrieben werden.

Nach einer halben Stunde Bearbeitungszeit bittet er um die kurze Vorstellung der Karteninhalte und sammelt die Karten auf dem Whiteboard. Das Ergebnis ist für Christian ernüchternd. Viele der genannten Punkte sind hinlänglich bekannt und schon mehrmals thematisiert worden. Selbst die Eigenanalyse zu der verpatzten Online-Kampagne fällt oberflächlich und zu wenig selbstkritisch aus. Es fehlt durchweg an wirklich neuen Inhalten und Ideen. Keinem seiner Mitarbeiter ist es gelungen, innovative Ansätze zu generieren. Es scheint so etwas wie einen unsichtbaren Rahmen oder sogar Käfig zu geben, in dem sich sein Team bewusst oder unbewusst bewegt. Bloß keine Schwächen zeigen und Fehler eingestehen!

Die Eigenreflexion zeigt Handlungsbedarf

In der Eigenreflexion zu dem Teammeeting wird Christian ein konkreter Handlungsbedarf klar. Natürlich waren alle Mitarbeiter der ScruMa kurz über das agile Pilotprojekt informiert worden. Dennoch war das Wort »Agilität« für die meisten nur eine Worthülse. Die wirkliche Relevanz des agilen Pilotprojektes blieb für die meisten – selbst für die Teilnehmer, wie das Beispiel Johannes zeigt – zunächst weitestgehend im Dunklen.

Christians Erfahrung mit seinem eigenen Marketing-Team zeigt ihm deutlich, dass für die Belegschaft von ScruMa eine stetige Information über den Fortgang der agilen Transformation im Rahmen des CRM-Projektes wichtig ist. Sein Ziel ist es, die agile Methodenwelt schrittweise in das Unternehmen »reinzumassieren«. Ohne eine frühzeitige Information an die gesamte ScruMa-Organisation besteht die Gefahr, dass sich die Agilität nur schwer aus dem Nischendasein emanzipieren kann. Die Dringlichkeit der Veränderung muss in kleinen Dosen dem ganzen Unternehmen bewusst gemacht werden.

Agilität per Newsletter?

Christian beschließt, ab sofort einen wöchentlichen Newsletter zum Sinn und Zweck des agilen Pilotprojektes und zu dessen Voranschreiten an alle Mitarbeiter des Unternehmens per E-Mail zu versenden. Peter ist von der Idee begeistert und schlägt vor, dass er als Geschäftsführer den Newsletter unter seinem Namen versendet, um die Relevanz des Themas zu unterstreichen. Eine mutige Entscheidung von Peter, hatte er das Thema Agilität gegenüber seinem Vater doch lediglich als projektbezogenes Experiment platziert.

Christian erstellt und vermailt wie geplant seine SWOT-Analyse. Er hat zu Beginn seiner Karriere viele Werbe- und PR-Texte geschrieben und kann mit Worten sehr gut umgehen. Er verzichtet aber ganz bewusst auf Umschreibungen oder Schönschreiberei, sondern stellt seine Inhalte kurz, prägnant und nachvollziehbar dar. Es geht ihm um die Nennung der harten Fakten und nicht um deren Verschleierung.

Schwierig und aufwendig gestaltet sich die Terminfindung mit den Projektmitgliedern, um die SWOT-Analyse gemeinsam zu erstellen. Christian hat hierfür zwei Stunden angesetzt. Von Johannes kommt eine Zusage mit Vorbehalt: »... wenn nicht ein Kundentermin dazwischenkommt«, antwortet er kurz. Michael und Camilla sagen sofort zu, während Larissa und Wolfgang um Verschiebung bitten.

Wolfgang steckt mitten im Quartalsabschluss für Richard und bittet um einen Termin frühestens in zwei bis drei Wochen. Larissa hat im Tagesgeschäft zu viele »unaufschiebbare« Aufgaben, die ihr nur sehr begrenzt Zeit für ein strategisches Projekt lassen.

Ein Problem für Christian, denn er befürchtet, dass eine lange Zeitlücke zwischen dem erfolgreichen Workshop und dem Analyse-Meeting unvorteilhaft ist, weil kein wirklicher Fluss im Projektprozess entsteht. In dem agilen Theorierahmen Scrum kennt man die sogenannten Daily Stand-ups. Das sind tägliche, hoch effektive Besprechungen, die ritualisiert immer zur gleichen Zeit am gleichen Ort und mit einer maximalen Zeitbegrenzung von fünfzehn Minuten durchgeführt werden.

Beim jetzigen Stand des Projektes sind diese »Dailys« noch nicht notwendig. Christian möchte aber wöchentliche Meetings als sogenannte Weeklys etablieren, in denen für jeweils neunzig Minuten alle Projektmitglieder ritualisiert zusammenkommen sollen. Auf Basis der bisherigen Erfahrungen erscheint es aber aussichtslos, dieses wöchentliche Zeitkontingent bei den Projektmitgliedern abrufen zu können. Es fehlt augenscheinlich an einer ausreichenden Priorisierung und auch noch an der Motivation bei einigen Beteiligten – trotz der nachträglichen Aufnahme des Projektes in die Zielvereinbarungen.

Christian klagt Peter sein Leid und bittet um Rat und Unterstützung. Er wünscht sich einen Impuls von Peter, wie er den Fokus seiner Projektmitglieder viel stärker auf das CRM-Projekt lenken kann. Natürlich bleibt das Tagesgeschäft relevant, dennoch darf man den Blick in die Zukunft nicht verlieren. Gerade Wolfgang, der Leiter Finance and Controlling, sollte als »Herr der Zahlen« doch ein großes Interesse an einer positiven Geschäftsentwicklung in den nächsten Jahren haben.

Noch geht es ScruMa wirtschaftlich ganz gut ...

Der ScruMa geht es wirtschaftlich aktuell noch gut, auch wenn die Umsatzziele in den letzten Jahren nicht wie geplant erreicht wurden. Das gewünschte Wachstum blieb aus und der Wettbewerb verlagert sich stetig hin zu flinken Online-Anbietern. Der Geschäftsführer Peter sieht jetzt die richtige Zeit gekommen, um ScruMa gerade noch rechtzeitig neu aufzustellen. Er befürchtet, in den nächsten Jahren den Anschluss an die digitalisierte Welt zu verpassen, und möchte nicht aus einer echten Unternehmenskrise heraus die Veränderung angehen.

Es fehlt anscheinend ein gemeinsames Verständnis bei der ScruMa zum Geschäftsmodell der Zukunft, vielleicht sogar zu dem Modell der Gegenwart. Jeder Bereich agiert nach bestem Wissen und Gewissen, es mangelt aber an einer klaren strategischen Ausrichtung, auf die alle handelnden Personen zielgerichtet hinarbeiten. Strategie war immer das Thema von Richard, wurde aber nie nachvollziehbar und für alle sichtbar verschriftlicht und eher »Hands-On« in Form von einzelnen Arbeitspaketen in die Organisation hineingetragen.

Aktuell fehlt auch den Führungskräften die Transparenz in Bezug auf das große Ganze und das Wissen um die Auswirkungen des eigenen Tuns auf die weitere Firmenentwicklung. Das will Peter ändern und sieht hier die Lösung in der gemeinsamen Arbeit mit einem Business Modell Canvas. Er hat diese Methode einmal bei einem interessanten Start-up-Wettbewerb kennengelernt, den er als Gast am Hamburger Fischmarkt besuchte. Alle relevanten Informationen übersichtlich und für alle sichtbar auf einem Chart zu führen, wäre ein wichtiger Schritt in die richtige Richtung.

Peter möchte schon länger den Fokus der ScruMa stringent auf den Kunden und seine Bedürfnisse ausrichten. Die Zielgruppen, deren Probleme und die passenden Lösungen sind aber bislang niemals umfassend ausgearbeitet worden. Er zweifelt begründet daran, dass hier alle Kollegen das gleiche Verständnis und denselben Fokus haben.

Agile Methoden einführen ist gar nicht so einfach

Peter gibt in dem Gespräch mit Christian offen zu, dass er sich die Einführung agiler Methoden im Unternehmen viel einfacher vorgestellt hat. Die bereits jetzt zum Start auftretenden Probleme hat er weder vorausgesehen noch erwartet. Ihn hat immer die Einfachheit von Scrum, Kanban und Co. fasziniert. Doch jetzt wird der »Faktor Mensch« zum Hemmschuh. Natürlich könnte Peter als Geschäftsführer die Teilnahme aller Projektmitglieder bei den geplanten Abstimmungsrunden anweisen. Aber genau darauf will er verzichten. Er glaubt an das Prinzip der Selbstverantwortung und hat ein ungebrochenes Zutrauen zu dem Projektteam. Er entscheidet sich daher für die folgenden Schritte:

1. Peter wird in den nächsten Tagen persönliche Einzelgespräche mit den Teammitgliedern führen, um mehr über deren Haltung zum Thema Agilität und deren Motivation oder Demotivation bei der Einführung zu erfahren. Gleichzeitig wird er seine Sicht der Dinge als Geschäftsführer ausführen und seine konkreten Ziele und Erwartungen formulieren.

2. Peter wird gemeinsam mit allen Führungskräften ein (bereits erläutertes) Backlog mit allen laufenden und geplanten Themen des Unternehmens erstellen.

3. Es wird ein Business-Modell als Canvas erstellt, das dynamisch angepasst werden kann. Initial stellt es den aktuellen Konsens zu Themen wie »Kundenprobleme«, »Schlüsselaktivitäten«, »Vermarktungsinhalte«, »Vertriebskanäle«, »Kundensegmente« und einigen mehr her.

Die Backlog-Priorisierung ist der Schlüssel ...

Anhand des Backlogs wird dann in einer gemeinsamen Runde im Beisein von Richard eine Priorisierung und eine erste Aufwandschätzung durchgeführt. Sollte sich hier zeigen, dass die Einführung eines CRM-Projektes keine ausreichende Priorisierung in Relation zu anderen Themen und Aufgaben aufweist, wird auch ein Stop oder Projektabbruch erwogen. Das wäre nicht das Ende der Agilität bei ScruMa, würde aber zu einer Nachsteuerung hinsichtlich des thematischen Inhaltes eines Pilotprojektes führen.

Sollte sich – wie zu erwarten ist – eine hohe Relevanz im Vergleich zu den anderen Themen zeigen, wird es mit der neuen höheren Priorität vorangetrieben, notfalls auch zulasten anderer Themen oder des berühmten Daily Business.

Peters Ansatz bei diesem Vorgehen ist, dass die Führungskräfte die zeitlichen Ressourcen zur Verfügung haben, die realistisch gesehen für eine engagierte Mitarbeit im Projekt notwendig sind. Er glaubt fest daran, dass sich die Vorteile der Agilität für die Mitglieder erst durch das Erleben im Projektverlauf zeigen werden. Es braucht aber mehr Bewusstsein über die verschiedenen Facetten der Agilität und deren mentalen Abbilder in den Köpfen, um mehr Fokussierung und Engagement im Projektteam zu erreichen. Durch die zentrale Sammlung aller Themen des Unternehmens im Backlog möchte Peter hier eine bereichsübergreifende Transparenz schaffen, die deutlich werden lässt, an welchen Themen das Team übergreifend mit Kraft und Engagement arbeiten sollte.

Motto: »Wir machen nur die wirklich wichtigen Themen. Die aber richtig.«

Christian spürt, wie ernsthaft Peter die Veränderungen bei ScruMa vorantreiben möchte und wie emanzipiert er aus dem Schatten seines Vaters heraustritt. Er gibt aber auf Basis seiner Erfahrungen der letzten Tage zu bedenken, dass sowohl die Erstellung des Backlogs als auch die des Business-Modells wieder zusätzliche Zeit für Meetings in Anspruch nehmen wird, die ja augenscheinlich wegen der laufenden Themen nicht zur Verfügung steht.

Peter kann diesen Einwand sehr gut nachvollziehen. Er wird aber in den geplanten Einzelgesprächen mit den Kollegen noch einmal klar formulieren, dass er diese Zeit als die richtige und wichtige Investition in die Zukunft sieht. Schon die Anwesenheit von Richard bei den Terminen wird dazu führen, dass alle Führungskräfte sich die Zeit nehmen werden. Peter möchte die Erstellung des Backlogs und des Business-Modells an einem Tag und außerhalb der ScruMa-Räumlichkeiten durchführen. Es soll keine normale Abstimmungsrunde werden, sondern schon durch die Wahl des Veranstaltungsortes Relevanz und Exklusivität ausstrahlen. In Hamburg und Umgebung gibt es einige Locations, die dafür geeignet wären.

Nach dem Gespräch zwischen Peter und Christian sind die nächsten Schritte klar. Die geplante SWOT-Analyse wird gleichwohl nicht zurückgestellt, weil sich aus ihr wichtige Inhalte für das Business-Modell ergeben können. Peter bittet Christian, den Termin für die SWOT-Analyse nach den Einzelgesprächen anzusetzen. Und eine weitere Neuerung gibt es: Er und Richard werden nicht dabeisein. Zu groß wäre aus Peters Sicht die Gefahr, dass sich die Anwesenheit der Chefs und vor allem des Autokraten Richard hemmend auf die Tiefe der Inputs der Führungskräfte auswirkt.

Den Vater mit ins Boot holen?

Obgleich die Geschäftsführer nicht an dem SWOT teilnehmen sollen, möchte Peter nun auch seinen Vater stärker ins Boot holen. Er kann aktuell schwer abschätzen, wie Richard auf das geplante Vorgehen reagieren wird. Das Vater-Sohn-Gespräch entsteht eher zufällig am Rande eines gemeinsamen Messebesuches auf der CEBIT. Eingeladen von einem der Sponsoren, sind beide sehr beeindruckt von den digitalen Lösungsangeboten der diversen Aussteller. Nicht, dass sie alles inhaltlich verstanden hätten, aber die seit dem letzten Messejahr spürbar angewachsene Fülle an neuen, innovativen Möglichkeiten durch die Digitalisierung nehmen beide – und der Vater sogar noch mehr als der Sohn – wahr. Man kann die digitale Disruption beim Gang durch die Hallen förmlich spüren. Überall ist Aufbruchstimmung erlebbar. Noch sind die Auswirkungen für die ScruMa schwer einzuschätzen, aber dass Handlungsbedarf besteht, das ist für beide Unternehmer doch offensichtlich.

Es ist Richard, der nachdenkliche Töne anstimmt. »Peter, wir führen ein grundsolides Unternehmen, das auch auf Dauer seinen Platz im Markt haben wird. Die Frage ist nur, mit welchen Marktanteilen und mit welchem Geschäftsmodell. Ich wollte ScruMa einfach immer nur groß machen, und jetzt habe ich erhebliche Zweifel, ob wir das auch mit meinem Kurs noch schaffen können.«

Peter ist sehr überrascht über die Worte seines Vaters. Hat er wirklich verinnerlicht, dass es Zeit für neue Wege ist, oder ist seine Aussage nur eine Spontanreaktion auf die gewonnenen Eindrücke auf der Messe?

Egal – Peter nutzt den geeigneten Augenblick, seinem Vater die nächsten Schritte der von ihm ins Auge gefassten Transformation nahezubringen. Einen besseren Zeitpunkt wird es vielleicht nicht geben, den erfahrenen Silberrücken um Unterstützung zu bitten und mit ins Boot für den agilen Wandel zu holen. Richard zeigt sich wie erhofft auch sehr offen und hört den Ausführungen seines Sohnes zu. Zwar konnte Peter sich nicht auf dieses Gespräch vorbereiten, doch es gelingt ihm, die richtigen Worte zu finden. Er kann seinem Vater vermitteln, dass er einen durchdachten Plan für die Zukunftssicherung des Unternehmens hat, und das gefällt Richard ausgesprochen gut. Natürlich vertraut er seinem Sohn vollends, dennoch hat er in der Vergangenheit immer seine Hand schützend über ihn gehalten – beruflich wie privat.

Jetzt aber ist die Zeit gekommen, Peter als Geschäftsführer sämtliche Entscheidungskompetenzen zu übertragen. Richard wollte immer nur das Beste für die ScruMa und seinen Sohn. Das Beste scheint jetzt genau dieses Loslassen zu sein. Nicht, dass er sich fortan komplett zurückziehen will, aber die strategische und operative Verantwortung möchte er stärker an seinen Sohn abgeben. Er sieht seine zukünftige Rolle einzig in der Unterstützung Peters und in der Wahrnehmung repräsentativer Aufgaben. Wir werden sehen, ob er dieses Vorhaben so wirklich auch realisieren kann. Denn aus psychologischer Sicht wissen wir, dass Menschen manchmal, selbst wenn Sie es wollen, sehr große Schwierigkeiten damit haben, Veränderungen wirklich umzusetzen. Der Kopf ist eben keine Maschine und lässt sich nicht so einfach neu programmieren, wie wir es manchmal wünschen.

Die Kraft des Vertrauens und die Last der Verantwortung

In Peters Brust schlagen jetzt zwei Herzen: Einerseits freut er sich sehr über das Vertrauen seines Vaters und die Chance, den Weg der ScruMa zukünftig zu gestalten, andererseits ist die Last der Verantwortung auch deutlich spürbar. Aber er fühlt sich bereit und glaubt an sich und sein Team.

Die Freude überwiegt jedoch bei Weitem. Natürlich ist ihm bewusst, dass es ein steiniger und langer Weg sein wird, aber er hat die Geduld und den Atem, ihn zu gehen. Seine wesentliche Sorge gilt dem Mindset seiner Kollegen. Hier schrittweise eine Bewegung zu generieren, wird ein – wenn nicht sogar der – Schlüssel der agilen Transformation sein.

Christian kann die Neuigkeiten kaum glauben, als Peter ihn ins Vertrauen zieht. Er hätte niemals angenommen, dass der alte Richard zu einem so großen Schritt bereit ist, und ist von dessen Entscheidungs- wie Willensstärke beeindruckt. Mit Peter als Unterstützer und Entscheider hofft Christian nun auf mehr Dynamik und auf volle Rückendeckung bei den nächsten Projektschritten.

Noch vor den projektspezifischen Einzelgesprächen mit Peter lädt Richard seine Führungsmannschaft zur Verkündung von wichtigen Neuerungen in sein Büro. Keiner der anwesenden Führungskräfte (außer Christian) ahnt den Anlass des sehr kurzfristig anberaumten Treffens. Christian ist sehr gespannt auf die Reaktion der Kollegen und denkt sich insgeheim: »Guck mal, wenn Richard einlädt, stehen sie alle auf der Matte.«

Alle müssen an einen Tisch

Er ist deshalb aber nicht ernsthaft pikiert. Im Gegenteil, zeigt es ihm doch, dass es möglich ist, seine Projektmitglieder auch kurzfristig an einen Tisch zu bekommen, wenn das Thema nur wichtig genug erscheint. Am Ende wägt jeder der Kollegen also immer ab, welche Konsequenzen ein Nichterscheinen für ihn haben wird. Das Schwänzen einer Einladung von Richard ohne einen sehr triftigen Grund (wie Krankheit oder Urlaub) birgt die Gefahr, den Geschäftsführer nachhaltig zu verärgern. Das Schwänzen eines Projektmeetings von Christian hat hingegen aktuell noch keine entsprechenden Konsequenzen für den Einzelnen. Oder vielleicht doch, aber weniger offensichtlich und unmittelbar? Fehlt es hier noch am Bewusstsein, dass ein halbseidenes Engagement bei einem Zukunftsprojekt der Firma vielleicht dessen Zukunft – und damit auch die eigene! – gefährden kann?

Richard ergreift das Wort und teilt nach einer kurzen Einführung zu der aktuellen Geschäftsentwicklung seinen Entschluss zum partiellen Rückzugs aus dem Unternehmen mit. Dabei spricht er jede Führungskraft persönlich an und formuliert seine ehrliche Wertschätzung für das Geleistete.

134 | Die ersten vier Schritte zur agilen Transformation

Es sei aber nun Zeit für eine Neuausrichtung der ScruMa, die er selbst nicht mehr leisten könne.

Peter empfindet tiefen Stolz auf seinen Vater. In den letzten Jahren hat es einige Konflikte mit ihm gegeben, die ihn viel Energie gekostet haben. Vor einem knappen Jahr war er kurz davor, das Unternehmen zu verlassen, um ein vielversprechendes Jobangebot in einem anderen Konzern anzunehmen. Er entschied sich aus Loyalität zu seinem Vater und aus Verbundenheit zum Unternehmen dann aber doch dagegen. Damals hätte er jedoch niemals für möglich gehalten, dass sein Vater zu einem solchen Schritt bereit sein würde.

Auch die Führungskräfte sind vollends überrascht. Richard war immer die uneingeschränkte Nummer eins des Unternehmens. Was er sagte, war Gesetz und wurde umgesetzt, auch wenn nicht alles sinnig und richtig erschien. Jetzt hören sie die eindringliche Bitte des scheidenden Chefs, seinen Sohn bei einer neuen Mission mit aller Kraft und Engagement zu unterstützen. Allen ist klar, dass jetzt neue, andere Zeiten anbrechen. Allen ist auch klar, dass es wirklich umwälzende Veränderungen sein müssen. Wären es nur kleinere Justierungen oder Kostenoptimierungen, dann würde Richard bestimmt nicht das Kommando über sein Unternehmen abgeben. Schließlich war es sein Baby und er liebte es – das konnte jeder sehen – über alles.

Eine halbe Stunde und es ist raus ...

Die Verkündung dauert nicht länger als eine halbe Stunde. Keiner der Führungskräfte ergreift das Wort, und so ist es Peter, der die Gesprächsführung übernimmt. Er bedankt sich bei seinem Vater sehr für das Vertrauen und kündigt die angedachten Einzelgespräche für die nächsten Tage an. Dabei achtet er darauf, schon den Sinn und Zweck zu skizzieren, nicht dass eventuell noch ein Gefühl der Verunsicherung die Runde macht. Nein, es werden keine Kündigungsgespräche sein, aber ja, sie werden über den neuen Weg der ScruMa reden.

Die ersten vier Schritte zur agilen Transformation | **135**

Der sonst allzeit redselige Johannes findet nach dem Ende des Termins als Erster seine Sprache wieder und sucht das Gespräch mit Peter. Er versichert ihm seine volle Unterstützung und freut sich darauf, ihm seine Ideen bald vorstellen zu können. In seiner Antwort ermutigt Peter ihn dazu und verweist auf die anstehenden Schritte des agilen Pilotprojektes. Hier seien alle seine Ideen willkommen und er möge doch die Chance nutzen, diese ohne Scheu einzubringen.

Wolfgang ist komplett vor den Kopf gestoßen. Richard war für ihn seit Jahren zugleich Kapitän und Steuermann des Unternehmens. Dass dieser jetzt einfach die Brücke verlässt, verunsichert ihn. Einerseits kann er nachvollziehen, dass Peter als neuer »Capitano« neuen Schwung und Elan in das Unternehmen bringen soll, aber andererseits hat Richard zuvor kaum Zeichen in diese Richtung ausgesendet. Hat dieser Schritt vielleicht gesundheitliche Gründe? Steht vielleicht ein Verkauf an? In Wolfgang kreisen viele Gedanken in sehr unterschiedliche Richtungen.

Und auch der Flurfunk funkt ...

Larissa und Camilla tauschen sich im Nachgang in Larissas Büro aus. Zögerlich können sie sich gegenseitig gestehen, dass die Neuigkeiten ein Gefühl der Freude bei ihnen auslösen. Richard war in der Sache immer ein sehr harter und unnachgiebiger Gesprächspartner – speziell für die Damen. Immer weniger hatten sie es gewagt, mit Ideen und Konzepten in Erscheinung zu treten, bei denen sie nicht einschätzen konnten, wie Richard darauf reagieren würde.

Am Ende entstanden immer Vorschläge in vorauseilendem Gehorsam. Vorschläge, bei denen wenig Rückfragen und kritisches Feedback von Richard zu erwarten war. Er bekam immer die Arbeitsergebnisse vorgelegt, die nach Ansicht der liefernden Führungskraft dem entsprachen, was Richard vielleicht erwartete. So entstand in den letzten Jahren wenig Neues und Überraschendes bei der ScruMa. Innovation blitzte immer nur dann auf, wenn

136 | Die ersten vier Schritte zur agilen Transformation

die Geschäftsführung eine Idee austüftelte und zur Prüfung der Durchführbarkeit in die Organisation einkippte.

Insbesondere die abenteuerlustige und neugierige Camilla fühlte sich durch den großen Schatten Richards sehr gehemmt. Sie brachte einfach nicht den Mut auf, das Risiko einzugehen und eine ihrer durchaus durchdachten Ideen vor Richard zu präsentieren. Sie ärgerte sich dabei am meisten über sich selbst. Es ist ja sonst gar nicht ihre Art, den Weg des geringsten Widerstandes zu gehen.

In Peter vermuten Camilla und Larissa eine viel höhere Bereitschaft, auch neuen Ideen offen gegenüber zu stehen. Sie erhoffen sich von ihm einen Geschäftsführer, der eher als Partner auf Augenhöhe agiert und ihnen mehr Raum für die berufliche Entfaltung gibt.

Jetzt stehen Einzelgespräche an

Die Einzelgespräche zwischen Peter und den Führungskräften finden allesamt in den Folgetagen nach der Verkündigung in Peters Büro statt. Peter nimmt hier aufseiten seiner Kollegen deutlich eine Mischung aus Skepsis und Neugierde wahr. Er findet sehr offene und ehrliche Worte und sensibilisiert jede seiner Führungskräfte für die Wichtigkeit deren Engagements auf dem agilen Weg der Zukunft. Peter lädt seine Gesprächspartner dazu ein, sich künftig mehr in die Entscheidungen einzubringen, und verspricht glaubhaft, ein offenes Ohr für die Ideen und Vorschläge jedes Einzelnen zu haben.

Eindringlich bittet er die Kollegen um Unterstützung beim Aufbau des geplanten Backlogs und der SWOT-Analyse. Er macht ihnen klar, dass auf dieser Basis ein Abgleich der Bereiche untereinander und eine übergreifende Festlegung der zu leistenden und anzugehenden Themen erfolgen wird.

Die ersten vier Schritte zur agilen Transformation | **137**

»Nutzt bitte jetzt die Chance, uns durch Priorisierungen die zeitlichen Freiräume freischaufeln, um endlich die wirklich wichtigen Themen von A bis Z durchlaufen zu können. Zu vieles haben wir begonnen und nie wirklich zu Ende geführt. Das macht uns alle unzufrieden. Zukünftig werden wir das ändern und begonnene Dinge auch zu Ende führen«, sagt Peter in ähnlichem Wortlaut zu jedem im Einzelgespräch.

Richard fällt ein Stein vom Herzen

Richard fühlt sich in den Tagen nach der Verkündigung sehr entlastet. Es gab im Nachgang eine kurzfristig angesetzte Betriebsversammlung mit allen Mitarbeitern. Er war positiv überrascht, wie die Neuigkeiten in dieser großen Runde aufgenommen wurden. Klar, auch hier war die Überraschung groß, aber dass jetzt die Zeit für einen Wechsel gekommen war, konnten die allermeisten Kollegen sehr gut nachvollziehen. Er hatte sich insgeheim immer mal wieder ausgemalt, wie es denn wäre, wenn er als Gallionsfigur einmal von der Bühne abtreten würde. In den letzten Jahren waren alle Augen der ScruMa-Mitarbeiter immer auf ihn gerichtet. Er trug folglich als Person eine drückende Last auf seinen Schultern, die er als immer schwerer empfand.

Gleichzeitig wollte er keine Schwächen zeigen und seine Rolle als starker Mann an der Spitze erfüllen. Er hätte sich gerne schon früher etwas aus der Verantwortung zurückgezogen, wollte aber seinen Mitarbeitern nicht den Halt nehmen, den er ihnen als Person nach seiner Wahrnehmung gegeben hat.

Diese Befürchtung hat er nach der Betriebsversammlung nicht mehr. Peter kann – nach Richards Worten – seinen Weg der Modernisierung von ScruMa für alle sehr nachvollziehbar darstellen. Es gibt einen Plan, und der klingt durchdacht und gangbar. Keiner geht mit dem Gefühl nach Hause, in ein Loch gefallen zu sein, es verbreitet sich vielmehr eine Aufbruchstimmung. Aber jetzt müssen den Worten auch Taten folgen.

Ein Lagebild für alle schaffen

Christian ist sich nach dem Wechsel an der Unternehmensspitze seiner neuen, größeren Bedeutung beim Veränderungsprozess sehr bewusst und er verspürt einen großen Ehrgeiz in sich, diesen mit voller Kraft seinerseits voranzutreiben. Er erneuert die Einladung an seine Projektmitglieder für den bereits angedachten Termin.

Bis auf Wolfgang sind alle Projektmitglieder vollzählig zur Erstellung der SWOT-Analyse anwesend. Wolfgang entschuldigt sich im Vorfeld wieder mit der Begründung des Zeitmangels. Er schickt aber mit Sebastian einen seiner besten Mitarbeiter, den er vorher mit Inhalten gebrieft hat.

Christian bittet wieder einmal um die Beschriftung von Karteikarten, diesmal durch seine Projektmitglieder. In fünfundvierzig Minuten sollen diese ihre Inhalte für die SWOT-Analyse kurz und prägnant auf je einer Karte formulieren. Anschließend erfolgt wieder die Vorstellung, dann die Diskussion und die Verdichtung auf die Kernaussagen.

Die Runde beginnt schnell und konzentriert mit der Erstellung der Karten. Einzig Johannes fällt durch semilustige Kommentare auf. Als er aber merkt, dass keiner der anderen Kollegen auf seine Scherze reagiert, findet auch er zu der Ernsthaftigkeit, die für die Erstellung notwendig ist.

Bei der Vorstellung der Inhalte wird schnell klar, dass einige Kollegen immer noch in Deckung sind und bei der Formulierung der Karten auf die »political correctness« geachtet haben. Michael, Larissa und natürlich Christian formulieren ihre Karten unumwunden ehrlich. Johannes reagiert pikiert auf die Karte »Upselling-Potential wird nicht ausreichend genutzt« von Christian. Hatte er doch immer hartnäckig versucht, Bestandskunden durch viele Besuche weiterzuentwickeln. Was kann er denn dafür, dass es hier wenig Bedarf an weiteren Leistungen der ScruMa seitens der Kunden gab? Er ist doch nicht für die Produkte verantwortlich und kann nur das verkaufen, was marketingseitig entwickelt wurde.

Schwächen werden zum motivierenden Zielbild

Christian nimmt die Antwort von Johannes ruhig an und formuliert eine neue Chancen-Karte »Wir brauchen ein kundenzentriertes Produktmanagement«. Die Reaktion macht den Teilnehmern klarer, worum es geht. Nicht das Gerangel zwischen den Bereichen bringt das Unternehmen nach vorne, sondern die bereichsübergreifende Sicht der Dinge, die Kommunikation und die Ableitung der geeigneten Maßnahmen.

Nachdem das einmal verstanden wurde, kommt nun auch hinsichtlich anderer schwieriger Themen ein ähnlicher Prozess in Gang. Schwächen werden immer deutlicher formuliert, vom Ersteller kommentiert und, wenn inhaltlich sinnig, als Möglichkeit/Chance formuliert.

Sebastian, Stellvertreter von Wolfgang, ist in der ersten halben Stunde sehr gehemmt. Für ihn ist es eine völlig ungewohnte Situation, in einer Führungskräfterunde nicht nur als Zuhörer teilzunehmen, sondern auch Inhalte liefern zu müssen. Aber mit jeder Minute wächst sein Selbstbewusstsein und er löst sich sogar bei einigen Punkten von den Vorgaben seines Chefs, bringt eigene Ideen und Ansichten ein. Er sucht dabei immer wieder den Blickkontakt mit Christian, der ihn nickend in seinem Engagement bestätigt.

Das Whiteboard ist nach den neunzig Minuten voll behängt mit Inhaltskarten. Selbst die diplomatisch formulierten Karten einiger Teilnehmer werden durch die Diskussion im Team um deutlichere Statements ergänzt. Spannend zu beobachten ist, wie viel Einhelligkeit bei der Formulierung der Chancen besteht. Anscheinend gibt es schon ein hohes Maß an Konsens, welche Möglichkeiten bislang nicht oder unzureichend genutzt wurden.

Christian ist sehr zufrieden mit dem Ergebnis und bedankt sich bei seinen Kollegen für die rege Unterstützung. Nach dem weiteren Vorgehen gefragt, antwortet er mit einer offenen Gegenfrage: »Was würdet ihr denn vorschlagen?«

Camilla schlägt vor, die Ergebnisse gemeinsam Peter und Richard vorzu-
stellen. Es steht ja bald die ganztägige Runde mit den beiden Herren zur
Erstellung des Firmen-Backlogs und des Business-Modells an. Sie sieht in
der SWOT-Analyse eine wichtige Basis, um hier abgestimmt zu agieren.
Eine Idee, die vom gesamten Teilnehmerkreis angenommen wird. Johannes
schlägt vor, dass er die SWOT-Analyse präsentiert, und wünscht sich von
Christian noch weitere Marktanalysen für die Vorbereitung. Christian hat
in den letzten Monaten viele Zahlen auf Basis von Studien zusammengetragen und sagt die Versendung einer Management Summary per E-Mail für
den nächsten Tag zu.

Eine Teamleistung soll präsentiert werden

Larissa macht den Vorschlag, auf die »Einmann-Show« von Johannes zu
verzichten. Das Ergebnis sei eine Teamleistung und so sollte es auch vor
der Geschäftsführung präsentiert werden. Bei Sebastian, der als einziger
in der Runde keine Leitungsfunktion innehat und »nur« der Stellvertreter
von Wolfgang ist, löst der Vorschlag erhebliches Unbehagen aus. Er sieht
sich der Aufgabe noch nicht gewachsen, stimmt dann aber zu, als die anderen Kollegen sich für Larissas Vorschlag entscheiden. Er macht sich Mut,
indem er hofft, dass Wolfgang die Zeit findet und seinen Part übernehmen
kann.

Der neue Chef Peter sucht neugierig das Gespräch mit Christian. Er möchte
erfahren, welchen Verlauf die Runde zur SWOT-Analyse genommen und
welche Ergebnisse erzielt worden sind. Christian bremst ihn aber aus und
erzählt in aller Kürze, wie er als Person die Abstimmung mit den Kollegen
wahrgenommen hat. »Ich denke, wir sind auf einem guten Weg als Team.
Ich habe Bewegung bei den Kollegen wahrgenommen und das hat bei mir
das berechtigte Gefühl der Zuversicht ausgelöst. Fühlt sich gerade sehr gut
an«, sagt Christian. Zu den Inhalten und Ergebnissen äußert er sich nicht
und bittet Peter um Geduld bis zum Präsentationstermin.

Jetzt ist Peters Neugier nur noch gesteigert, aber er vertraut Christian. Hier unterscheidet er sich deutlich von seinem Vater. Bei Richard hätte es eine solche Präsentation nicht gegeben. »Er wird schon wissen, warum er mich nicht vorab umfassend informieren möchte«, denkt Peter. Leicht verunsichert ist er trotzdem. Was mag da nur aus der (Gift-)Küche seiner Kollegen auf ihn zukommen?

Moderierte Workshops auf einem Gutshof

Jetzt ist er am Zug und lässt für die folgende Woche einen Seminarraum auf einem alten Gut in Schleswig-Holstein anmieten. Er entscheidet sich auch dafür, den Tag von einem externen Moderator mit fundierten Erfahrungen als agiler Coach und Trainer begleiten zu lassen.

Mit Christian hat er das vor Wochen schon mal durchgesprochen. Christian hatte das befürwortet, damals war es jedoch Peter selbst, der sich dagegen aussprach. Jetzt sieht er den Vorteil, dass eine externe Sicht auf seine Organisation wichtiger ist als die Kostenersparnis eines externen Honorars. Er möchte jemanden finden, der mit Fallbeispielen aus der eigenen Praxis die Theorie des agilen Managements unterfüttert und anreichert. Es muss mehr Fleisch an die Knochen, und die zaghaften Pflänzchen der Veränderung müssen weiterwachsen und gedeihen.

Die Zeit, einen geeigneten Moderator zu finden, ist denkbar knapp. Agile Transformation steht bei vielen Unternehmen auf der Agenda und daher ist die Auswahl an kompetenten und geeigneten Coaches sehr dezimiert. Peter hat aber Glück und findet über die Empfehlung eines Netzwerkpartners den geeigneten Kandidaten. Er trifft sich mit ihm und Christian bei einem Mittagessen und bekommt schnell das Gefühl, mit dem Coach Lars den passenden Partner gefunden zu haben.

Lars überzeugt durch seine Ruhe und Gelassenheit. Er stellt Peters Ansicht nach die richtigen Fragen und hört bei seinen Antworten aufmerksam zu. Peter steht externen Beratern seit jeher immer etwas misstrauisch gegenüber. Dennoch wächst sein Gefühl, mit Lars einen guten Treffer gelandet zu haben. Er zeichnet in seinen Ausführungen nicht ein Idealbild einer agilen Transformation, sondern geht insbesondere auch auf zu erwartende Stolpersteine fundiert ein. Spannenderweise decken sich hierbei einige Punkte sehr mit den Erfahrungen von Peter und Christian aus den letzten Wochen bei der ScruMa GmbH.

Lars hilft, die Fäden zusammenzuführen

Im Nachgespräch sind sich Peter und Christian schnell einig. Lars ist der richtige Mann, der die Fäden bei der Führungskräfterunde zu den Themen Backlog und Business Model zusammenhalten und das ScruMa-Team durch seinen Input aus der Praxiserfahrung in neue Gedankenbahnen lenken kann. Allerdings empfiehlt Lars auch seinen Kollegen Maximilian für die Agility Checks. So kommt noch ein zusätzlicher Blick von außen ins Spiel. Aber davon später mehr.

Der Veranstaltungsort ist rund einhundertfünfzig Kilometer vom ScruMa-Büro entfernt. Das Team fährt gemeinsam mit einem Kleinbus dorthin und wird auch die folgende Nacht dort verbringen. Lars begleitet das Team schon auf der Hinfahrt und kommt schnell mit Larissa und Michael ins Gespräch. Dennoch spürt Lars auch eine gewisse Skepsis während der mehr als einstündigen Fahrt. Den Grund dafür kann er nur ahnen, aber er nimmt sich vor, der spürbaren Skepsis in den nächsten Stunden näher auf den Grund zu gehen.

Auf dem Landgut eingetroffen, geht es schnell an die Umsetzung. Lars hält sich nicht lange mit den theoretischen Hintergründen der Agilität auf, hat er doch von Christian erfahren, dass das theoretische Fundament schon in dem internen Workshop gelegt wurde.

Lars und das ScruMa-Team finden einen schnellen Einstieg auf Basis der erarbeiteten SWOT-Analyse. Nicht ohne Stolz präsentieren die Führungskräfte die Ergebnisse ihrer Vorarbeiten vor Peter und Richard. Wolfgang,

Die ersten vier Schritte zur agilen Transformation | **143**

der sich die Zeit freischaufeln konnte, ist etwas überrascht von dem Engagement seiner Kollegen. Sebastian hat ihn natürlich über die Ergebnisse vorab informiert, aber irgendwie hat sich etwas im Habitus der Kollegen geändert. Er kann noch nicht benennen, was es genau ist, aber er nimmt eine Veränderung im Umgang miteinander wahr.

Richard und Peter sind nach der rund neunzigminütigen Ergebnispräsentation sichtlich angeschlagen. Einige der formulierten Schwächen liegen direkt oder indirekt in ihrer Verantwortung als Geschäftsführer, werden aber durch die genannten Stärken nicht aufgewogen. Es werden keinerlei persönliche Angriffe formuliert, aber jeder im Raum weiß, welche Namen hinter den Schwächen stehen.

Kritik fühlt sich nicht immer gut an

Ein kritischer Punkt ist bereits sehr früh erreicht. Denn Richard, der alte Kapitän, ist es nicht gewohnt, aus seinem Team solche Kritik zu vernehmen. Sein Wort war immer gesetzt und Peter kennt seinen Vater gut genug, um zu wissen, dass es innerlich in ihm brodelt. Er kann nicht einschätzen, wie Richard mit dieser Herausforderung umgeht. Genau das macht ihn unsicher. Eine Unsicherheit, die er gegenüber seinem Team nicht zeigen möchte, aber nur schwer verbergen kann. Das Unbewusste ist eben oft stärker als der Verstand und steuert zudem noch die eigene Körpersprache, sodass Peter seine Innenwelt nicht so für sich behalten kann, wie es ihm lieb wäre.

Coach Lars ist jetzt am Zug, die kritische Situation aufzulösen, bevor sich der Tag noch in eine Richtung entwickelt, die von niemanden gewollt sein kann. Er ergreift das Wort und fasst das Gehörte zusammen. Inhaltlich steckt er sehr wenig im Thema der ScruMa, aber genau dieser Abstand zur Sache wird jetzt von den Anwesenden gebraucht.

»Was ich in den letzten Minuten gehört habe, beeindruckt mich. Es ist auffällig, wie viele Gedanken ihr euch gemeinsam zu der Analyse gemacht habt. Das ist euch sicherlich nicht leichtgefallen, aber auf das Ergebnis könnt ihr stolz sein«, sagt Lars. Er wendet sich in Richards und Peters Richtung und sagt: »Dass euer Team so offen und unumwunden auch kritische Punkte formuliert, zeugt von großem Vertrauen in euch als Geschäftsführer und Menschen. Das ist eine großartige und wertvolle Basis, um gemeinsam die Zukunft des Unternehmens zu gestalten.«

Bevor es mit der Erstellung des Backlogs weitergeht, schlägt Lars eine halbstündige Pause vor. Das gibt allen die Gelegenheit, das Präsentierte zu verdauen und den Kopf an der frischen Luft ordentlich durchzulüften.

Richard ist innerlich sehr aufgewühlt. Er musste sich im ersten Teil der Veranstaltung sehr im Zaum halten, um nicht in seine alte Rolle zurückzufallen. Noch vor Kurzem hätte er die Kollegen bei einigen Punkten bohrend zur Rede gestellt. Beinahe wäre er genau diesem Impuls wieder gefolgt. Das war aber nicht der Deal mit seinem Sohn. Er hatte Peter versprochen, ihm die Verantwortung für ScruMa vollumfänglich zu übertragen, und zum Glück konnte er sich zwingen, sich an sein Versprechen zu halten.

Unbehagen, wo man guckt und schaut

Er ist zwar nicht wirklich davon überzeugt, dass dieses Agilitätsdings in seinem Unternehmen funktionieren wird, aber er ist von den Kompetenzen seines Sohnes als Geschäftsführer überzeugt. Jetzt bei der erstbesten Gelegenheit daran zu zweifeln und seinen Weg zu torpedieren, hätte nicht nur schlimme Konsequenzen in der Vater-Sohn-Beziehung. Es ist immer sein Herzenswunsch gewesen, dass die Firma von Peter weitergeführt wird. Nicht auszudenken, wenn er nicht mehr dazu bereit wäre.

Peter spürte während des ersten Teils des Tages auch einiges an Unbehagen. Es zeigten sich viele elementare Baustellen mit hoher Relevanz für den weiteren Geschäftserfolg von ScruMa. Er ist schon ein sehr selbstbewusster Mensch, aber alleine wird er diese offenen Flanken niemals schließen können. Er braucht die volle Unterstützung seines Teams, und dabei denkt er nicht nur an die Führungskräfte, sondern an alle Mitarbeiter. Ja,

Die ersten vier Schritte zur agilen Transformation | **145**

er glaubt an die Möglichkeiten der Agilität, aber ihm ist auch bewusst, dass es Zeit braucht, alle Mitarbeiter mit auf die Reise zu nehmen. Hat ScruMa diese Zeit noch?

In den Pausengesprächen geht es um vieles, aber nicht um das Business. Es wird munter über private Themen gesprochen und man spürt, welche Anspannung von den Schultern gefallen ist. Die Teilnehmer des Workshops haben sich aus der Deckung gewagt und sind dafür nicht geköpft worden. Das gibt ein Gefühl der Sicherheit und macht Lust auf mehr. Coach Lars beobachtet die Szenerie und versucht unaufdringlich, mit dem einen oder anderen ins Gespräch zu kommen.

Nach der Pause steht ein neues inhaltliches Thema an. Lars erklärt noch einmal in aller Kürze den Sinn und Zweck eines Backlogs. Er weist die Anwesenden darauf hin, dass es natürlich aufwendig sei, zunächst überhaupt ein Backlog für alle zu erstellen, dass man aber so endlich einen Überblick über die wichtigen Themen für das Unternehmen gewinnen und diese zueinander priorisieren könne. Das leuchtet den Anwesenden sehr schnell ein und somit kann die Themensammlung ohne viele Vorabdiskussionen starten.

Der Stuhlkreis bringt alle auf Augenhöhe

Alle Teilnehmer versammeln sich in einem Stuhlkreis in der Mitte des Seminarraumes. Auf eine klassische Konferenz-Anordnung mit Tischen wird verzichtet, damit jeder jeden sehen und die Kommunikation barrierefrei stattfinden kann. Wieder werden Karteikarten in drei Farben verteilt. Lars bittet jeden der Teilnehmer, also auch Richard und Peter, die Karten mit ihren offenen Themen zu beschreiben: die orangenen Karten mit Themen von hoher, die gelben Karten mit Themen von mittlerer und die grünen Karten mit Themen von geringer Priorität.

Es zeigt sich schnell, dass die Teilnehmer viele Themen im Kopf haben und es ihnen sehr leicht fällt, eine Vielzahl von Karten zu füllen. Die aufkommende Frage, ob auch die Themen formuliert werden dürfen, die andere Bereiche betreffen, beantwortet Lars positiv.

Ihm ist es wichtig, möglichst viel Input zu sammeln. Es wäre ungünstig, wenn verdeckte Themen untergehen würden. Natürlich ist es möglich, auch neue Themen in ein Backlog aufzunehmen, nur kann dies auch dazu führen, dass bereits priorisierte Themen dann an Relevanz verlieren.

Lars beobachtet mit freundlichem Blick die Szenerie aufmerksam aus dem Hintergrund. Er vermeidet es, durch zu viel Dominanz als störender Hemmschuh wahrgenommen zu werden. Jeder soll sich frei fühlen, die Themen zu formulieren, die er im Kopf hat. Natürlich nimmt er wahr, dass die Präsenz von Richard in dieser Arbeitsgruppe noch ungewohnt ist. Dennoch ist die Stimmung gut und energiegeladen.

Und der Tank ist noch nicht leer ...

Lars hat darauf verzichtet, eine feste Zeitstrecke als sogenannte »Time Box« zu definieren, und merkt nach etwa vierzig Minuten ein Nachlassen in der Erstellgeschwindigkeit. Es wird aber augenscheinlich weiter intensiv gegrübelt. Der Tank an im Unternehmen wabernden Themen ist augenscheinlich noch nicht leer. Dennoch schlägt Lars nach weiteren zehn Minuten eine Pause vor. »Lüftet bitte euren Kopf für zwanzig Minuten bei einem kleinen Spaziergang und dann nehmen wir uns noch mal die Zeit für die Identifikation von weiteren Themen«, sagt er.

Und tatsächlich: Nach der Pause werden noch einige weitere Karten gefüllt und es wird Zeit für die geplante Vorstellung durch die Karteninhaber vor der Gruppe. Dabei tritt jeder Präsentierende vor eine Pinnwand, beschreibt die jeweilige Karte kurz, beantwortet Verständnisfragen und bringt jede Karte aufgegliedert nach »gelb«, »orange« und »grün« an der Wand an. Die Reihenfolge der Präsentierenden überlässt Lars der Gruppe selbst. Es ist Michael, der als Erster seine Karten vorstellt und sich auch durch recht bohrende Nachfragen von Richard nicht beeindrucken lässt.

Richard interessieren insbesondere die wirtschaftlichen Auswirkungen der einzelnen Themen: Was kostet uns das und was verdienen wir damit? Aus Inhabersicht eine sehr berechtigte Frage, aber zu einem so frühen Zeitpunkt nur mit groben Schätz- und Erfahrungswerten zu beantworten – wenn überhaupt.

Lars stören diese Fragen etwas, durch seine Erfahrung als Coach weiß er, dass Richard so den Teamfortschritt eher bremst als antreibt. Daher versucht er, die Fragen wegzumoderieren, natürlich ohne dass dies als zu große Einmischung in den Wissensdurst der Geschäftsführung wahrgenommen wird. Er bittet darum, Überlegungen zur Wirtschaftlichkeit in die noch folgende Aufwandsschätzung und Priorisierungsrunde zu verschieben. »Lasst uns diese Fragestellungen genauer anschauen, wenn wir die Themen zueinander gewichten und priorisieren.«

Richard spürt seine wachsende Ungeduld, kann aber das Vorgehen nachvollziehen. Sowohl er als auch sein Sohn sind bei einigen Themen durchaus überrascht, dass sie überhaupt existieren. Einige der Karten galten für die beiden Herren entweder als lange erledigt oder sie hatten diese überhaupt nicht auf der Agenda.

Verdichtung und Priorisierung bringt Zeit und Geld

Deutlich wird in der gemeinsamen Verdichtung und Priorisierung der Karteninhalte, dass das CRM-Projekt eine Vielzahl von Einzelthemen lösen könnte, wenn es erfolgreich zu Ende gebracht wird. Christian beruhigt das natürlich sehr. Vielen Kollegen war augenscheinlich vorher nicht klar, in wie vielen Bereichen ein modernes CRM deutliche Prozessoptimierungen und damit Effizienzverbesserungen auslösen kann. Bislang hatte das Projekt noch eher den Nimbus »Machen wir, weil von oben so gewollt. Zeit haben wir eigentlich nicht dafür.« Jetzt ist klar: Es ist eine monetäre und zeitliche Investition, um durch Wegfall von Doppelarbeiten, Kommunikationslücken und »Hand-am-Arm«-Lösungen mittels MS Excel zwei kostbare Güter zu gewinnen: **Zeit** und **Geld**.

Diese gemeinsame Erkenntnis des anwesenden ScruMa-Teams erzeugt eine von allen getragene und akzeptierte Ausrichtung auf ein primäres Ziel. Die Sinnhaftigkeit des CRM-Projektes steht nicht mehr zur Disposition, mehr noch, insbesondere Johannes und Camilla bekommen einen regelrechten Motivationsschub und können die Einführung der neuen CRM-Lösung kaum noch erwarten. In ihren Köpfen ist augenscheinlich ein echter Knoten geplatzt. Viele ihrer aktuellen und teilweise wenig geliebten Themen lassen sich nach einer erfolgreichen Umsetzung des Projektes komfortabler lösen oder fallen ganz weg. Eine Aussicht, die beide nur begeistern kann.

Lars fasst dieses Ergebnis in seinen Worten noch einmal kurz auf einem Flipchart zusammen und fragt anschließend die Runde, welche Herausforderungen die Gruppe mit dem heutigen Wissenstand sieht und welche Rahmenbedingungen für die Durchführung des agilen Piloten gewünscht sind. »Nutzt bitte die Chance, euch hierzu zu positionieren. Wir haben hier und jetzt die Möglichkeit, mit den Entscheidern über alles zu diskutieren. Lasst uns diese Gelegenheit bitte nutzen!«, lautet der Appell von Lars.

Bevor die anderen Teammitglieder antworten können, ergänzt Christian das eben Gesagte: »Ich würde mir wünschen, dass ihr euch bei den Antworten an unseren Kick-off-Workshop und seine Inhalte erinnert. In der Theorie klingen Ansätze wie Scrum oder Kanban methodisch simpel umsetzbar, richtig? Aber seht ihr konkrete Punkte, die uns bei der Umsetzung aufhalten können? Es ist meine Aufgabe, euch dann an dieser Stelle Abhilfe zu schaffen.«

Die ersten vier Schritte zur agilen Transformation | **149**

Die Zeit sinnstiftender nutzen

Es entfacht sich eine rege Diskussion zwischen allen Workshop-Teilnehmern. Zentraler Punkt ist dabei wieder das Thema Zeit. Alle Bereichsleiter sind sehr operativ in das Tagesgeschäft eingebunden und haben die Befürchtung, nicht genug freie Zeitressourcen zu haben, um das agile Projekt intensiv begleiten zu können. Hier kommt nun wieder der Coach ins Spiel. Lars kennt derartige Befürchtungen nur zu gut aus anderen Projekten und weist daher auf die Möglichkeiten eines priorisierten Vorgehens und der Abgabe von Verantwortung an Mitarbeiter hin: »Natürlich müsst ihr die Themen des Tagesgeschäftes weiter leisten. Damit meine ich jene Aufgaben, die wirklich nur ihr leisten könnt. Aber horcht doch mal in euch und die aktuelle Situation hinein. Ich unterstelle, dass ihr 20 bis 30 Prozent eurer Arbeitszeit mit Tätigkeiten verbringt, die auch andere Kollegen leisten könnten. Ich meine damit Dinge, die es gar nicht gäbe, wenn man wirklich im Alltag stringent priorisiert seinen Tag gestalten würde. Wir investieren jetzt die Zeit in die Einführung neuer Strukturen und in die schrittweisen Veränderungen unserer Denkweisen im Unternehmen. Wenn wir erfolgreich sind, werdet ihr eure Zeit für euch und das Unternehmen sinnstiftender einsetzen. Das klingt für euch jetzt noch nach theoretischem Wunschdenken, aber glaubt mir: Ich habe Unternehmen begleitet, die genau das erreicht haben. Nicht ohne Mühen und nicht ohne Rückschläge, aber sie haben es erreicht«, sagt er.

Erschöpfung pur – der CANVAS ist noch nicht gepinselt!

Der Tag ist mittlerweile zeitlich schon sehr fortgeschritten und in der Gruppe wird eine zunehmende Erschöpfung spürbar. Das ist auch wenig verwunderlich, schließlich waren die letzten Stunden für alle sehr leistungsfordernd, sowohl emotional als auch intellektuell. Eigentlich steht noch die Erstellung des ScruMa Business Models als CANVAS auf der Agenda, aber reicht dazu noch die Energie?

Lars entscheidet sich als moderierender Kopf dafür, den Vorschlag zu unterbreiten, das Thema erst am nächsten Tag anzugehen. Eigentlich war die Abreise des Teams nach einem gemeinsamen Frühstück geplant, aber eventuell lässt sich das noch ändern.

Lars stellt diesen Vorschlag zur Diskussion und erhält von Camilla, Johannes und Richard die Antwort, dass alle drei bereits Vormittagstermine in Hamburg hätten. Das war zu erwarten, aber Lars lässt nicht locker und fragt nach, ob sich diese mit Blick auf die Relevanz des Themas Business Model nicht noch verschieben lassen. Johannes lenkt als Erster ein und bietet an, seinen Termin zu verschieben. »Wenn ich krank wäre, könnte ich ja den Termin auch nicht wahrnehmen und die Welt würde sich trotzdem weiterdrehen«, sagt er. Richard muss bei dieser Aussage etwas schlucken. Ihm war Zuverlässigkeit immer sehr wichtig, und dazu gehört für ihn vor allem auch die Termintreue seiner Mitarbeiter.

Allen Anwesenden bleibt die Irritation von Richard nicht verborgen. Trotz der positiven Erfahrungen und Überraschungen der letzten Tage mit ihrem »Chef-Chef« und trotz seiner Bereitschaft zu Veränderung ist eins noch geblieben: die gelernte Hörigkeit gegenüber seinen Vorgaben und persönlichen Werten.

Und weil Richard Termintreue bei Kunden nun einmal sehr wichtig ist, fragt er seine Leute nach möglichen Alternativterminen. Schnell zeigt sich, dass ein alternativer Termin in der gleichen personellen Konstellation erst in zwei bis drei Wochen möglich wäre. Messebesuche, Urlaube, andere Abwesenheiten und nicht zuletzt die Verfügbarkeit von Lars stehen einem früheren Termin im Wege. Er ist in einigen anderen agilen Transformationsprojekten eingebunden und kann keinen kurzfristigen Folgetermin anbieten.

Projektleiter Christian ist eine Verschiebung des Themas um diesen Zeitraum ebenfalls ganz und gar nicht recht und er argumentiert mit der Relevanz für das weitere Vorgehen. »Ich bitte euch, die Termine zu verschieben, wenn euch das irgendwie vertretbar erscheint. Oder reisen eure Gesprächspartner extra nach Hamburg an beziehungsweise stehen sie nur morgen zur Verfügung?«

Über Termine und andere Flaschenhälse

In allen drei Fällen ist das nicht der Fall und Johannes wiederholt seine Bereitschaft, seine Terminplanungen zu ändern. Camilla hüllt sich auffällig in Schweigen. Offensichtlich wartet sie zunächst auf Richards Reaktion. Dieser ringt augenscheinlich noch mit sich selbst und bittet daher um eine kurze Pause. Er möchte sein Sekretariat anrufen und nach möglichen Änderungen bei den Planungen für den nächsten Tag fragen.

Von seiner Assistenz erfährt er, dass es zu keinen Änderungen gekommen ist und er um 10.30 Uhr einen Termin in der Firma hätte. Er entscheidet sich, diesen Termin verschieben zu lassen. Das Projekt ist inzwischen auch ihm wirklich wichtig und er möchte nicht der Flaschenhals für ein schnelles Vorankommen bei dem Projekt werden. Vor allem will er bei der Erstellung des Business-Modells unbedingt dabei sein.

Fehlt also nur noch Camilla, um das Team zusammenzuhalten. Sie spürt die erwartungsvollen Blicke ihrer Kollegen und muss jetzt Farbe bekennen. Sie hat für den morgigen Tag Urlaub genommen, weil sie einen wichtigen Privattermin hat. Was die Kollegen nicht wissen: Es handelt sich bei diesem Termin um ein Vorstellungsgespräch bei einem trendigen Fashion-Unternehmen in der Hamburger Hafen-City.

Alles Top-Down gebürstet: Camilla sieht schwarz

Camilla war vor vier Monaten von Richard und Peter eingestellt worden und startete mit viel Elan und Motivation in die neue Aufgabe. Aber schon nach wenigen Wochen kam eine zunehmende Unzufriedenheit bei ihr auf.

Sie hatte unterschätzt, wie wenig Entscheidungskompetenz und Gestaltungsräume ihr ein so stringent »Top-down« geführtes Unternehmen wie die ScruMa GmbH bieten kann. Natürlich klingt ihr Titel »Bereichsleiterin« für Außenstehende beeindruckend, aber Camilla fühlte sich eigentlich vom ersten Tag an eher als »Durchlauferhitzerin« der Vorgaben der Geschäftsführung – insbesondere bezüglich des zur Autokratie neigenden Richard.

Sie hatte die Stelle angetreten, um zu bewegen und zu gestalten, aber nicht, um Entscheidungen von oben nach unten ungefiltert durchzureichen. Zu oft konnte sie auch nicht voll hinter den Entscheidungen, die sie inhaltlich nicht mitgestaltet hatte, stehen, musste diese aber mit ihrem Team dann dennoch realisieren. Dabei fiel es ihr immer schwerer, die Mitarbeiter für eine Umsetzung der Vorgaben zu begeistern. Insgeheim hielt sie vieles für unsinnig oder schlichtweg falsch. Fast unerträglich wurde es für Camilla, wenn ein Mitarbeiter die Vorgaben hinterfragte oder durchaus sinnvolle Gegenvorschläge machte. Sie wollte immer kooperativ führen, erwischte sich aber dabei, zunehmend die Impulse von ihrem Team freundlich abzumoderieren oder schlichtweg auszusitzen.

Natürlich hatte sie versucht, gegenzusteuern und mit Richard in eine inhaltliche Diskussion zu kommen, bevor er seine Eins-zu-Eins umzusetzenden Vorgaben machte. Richard signalisierte zwar Gesprächsbereitschaft, ließ sich aber in keinem einzigen Fall von seinen Ansichten abbringen. »Deine Gegenargumentation ist gut und nachvollziehbar, aber es ist anders entschieden«, war dann sinngemäß die typische Antwort.

Zu Beginn hatte Camilla noch gehofft, dass Richard sein Führungsverhalten ändern würde, wenn seine abgearbeiteten Vorgaben nicht zum gewünschten Erfolg führten. Das war aber nicht der Fall, schlimmer noch, er forderte Camilla rigoros dazu auf, die unerwünschten Folgen schnellstmöglich zu korrigieren.

Die ersten vier Schritte zur agilen Transformation | **153**

Mit diesen Erfahrungen im Kopf rief Camilla vor einem Monat einen befreundeten Personalvermittler an, um sich einen neuen Job vermitteln zu lassen. Schon nach einer Woche fand dieser eine geeignete Vakanz und koordinierte das geplante Vorstellungsgespräch. All das lief zeitlich vor den aktuellen positiven Entwicklungen bei der ScruMa ab – also bevor das agile CRM-Projekt startete und bevor Richard seinen Rückzug aus der Geschäftsleitung ankündigte.

Camilla ist von der Richtigkeit des gerade beginnenden Wandels überzeugt und wäre gerne eine wichtige Treiberin eines solchen spannenden Transformationsprozesses. Dennoch möchte sie gerne das Vorstellungsgespräch am Folgetag wahrnehmen, um sich ein Hintertürchen, vielleicht ja auch einen Rettungsfallschirm, als Option offenzuhalten.

»Es tut mir herzlich leid, aber ich kann meinen Termin nicht verschieben. Es ist ein wichtiger Arzttermin, auf den ich jetzt schon sechs Wochen warte«, teilt sie den erwartungsvollen Kollegen mit.

Die Antwort löst bei den anderen eine gewisse Enttäuschung aus. Lars fängt die Situation aber schnell auf und weist darauf hin, dass ein Business Model Canvas nichts ist, was für ewige Zeiten in Stein gemeißelt bleibt, sondern stetig angepasst werden muss.

»Natürlich wäre es toll, auch Camilla morgen dabei zu haben. Ich denke jedoch, dass wir immer wieder Situationen bei den nächsten Schritten haben werden, wo wir auf ein Teammitglied verzichten müssen. Lasst uns doch diese Erkenntnis zum Anlass nehmen, um eine Lösung zu finden, wie wir damit zukünftig umgehen wollen.«, formuliert Lars.

Luxus heißt heute: alle Teammitglieder sind zusammen
Das leuchtet allen ein. Klar, den Luxus, dass alle Teammitglieder des agilen Pilotprojektes immer an allen Meetings teilnehmen können, wird es zukünftig nicht geben.

Wolfgang schlägt vor, Protokolle zu schreiben und diese dann anschließend per E-Mail zu verteilen. Die Reaktion der anderen auf diesen Vorschlag ist verhalten bis ablehnend. Protokolle wurden in den letzten Jahren viele geschrieben, gelesen und nachverfolgt wurden diese aber nicht unbedingt. Außerdem: Für viele fühlt sich das inzwischen verdammt nach »the eighties« oder einfach »last century« an. Braucht man wirklich Protokolle in agilen Projekten?

Lars berichtet daher aus seinem Erfahrungsschatz und weist darauf hin, wie wichtig es ist, dass alle relevanten Informationen (wie Ergebnisse, der Status, offene Themen) für alle Interessierten permanent sichtbar sind. Er regt an, einen zentralen Ort in den Räumlichkeiten von ScruMa zu etablieren, an dem man beispielsweise das Plakat mit dem Business-Modell oder auch ein Kanban Board aushängen kann. Ideal wäre es, wenn hier auch alle agilen Meeting-Formate wie zum Beispiel das Daily Stand-up durchgeführt werden könnten.

Ob Zufall oder nicht, Christian und Peter haben das schon vor ein paar Tagen gemeinsam diskutiert und sich bereits auf die Suche nach einem geeigneten Raum gemacht. Diese Suche gestaltete sich schwierig, weil aktuell die Bürofläche der ScruMa GmbH sehr begrenzt ist. Alle Räume sind belegt und die beiden Sitzungsräume sind ebenfalls fast durchgängig ausgebucht.

Zeit und Raum und die prinzipielle Teilbarkeit von Büros

Einzig das Büro von Richard wäre noch teilbar, um einen zusätzlichen Raum zu gewinnen. Eine Idee, die Peter und Christian aber schnell wieder verworfen haben. Zu groß schien ihnen die Gefahr, dass Richard dies als Degradierung seiner Person interpretieren würde. Klar hat er den Staffelstab an seinen Sohn abgegeben, dennoch will insbesondere Peter die Auswirkungen dieser Entscheidung nicht durch die Halbierung der Bürogröße für Richard noch schmerzhafter machen. Er möchte seinem Vater die Zeit und im wahrsten Sinne des Wortes auch den Raum geben, sich an seine neue Rolle im Unternehmen zu gewöhnen.

Damit bleibt aber die Raumfrage schwierig und ungelöst. Es ist Michael, der einen anderen Vorschlag einbringt. Obwohl er nicht fest bei der ScruMa GmbH angestellt ist, hat er ein eigenes Büro, in dem er Hardware-Komponenten und anderes Equipment lagert, das er für die Pflege des IT-Systems benötigt. Obgleich als Arbeitsraum gedacht, nutzt er sein Büro selten. Der größte Teil seiner Arbeit erfolgt per Fernwartung oder in Form von Schulungen und Einweisungen direkt an den Arbeitsplätzen der ScruMas. Er bietet daher an, sein Büro zu räumen und die Hardware-Komponenten inklusive der weiteren Gerätschaften zu lagern.

Peter ist begeistert von dem Vorschlag und bedankt sich beinahe überschwänglich bei Michael. Der Raum befindet sich an einem sehr günstigen Platz gleich neben der sehr frequentierten Kaffeeküche und bietet so die Möglichkeit, durch das Einsetzen von Glaselementen anstelle der massiven Wandblöcke für alle einsehbar zu sein.

Das Raumproblem hat sich in Bits und Bytes aufgelöst

Damit ist das Raumproblem offenkundig gelöst. Es wurde ein Ort gefunden, der alle Möglichkeiten bietet, sich auszutauschen, zu informieren, zu diskutieren, zu experimentieren, zu interagieren – kurzum zu agilisieren.

Camilla ist jetzt deutlich entspannter. Sie hatte befürchtet, dass ihre Abreise zu nachhaltigen Irritationen im Team und zu unangenehmen Nachfragen führt. Jetzt lieferte sie aber sogar den Anstoß für eine so wichtige Entscheidung. Ein agiler Projektraum ist einfach toll. Sie spürt auch eine Dankbarkeit für Lars, der nicht auf ihre Anwesenheit bestanden, sondern eine neue Tür für das ScruMa-Team aufgestoßen hat.

Ja, sie wird zu dem Vorstellungsgespräch gehen, aber nicht mehr mit dem Druck, ihren jetzigen Arbeitgeber unbedingt verlassen zu wollen. Vor ein paar Wochen war Camilla noch davon überzeugt, dass ihr nur eine schnelle Flucht helfen könne. Jetzt wächst zunehmend das Gefühl, doch im richtigen Unternehmen angestellt zu sein. Den schönen Worten müssen nun auch Taten folgen. Sie glaubt an Peter und hat zunehmend den Eindruck, hier einen partnerschaftlichen Geschäftsführer an der Spitze zu haben, der sich nicht von seinem Weg abbringen lassen wird.

Wolfgang hingegen schmollt. Er ist es nicht gewohnt, bei Investitionsentscheidungen (wie in diesem Fall dem Entschluss zum Umbau des Raumes) übergangen zu werden. Auch in der Vergangenheit hat er über Investitionen nicht entschieden, aber er durfte diese für Richard zahlenmäßig vorbereiten. Heute hat Peter ohne Kenntnis über die Kosten entschieden, den Raum umzubauen. Wolfgang hat das Gefühl, dass ihm hier langsam das Wasser abgegraben wird und sein Bereich an Wichtigkeit verliert. Er nimmt sich vor, Richard nach dem gemeinsamen Abendessen auf das Thema unter vier Augen anzusprechen.

Ein spannender und für alle Beteiligten interessanter Workshop-Tag nähert sich dem Ende. Lars fasst kurz das Erreichte zusammen und gibt einen Ausblick auf den Folgetag. Er entlässt die Gruppe in den Feierabend und bedankt sich für die ihm entgegengebrachte Wertschätzung und die konstruktive Art der Zusammenarbeit.

Zum Abendessen trifft sich das gesamte Team in einer zum Landgut gehörenden Grillhütte wieder. Die Stimmung von Wolfgang hat sich deutlich gebessert, Johannes erzählt heroische Anekdoten aus seinem Leben als Vertriebler und der Rest des Teams hört gebannt zu. Unterbrochen wird sein Redefluss von Larissa, die sich mit einer Frage an Lars richtet: »Du hast ja schon einige Transformationen begleitet. Was ist dein Eindruck nach dem heutigen Tag. Kriegen wir das hin?«

Lars spürt die ungeteilte Aufmerksamkeit der Gruppe und antwortet professionell: »Die Liste der Faktoren, die zum Scheitern einer Transformation führen können, ist lang. Am Ende halte ich aber die innere Einstellung jedes Einzelnen von euch zu den kommenden Veränderungen für den Punkt, der über Erfolg oder Misserfolg entscheidet. Erwartet bitte keine Wunder von

Die ersten vier Schritte zur agilen Transformation | **157**

der agilen Methodenwelt. Die Tools sind gut und wichtig, aber ihr als Menschen seid es, die mit euren Einstellungen und dem täglichen Verhalten die Agilität leben müsst. Die Tools helfen euch dabei, aber ohne eine Abkehr von der klassischen Hierarchie- und Abteilungsdenke bleiben alle Initiativen ein Facelifting ohne viel Tiefgang. Ich möchte heute keine Einschätzung abgeben, ob ihr das schafft. Das wäre unseriös. Ich kann aber sagen, dass ich heute nichts wahrgenommen habe, was es ausschließen würde.«

Richard kämpft mit der Veränderung

Richard verhält sich an diesem Abend auffallend zurückhaltend und ist sehr in sich gekehrt. Peter fällt das schnell auf und spricht seinen Vater abseits der Gruppe darauf an. Richard versucht im ersten Impuls, seinem Sohn auszuweichen, antwortet dann aber doch unumwunden ehrlich: »Die Veränderungen der letzten Wochen machen mir persönlich sehr zu schaffen. Versteh mich nicht falsch, ich stehe zu meiner Entscheidung und vertraue auch darauf, mit dir den richtigen Nachfolger zu haben. Ich bin sehr stolz auf dich. Es klingt aber immer mal wieder durch, dass alles, was in der Vergangenheit gelaufen ist, falsch war und geändert werden muss.

Wir hatten doch Erfolg und sind gewachsen. Die ScruMa GmbH ist mein Baby und mein Weg der Selbstverwirklichung. Klar habe ich Fehler gemacht, aber wer macht keine? Es kostet mich viel Kraft, in dem laufenden Prozess nicht mal impulsiv zu rufen, wenn mir die Äußerungen zu negativ erscheinen. Es fällt mir zwar immer leichter, es nicht zu tun, aber einfach ist es dennoch nicht. Ich suche noch meine Rolle in der neuen ScruMa. Ich sehe mich nicht den ganzen Tag auf dem Golfplatz, um meinen Abschlag zu üben. Ich brauche eine Aufgabe, in der ich mich noch gebraucht und gewollt fühle.«

Peter ist sichtlich bewegt. Er hat seinen Vater selten so emotional erlebt und ist mit der Situation etwas überfordert. »Glaub mir, ich brauche dich an meiner Seite und ich spüre eine tiefe Dankbarkeit für dich als Vater und Lehrmeister. Ich wünsche mir, dass du auch in der neuen ScruMa eine tragende Säule sein wirst. Deine Erfahrung und dein Wissen wird von uns allen sehr geschätzt und ich wäre glücklich, wenn wir beides nicht verlieren. Gib mir und unserem eingeleiteten Veränderungsprozess die Chance, eine passende Rolle für dich zu entwickeln«, antwortet Peter.

Wolfgang zeigt sich irritiert

Wolfgang stößt unvermittelt hinzu und beendet damit ungewollt das wichtige Vater-Sohn-Gespräch. Er hat zwar mittlerweile seinen Groll bezüglich der Nichtbeteiligung bei der Investitionsentscheidung emotional in den Griff bekommen, will aber dennoch einmal gegenüber Richard in seiner sachlichen, fast unterkühlten hanseatischen Art seine Irritation kundgeben. Richard und Wolfgang verbindet beruflich ein langer gemeinsamer Weg, auf dem sie gemeinsam viele Schwierigkeiten gemeistert haben. Das verbindet. Peter weiß das und schätzt Wolfgang sehr für seine fachlichen Leistungen. Menschlich sind sich Peter und Wolfgang in den letzten Jahren nicht wirklich nähergekommen. Nicht weil sie sich nicht mochten, sondern weil beide Herren bislang nie auch nur einmal über private Dinge miteinander gesprochen haben.

Daher überrascht Peter die »Beschwerde« Wolfgangs auch etwas, schließlich war dieser in seinen Augen immer der treue Gefolgsmann seines Vaters gewesen. Dass er offen, wenn auch diplomatisch, seine Irritation gegenüber der Geschäftsführung formuliert, ist neu. Für Peter ist das ein sehr gutes Zeichen in die richtige Richtung. Wenn sogar Wolfgang aus der Deckung kommt, werden es ihm andere Teammitglieder gleichtun.

Peter wollte Wolfgang bei seiner Ad-hoc-Entscheidung für den Projektraum nicht bewusst übergehen, bittet aber um Verständnis. »Ich fand es wichtig, dem Team in der Situation schnell eine Lösung zu bieten. Wir brauchen jetzt die passenden Rahmenbedingungen für unseren Piloten und ich bin bereit in diese auch zu investieren«, führt Peter ruhig aus.

Im Folgesatz versichert er Wolfgang auch, dass er zukünftig bei ähnlichen Entscheidungen die Abstimmung mit ihm suchen wird, vorausgesetzt, diese hindert nicht den Fluss der Veränderung. Er sagt: »Die gewünschte Selbstverantwortung der Mitarbeiter wird wahrscheinlich nach und nach dazu führen, dass wir ihnen auch bei finanziellen Entscheidungen immer höhere Freiheitsgrade einräumen. Wir müssen uns beide daran gewöhnen, dass nicht mehr alle Investitionsentscheidungen über unseren Schreibtisch laufen. Wir unterstützen vielleicht noch beratend, aber verantwortliche Entscheidungen werden auch an vielen anderen Schreibtischen getroffen werden. Klingt in deinen Ohren jetzt vielleicht noch visionär oder gar naiv, aber es gibt eine wachsende Anzahl von agilen Unternehmen, die das schon erfolgreich realisieren.«

Richtig beruhigt ist Wolfgang nach Peters Worten nun wirklich nicht. Es ist seine Aufgabe, die Finanzen der ScruMa fest im Griff zu halten. Wie soll das nur funktionieren, wenn im Worst Case jeder ScruMa-Mitarbeiter quasi anarchisch über deren Verwendung entscheiden kann? Er fragt aber nicht weiter bei Peter nach, sondern will seine aktive Mitarbeit bei dem Transformationsprozess nutzen, um das Schlimmste zu verhindern. Dass Richard diese Ausführungen seines Sohnes unkommentiert verfolgt und nicht einschreitet, entsetzt Wolfgang. »Wo soll das nur enden?«, denkt er bei sich, als er die beiden Geschäftsführer verlässt, um das letzte Bier des Abends zu trinken.

Illustre Herrenrunde im Wald

Am nächsten Morgen treffen sich Lars, Peter und Christian zufällig beim Joggen im Wald hinter dem Gutshof. Christians Respekt vor seiner eigenen Aufgabe beim Transformationsprozess ist in den letzten Wochen stetig gestiegen. Er sieht – im übertragenen Sinn – einen hohen Berg vor sich. Einen Berg mit einigen zu erreichenden Zwischenstationen. ScruMa ist in diesem Bild noch in der Talstation und wappnet sich für den Aufstieg. Christian ist der Guide, der diesen Aufstieg führen soll, ohne jemals einen ähnlichen Aufstieg – weder als Guide noch als Begleiter – geleistet zu haben. Das macht ihm Sorgen und er ahnt, dass auch die anderen Projektmitglieder eher einen erfahrenen Guide als Bergführer akzeptieren würden.

Mit diesen Gedanken im Hinterkopf hätte Christian Lars gerne auch bei den weiteren Etappen der Transformation im Team und fragt nach dessen Verfügbarkeit in den nächsten Monaten. Lars ist sehr gut gebucht und kann derzeit kein weiteres Projekt eng begleiten. Er kann sich aber vorstellen, für Christian als Mentor zu fungieren und ihn persönlich, per Telefon oder Skype, zur Seite zu stehen. Sollte er zusätzlich noch die Zeit finden, bei Folgeworkshops oder auch anderen Meetings teilzunehmen, macht er das gerne, kann aber keine permanente Präsenz in Aussicht stellen.

Peter freut sich über Christians Initiative. Er hatte schon einen ähnlichen Gedanken im Kopf, wollte Christian aber nicht den Eindruck vermitteln, dass er ihm das Vertrauen für seine Aufgabe entzieht. Dass es jetzt Christian ist, der frühzeitig erkennt, dass er weitere Unterstützung von Lars benötigt, bestätigt ihn in der Überzeugung, mit Christian die richtige Person an der richtigen Stelle zu haben.

Die drei Herren beschließen, das Thema in den Folgetagen am Telefon noch einmal durchzusprechen. Peter bittet Lars um die Ausarbeitung eines kurzen Umsetzungskonzeptes zu der angestrebten Begleitung als Mentor. Auf der Basis wird er dann gemeinsam mit Christian über die weitere Zusammenarbeit entscheiden. Eine Information an die anderen Workshop-Teilnehmer soll dann erfolgen, wenn alles geklärt ist.

Das Geschäftsmodell muss wachsen!

Nach dem Frühstück treffen alle noch anwesenden ScruMas pünktlich im Workshop-Raum ein. Camilla hat sich bereits vorher per Zug auf den Weg nach Hamburg gemacht. Es steht die Erstellung des ScruMa-Business-Modells an. Diese kumulierte Darstellung aller relevanten Elemente des Geschäftsmodells hat sich insbesondere bei Start-up-Unternehmen sehr bewährt und ist mittlerweile eine weltweit beliebte und anerkannte Methode zur systematischen Analyse von Geschäftsmodellen.

Genau das ist der Grund für den Einsatz auch bei etablierten Unternehmen wie der ScruMa GmbH. Die kumulierte und transparente Darstellung aller wichtigen Bestandteile eines Geschäftsmodells auf einem A0-Plakat schafft ein gemeinsames Verständnis und eine Fokussierung bei allen an der Erstellung beteiligten Personen und auch bei allen interessierten Kollegen, die im Nachgang die Inhalte in wenigen Minuten erfassen können. Dieses Business-Modell für alle Berechtigten an einem vor fremden Blicken geschützten Raum auszuhängen ist insbesondere dann sinnvoll, wenn es aufgrund von geänderten Rahmenbedingungen fortwährend angepasst werden muss. Der Kreis der Berechtigten ist so weit zu definieren, wie es aus Gründen der Geheimhaltung von diskreten Firmeninformationen vertretbar ist.

Richard und Wolfgang erfüllt die Vorstellung, dass zukünftig jede Putzkraft das Geschäftsmodell einsehen kann, mit Unbehagen. Bislang waren die Inhalte niemandem zugänglich. Wie auch, es gibt zwar einen schriftlichen Businessplan aus der Gründungsphase, aber seitdem fand eine Businessplanung nur anhand von zu erreichenden Kennzahlen in Excel-Tabellen statt. Wie diese Kennzahlen zu erreichen sind, wurde an keiner Stelle zentral zusammengeführt. Einzig Richard und zunehmend auch Peter hatten den Gesamtüberblick. Oder besser das, was sie dafür hielten.

Trotz dieses Unbehagens kommen unsere ScruMas ohne lange Vorrede schnell in die Befüllung des Modells. Wieder werden zu jedem Element Karten geschrieben und nach Diskussion und gemeinsamer Verabschiedung auf das mitgebrachte Plakat angepinnt. Dabei achtet Lars sehr auf die Klarheit und Verständlichkeit der Inhalte. Es soll wenig Platz für Interpretation geben.

Sensible Firmendaten sichtbar für die ganze Welt?

Schnell wird deutlich, dass der gewählte Detaillierungsgrad der Inhalte wenig über sensible Firmendaten preisgibt. Es werden keine konkreten KPIs (also »Key Performance Indicators«) wie etwa Umsatzzahlen oder ähnliches auf die Karten gebannt.

Auf dieser Basis trägt Richard eine Vielzahl der Inhalte nun sogar selbst bei. Die Beiträge der anderen Kollegen kommen jeweils fachbezogen von den zuständigen Bereichsleitern. Bei der Befüllung des Elementes »Kundengruppen« kommt es zu einer spannenden Diskussion zwischen Projektleiter Christian und Vertriebsleiter Johannes, der unumwunden offenlegt, dass Marketing und Vertrieb auch bei der ScruMa bislang in unterschiedlichen Welten lebten.

Der Dissens wird nicht in der Beschreibung der aktuellen Kunden sichtbar, sondern vielmehr in der Beschreibung der zukünftigen Kunden, konkret bei der Frage, welche Kunden die ScruMa in Zukunft bevorzugt gewinnen möchte. Christian zielt hier auf Basis seiner Marktanalysen sehr stark auf Gruppen wie Architekturbüros oder Steuerberatungen ab. Diese haben einen starken Bedarf an Fachkräften und können die offenen Stellen oftmals nicht mit qualifiziertem Personal schließen. Johannes hingegen ist diese Zielgruppe aus Vertriebssicht zu kleinteilig. Er möchte eher auf die Personalchefs von großen Unternehmen zugehen. Da kann man mit einem Termin mehr Umsatz machen. Die Branche ist ihm dabei eigentlich mehr oder weniger egal. Wichtiger ist ihm eher die Nähe des jeweiligen Firmenstandorts zu Hamburg. Er sieht in der persönlichen Betreuung das Erfolgspotenzial der Zukunft.

Einige der Teilnehmenden verfolgen diese Diskussion irritiert. »Wie kann es nur sein, dass zwei Bereiche wie Vertrieb und Marketing bei der Beantwortung der wichtigen Frage nach den Kunden der Zukunft so weit auseinanderliegen?«, fragt sich Larissa. »Reden die denn gar nicht miteinander?«, ist der Satz, der ihr in diesem Moment durch den Kopf geht. Weibliche Intuition?

Personas erleichtern es, die Perspektive konkreter Kunden einzunehmen

Auch Lars ist das aufgefallen, er kann und will das jedoch inhaltlich nicht bewerten. Er schlägt daher vor, sogenannte Personas (hier dann sogenannte Buyer Personas) zu erstellen, um neue Kundenprofile zu erarbeiten. Hilfreich hierfür ist folgendes Schema, welches Lars an das Flipchart schreibt:

Struktur einer User Story

Als
<Funktion>
möchte ich
<Aktion>,
um <Ziel>
zu erreichen.

Lesebeispiel: »Als Leiter Controlling möchte ich tagesaktuell die Umsatzzahlen sehen, damit ich jederzeit auskunftsfähig gegenüber der Geschäftsleitung bin!« (Wolfgang)

Befüllt man das Schema wie in unserem Lesebeispiel, dann erhält man eine sogenannte User Story. Diese wird bei agilen Methoden, insbesondere bei Scrum, eingesetzt, um konkrete Kundenanforderungen zu definieren. Das ist dann oftmals der passende Ausgangspunkt für ein griffiges Sprint-Ziel.

Der Vorteil des Persona-Ansatzes ist, dass eine nachvollziehbare Kundentypologie gebildet wird. Die entstehenden »Köpfe« repräsentieren sehr bildhaft für Entwickler, Marketing- und Vertriebsleute, wen das Unternehmen mit seinen Produkten erreichen möchte. Zudem lassen sie sich mit den eigenen Leistungen und Angeboten sehr viel besser abgleichen. Leistet das Produkt oder die Dienstleistung auch tatsächlich das, was ein konkreter interner oder externer Kunde erwartet?

164 | Die ersten vier Schritte zur agilen Transformation

Gemeinsam geschaffene Personas ermöglichen insgesamt, die Ziele und Bedürfnisse eines ganz konkreten Zielgruppensegments auf einen Blick darzustellen und emotional-intuitiv zu begreifen. Im Onlinemarketing und bei der Gestaltung von Webseiten haben sich Personas beispielsweise schon häufig bewährt. Diese Form des vertieften Verständnisses aus der Nutzerperspektive heraus ist mittlerweile auch in anderen Bereichen verbreitet. Möglicherweise löst der Persona-Ansatz in der digitalen Welt sogar bald die klassische Zielgruppenbeschreibung des Marketings, wie zum Beispiel demografisch-statistische Charakterisierungen, ab.

Die Beantwortung der folgenden Fragen ist für Marketing- und Vertriebsverantwortliche seit jeher eine zentrale Aufgabe: Welches Problem der Zielgruppe können wir als ScruMa GmbH lösen? Welches Problem können nur wir lösen? Die Personas sollen dabei helfen, sich intensiver in die einzelnen Nutzer hineinzudenken. Eine Persona gewinnt an Lebendigkeit, je mehr sie an Anonymität verliert.

Start-Up-Investor mit eigenem Kapital

Andreas
Alter: 45
Beruf: Dipl.-Kaufmann
Wohnort: Berlin
Status: geschieden, 2 Kinder

Merkmale
* ungeduldig
* distanziert
* zahlenverliebt
* lässt gerne sein Geld für sich arbeiten

Beschreibung
Andreas hat sich seine finanzielle Unabhängigkeit als angestellter Geschäftsführer in der Chemieindustrie erarbeitet. Nach seiner letzten Festanstellung gründete er eine eigene GmbH, mit dem Zweck, durch Start-up-Beteiligung sein eigenes Kapital weiter zu vermehren. Agiles Management ist ihm bekannt.

User-Story
„Als Investor mit eigenem Kapital will ich agile Interim-Manager einbinden, die fachlich exzellent sind, schnell meine Beteiligungen wirtschaftlich machen und agile Strukturen aufbauen, die von den Start-ups eigenständig weitergeführt werden."

Ziele und Erwartungen
Andreas braucht effiziente Lösungen, um seine Beteiligungen schnellstmöglich erfolgreich zu machen. Er erwartet durchdachte Marketing- und Vertriebskonzepte, die schnell und wirtschaftlich umsetzbar sind. Ergebnisse müssen messbar und nachvollziehbar sein.

Informationsquellen
* XING
* LinkedIn
* Investorenmesse
* Eigene Netzwerke
* Fachzeitungen

Personas geben der Zielgruppe einen Namen, ein Bild, einen Charakter. Sie legen die Ziele, die Erwartungen und die genutzten Informationsquellen des Charakters offen.

Diese Darstellungsvariante einer sehr konkreten Zielgruppenbeschreibung über das Erstellen von Personas bewährt sich im Workshop sehr schnell. Alle Teilnehmenden beteiligen sich mit ihren Redebeiträgen an der Sammlung der Charaktere und deren Beschreibung. Insbesondere Larissa und Michael haben große Freude daran, sich kreativ einzubringen. Das ist noch etwas vorsichtig formuliert. Beide denken einfach mal laut nach und steigern sich gegenseitig in eine Art Ideenrausch hinein. Neben eher bekannten Inhalten entstehen dabei auch komplett neue Ansätze, die sehr originell und fantasievoll sind.

Die anderen Teilnehmer zeigen sich zu Beginn noch etwas zurückhaltender, öffnen sich dann immer mehr. Für Lars ist es spannend zu beobachten, wie die Stimmung im Team immer ausgelassener wird. Immer wenn eine Persona einen Namen bekommt, wird ihr quasi Leben eingehaucht und sie wird mit immer mehr beschreibenden Parametern ausgestattet, und zwar so lange, bis jeder der Teilnehmenden ein ähnliches Bild von der jeweiligen Persona als Zielgruppe der Zukunft hat.

Aber sind alle Teilnehmer wirklich gleich aktiv und lassen ihren Ideen freien Lauf? Nicht ganz. Richard und Wolfgang empfinden dieses Vorgehen als eher albern und vor allem zeitfressend. Es dauert ihnen zu lange, bis eine Persona fertig ist, und die ausgelassene Stimmung der anderen empfinden sie als unprofessionell. Es geht um die Zukunft des Unternehmens. Das ist eine sehr ernsthafte Angelegenheit, für die jetzt hier die Weichen gestellt werden müssen! Lars nimmt diese Irritation der beiden Herren wahr und spürt, dass es insbesondere in Richard zunehmend gärt. »Steht gleich der Ausbruch des Vesuv bevor, dessen Ascheregen alle Anwesenden unter sich begräbt?«, orakelt es in ihm.

Er muss jetzt schnell sein und für Abkühlung sorgen. Lars entscheidet sich, das muntere Treiben kurz zu unterbrechen, um ein passendes Fallbeispiel aus seiner Praxis einzustreuen.

»Stellt euch mal vor, ihr seid einer der großen Premium-Autobauer Deutschlands. Sagen wir in Ingolstadt, in München oder von mir aus auch gerne in Stuttgart, bei Daimler«, sagt Lars.

Und weiter: »Alles läuft super. Trotzdem soll für einen A3, dem Einser oder vielleicht ja auch für die B-Klasse ein neues Innenraum-Gebläse entwickelt werden. Die Ingenieure haben keine wirklich innovative Idee, was sie noch an der bestehenden Lösung verbessern sollen. Das Auto ist ausgereift, so die einhellige Meinung. Bislang haben die Ingenieure jedoch auch noch nicht mit Personas gearbeitet.

Die folgenden (teilweise humorvollen) Personas brachten völlig neue Ideen:

1. Gabi, 28, Sekretärin: lackiert sich die Fingernägel immer beim Halt an einer roten Ampel
2. Manfred, 48, Maurer: muss manchmal im Auto noch ein wenig Fugenkitt anrühren
3. Fynn, 32, Oberkellner im trendigen Lounge-Café: föhnt sich schnell während seiner zwölf Minuten Anfahrt seine »Hipsterlocken«
4. Renate, 42, Apothekerin: transportiert die vierjährige, erkältungsanfällige Elena nachmittags zum Schwimmunterricht und wieder zurück
5. Tobi, 19, Schüler mit frischem Führerschein: geht heute Abend tanzen und will schon mal in Stimmung kommen
6. Judith, 32, Firmenwagen, Chefin einer Zeitarbeitsfirma: muss im Winter auch mal eine Viertelstunde bis zum nächsten Termin im Auto warten
7. Leo, 67, Edelrentner: fährt immer im Dreieck von Travemünde nach Baden-Baden, dann in das schöne Antwerpen und wieder zurück. Er friert bei den langen Autobahnfahrten, speziell an seinen übergroßen Ohren

Die ersten vier Schritte zur agilen Transformation | **167**

Am Ende sind dann hier für jede Persona ein bis zwei fundamental neue Ideen für das Gebläse entstanden, die wiederum eine großartige Vorgabe für die Ingenieure waren. Mit Design Thinking kommt man über die Empathie für ganz spezifische Kundensegmente auf neue Produktideen, die in der Lage sind, echte Kundenbedürfnisse zu erfüllen. Das Ganze lässt sich dann in einem Scrum-Entwicklungszyklus umsetzen. Design Thinking und Scrum ist somit eine intelligente Verbindung zweier Frameworks, die hochgradig Sinn macht!

Lars nimmt sich knapp zehn Minuten Zeit, um über weitere Details der so entstandenen neuen Produktideen zu berichten. Er betont dabei, dass diese mutmaßlich die Welt des Automobils positiv bereichert haben. Larissa findet das ein wenig schade, hätte sie doch gerne noch etwas weiter rumgesponnen. Sie hat nicht wahrgenommen, welche Detonation sich bei Richard ankündigte, und empfindet Lars Geschichte zwar als interessant, aber in dem Moment auch als »ausbremsend«.

Richards Stimmung bleibt auch nach dem Einschub eher reserviert, aber die Unterbrechung hat geholfen, ihn energetisch etwas abzukühlen.

Leider führt die Unterbrechung auch dazu, dass der kreative Schub im Team deutlich nachlässt. Es kommen zwar noch wertige Beiträge der Teilnehmer, aber im Vergleich sind diese doch eher naheliegend und kaum überraschend. Lars gibt dem Team noch eine halbe Stunde, um die Personas zu erstellen, und bedankt sich danach für die tollen Ergebnisse.

Am Ende sind sieben Personas entstanden, die in Summe einen Pool von potenziellen Kunden ergeben. Die Namen und Berufsbezeichnungen werden kurz auf weitere Post-its geschrieben und an die passende Stelle des Business-Modells geklebt.

Christian und Johannes sind sehr zufrieden mit diesem Ergebnis. Sie sind nicht immer einer Meinung und gehen manchmal unterschiedliche Wege. Die Erstellung des Business-Modells hat ihnen sehr geholfen, sich zu synchronisieren. Das Gesamtbild von ScruMa ist jetzt sehr viel klarer und ergibt eine bereichsübergreifende Logik. Natürlich löst es nicht mit einem Schlag alle Probleme, speziell zwischen den Bereichen Marketing und Vertrieb, es führt aber zu mehr Verständnis füreinander.

Wäre einfaches Reden nicht vielleicht ausreichend?
Das hätten die Herren sicherlich auch ohne einen agilen Ansatz durch einfaches Reden miteinander herstellen können. Haben sie aber nicht, weil sie sowohl fachlich als auch menschlich nicht auf einer Wellenlänge lagen. Christian mochte ab dem ersten Tag ihres Zusammentreffens die – aus seiner Sicht – überhebliche Art von Johannes nicht und schätzte ihn als »Dampfplauderer« ein. Johannes hingegen empfand seinen Kollegen immer als Theoretiker, der von seiner Praxis im direkten Kundenkontakt keine Ahnung hatte. Ihm war es immer völlig egal gewesen, ob die Verkaufsmaterialien aufs i-Tüpfelchen Corporate-Design-konform waren, Hauptsache, sie erfüllten ihren Zweck.

Die letzte Eskalation zwischen den beiden Opponenten liegt jetzt drei Monate zurück. Christian fragte Johannes, ob er ihn nicht mal mit zum Kunden mitnehmen könne. Nicht um ihn zu kontrollieren, sondern um mehr Verständnis für die Kundenwünsche und den Ablauf eines Kundengespräches zu bekommen. Johannes hatte es damals wirsch abgewiesen. »Für was brauche ich dich dabei? Meine Kunden schätzen mich seit Jahren und würden sich nur unnötig wundern, wenn ich einen Fremden mitbringen würde!«, sagte er barsch und zog damit die Zugbrücke zu seinem Reich (dem Vertrieb) vor Christians Nase hoch.

Lars blickt auf das ausgefüllte Business-Modell und freut sich ehrlich über das Ergebnis. Alles Wesentliche auf einem Blick vor sich zu haben, hilft ihm, auch als Externem, mehr Verständnis für die Herausforderungen sei-

Die ersten vier Schritte zur agilen Transformation | **169**

nes Kunden in der Gegenwart und in der Zukunft zu haben. Er ist gespannt, wie es mit der ScruMa GmbH weitergeht.

Der Workshop befindet sich jetzt auf der Zielgeraden und es ist für jeden Teilnehmer die Zeit gekommen, ein Abschluss-Statement zu geben. Lars wartet dabei nicht auf freiwillige Wortmeldungen, sondern wirft einen Moderationsball zu Larissa.»Was hat sich für dich in den letzten anderthalb Tagen geändert? Oder hat sich nichts verändert?«, fragt Lars, nachdem Larissa den Ball gefangen hat.

Alle scheinen heute happy zu sein ...

Larissa hält kurz inne, um die richtigen Worte zu finden.»Verändert? Was sich für mich verändert hat, ist das Verständnis für die anderen Bereiche. Der Gesamtüberblick über unsere Themen und die verdichtete Sicht auf unser Geschäftsmodell löste einige Aha-Effekte bei mir aus. Mir ist jetzt auch völlig klar, was uns gefehlt hat. Die gemeinsame Ausrichtung auf konkrete Ziele und Aufgaben. Die Vision von ScruMa hatte ich immer verinnerlicht und mein Bestes getan, hier meinen Teil beizutragen. Ich denke, die anwesenden Kollegen hatten hier die gleiche Motivation wie ich. Ich denke aber auch, dass wir nicht die gleichen Etappenziele hatten und uns manchmal gegenseitig im Weg standen«, sagt sie mit ruhiger und selbstsicherer Stimme.

Der Ball wird von Kollege zu Kollege weitergeworfen. Dabei gibt jeder Fänger einen kurzen Kommentar zu Lars Fragestellung ab. Dabei fällt auf, dass all diese Kommentare dem Kommentar Larissas recht ähnlich sind. Es wird fast durchgängig betont, wie sehr die Tage geholfen haben, die Transparenz zu erhöhen und das gemeinsame Verständnis zu stärken.

Lars denkt sich insgeheim:»Würde das Feedback auch so ausfallen, wenn Richard als Erster den Ball gefangen hätte?« Das hat er aber nicht und das war vielleicht auch gut so. Zum Schluss der Runde bleiben Peter und Richard übrig. Wolfgang ist in der misslichen Lage, zu entscheiden, wem er das letzte Wort überlässt. Richard, der ehemaligen Nummer Eins, oder seinem Nachfolger Peter. Er wirft nach einer kurzen Überlegung Peter den Ball zu. Der betont in seinem Redebeitrag seine Überzeugung, dass er sehr stolz auf das Erreichte sei und er einen großen Veränderungswillen bei seinen Führungskräften wahrgenommen habe. Nicht anhand von Lippenbekenntnissen, vielmehr durch die Art und Weise, wie das Team interagiert habe: offen, wertschätzend, zielgerichtet.

Jetzt ist Richard an der Reihe und Lars bemerkt eine wachsende Anspannung im Team. Wird der ehemalige Kapitän das Erreichte ebenso positiv einordnen oder mit einem Handkantenschlag das Ruder wieder herumreißen?

Richard wirkt ungewohnt unsicher. Normalweise spricht er bei Teambesprechungen immer mit fester und glasklarer Stimme. Heute ist das anders. Seine Stimme ist leise, fast zaghaft, und er weicht mit seinen Augen den Blicken der neugierigen ScruMas aus.

Peters jugendliche Rucksacktour quer durch Europa

Lars Frage zu den Veränderungen der letzten Tage lässt er unbeantwortet. Vielmehr erzählt er eine kurze Anekdote aus Peters Kindheit. Dieser wollte als Siebzehnjähriger partout mit zwei Freunden eine Rucksackreise durch Europa machen. Bis dahin hatte er immer mit seinen Eltern gemeinsame Fünf-Sterne-Klub-Urlaube gemacht und Richard hatte diese Zeit mit ihm immer sehr genossen. Dass Peter auf diesen Luxus verzichten wollte, um mit Bus und Bahn von Zeltplatz zu Zeltplatz zu tingeln, konnte er einfach nicht nachvollziehen und verbot ihm diesen Trip.

Peter ließ aber nicht locker und setzte sich am Ende gegen seinen Vater durch. Nach vier Wochen kam Peter gesund aus seinem Urlaub zurück und hörte gar nicht mehr auf, von seinen Erlebnissen und Eindrücken dieser Reise zu erzählen. Richard hatte damals bemerkt, wie sein Sohn in diesen Wochen gereift war, und empfand großen Stolz.

Die ersten vier Schritte zur agilen Transformation | **171**

Peter war erwachsen geworden und hatte sich aus seiner behüteten Kindheit gelöst. »Und genau an diesem Punkt steht Peter heute wieder als Geschäftsführer. Ja, ich gebe zu, ich habe gewisse Trennungsschmerzen, und ja, ich habe Probleme mit dem Loslassen meiner alten ScruMa. Das ist aber mein persönliches Thema und soll euch nicht weiter belasten. Ich habe auch die Erwartung, dass Peter diese Veränderungen stoppt, wenn sie nicht dem Wohl der ScruMa und der Mitarbeiter dienen«, sagt Richard mit wachsender Bestimmtheit.

Lars nimmt den letzten Satz von Richard als versteckte Drohung wahr und ist in Alarmbereitschaft. Nicht, dass Richards Folgesatz das wachsende Pflänzchen der Veränderung zertritt.

»Ich bin mir aber sicher, dass ich in Peter den richtigen Nachfolger gefunden habe, dem der Erfolg der Firma genauso wichtig ist wie mir. Lasst uns hier in einem Jahr wiedertreffen und schauen, ob wir das, was wir uns vorgenommen haben, geschafft haben. Ich würde mich sehr darüber freuen, möchte aber auch zugeben, dass ich sehr skeptisch bin«, sagt Richard abschließend.

Lars stellt jetzt noch kurz den nächsten Schritt dar. Die ScruMas haben jetzt alle Vorbereitungen getroffen, um ein Sprint Planning durchzuführen. Er hat sich mit Christian vorher kurz abgestimmt und kündigt nun dieses Planungstreffen aller Projektmitglieder an. »Sobald euer agiler Meetingraum eingerichtet ist, möchte Christian die Themen in Form von konkreten Aufgaben für die vier Folgewochen gemeinsam mit euch definieren. Das ist in der Umsetzung vielleicht nicht ganz so einfach wie es sich jetzt anhört, aber ihr schafft das«, sagt Lars mit einer Überzeugungskraft, die jeden Zweifel in den Hintergrund rücken lässt.

Bei der Rückfahrt nach Hamburg ist es auffällig ruhig im Bus. Es scheint fast so, als ob jeder für sich noch einmal im Stillen über die Entwicklungen der letzten Tage und Wochen nachdenkt. Es ist aber auch viel ins Rollen gekommen, und wir werden sehen, ob diese Bewegung für die ScruMas bergauf oder bergab führt. Sie haben bereits die Talstation verlassen und die erste Etappe erreicht. Drücken wir die Daumen, dass auch die zweite Etappe erreicht wird und das Experiment Agilität erfolgreich verläuft und dabei schrittweise zur Normalität im Unternehmen wird.

Was hat das Team unternommen?

Einige Dinge haben sich in den letzten Wochen bei der ScruMa GmbH verändert und wurden von Lars mit Bedacht in das Unternehmen »hineinmassiert«. Die augenscheinlichsten Veränderungen wollen wir hier noch einmal hervorheben:

Kommunikationskultur – Vertrauen ist Trumpf!

Nutzung von E-Mail: mehr direkte Gespräche, weniger E-Mails. Früher wurden E-Mails auch oft deswegen geschrieben, um sich abzusichern. »Wer schreibt, der bleibt«, war oftmals das Motto. Das trat jetzt in den Hintergrund, das wachsende Vertrauen untereinander machte jedem Einzelnen mehr Mut, Dinge auch schnell und auf direktem Weg anzugehen.

Interner Newsletter: Die frühzeitige und offene Information über Veränderungen für alle Mitarbeiter nimmt dem Flurfunk die Kraft und harmonisiert die Informationslage im Unternehmen. Veränderungen können generell zu sehr starken Verunsicherungen führen. Die Kenntnis über den laufenden Transformationsprozess hat bei der ScruMa GmbH dazu geführt, dass beispielsweise die Einrichtung des agilen Meetingraumes niemanden überraschte, sondern – da miteinander intensiv vorbesprochen – dann auch positiv als sichtbares Zeichen der Veränderung wahrgenommen wurde.

Vorgehensmodell – nichts mehr fällt unter den Tisch!

Backlog als Themenpool: Eine zentrale Ideen- und Funktionalitätenliste (der Backlog) fungierte wie das Elefantengedächtnis der Organisation. Kein Thema und keine Idee ging mehr verloren, wurde nur immer wieder neu priorisiert, wenn das Thema zur Sprache kam.

Die ersten vier Schritte zur agilen Transformation | **173**

Business-Modell: Die gemeinsame Weiterentwicklung des Geschäftsmodells mit dem Business Model Canvas versetzte jedes Teammitglied in die Lage, am Erfolg auch tatsächlich mitzuwirken, denn jedem war klar, was die zentralen Stellschrauben für ein erfolgreiches und wundervolles Wirken waren.

Offsite Meeting: In Meetings an schönen Seminarorten außerhalb des Büros lernten sich alle sehr viel besser kennen. Das Team konnte füreinander regelrechte Bedienungsanleitungen schreiben und übte sich in immer wieder neuen Schleifen der gekonnten Selbstreflexion: kokett und polyglott statt reserviert und einsilbig!

2.6 Agility Check 1.0

»Man löst keine Probleme, indem man sie auf Eis legt.«
Winston Churchill (1874-1965), britischer Premierminister und talentierter Stratege

Der Agility Check ist ein Format, welches erlaubt, dass einzelne Teams in ihrer Agilität über externe Impulse und Reflexionsanregungen methodisch weiterkommen oder an vorhandenen Haltungen und Einstellungen arbeiten können. Auch für die ScruMa GmbH waren die Agility Checks wichtig, insbesondere um zu verhindern, zu lange im eigenen Saft zu schmoren!

Durchgeführt werden die Agility Checks von Maximilian, einem guten Kollegen von Lars, der aber in den Prozess nicht direkt involviert war und somit über etwas mehr Abstand und Objektivität verfügt als Lars. Dies ist gerade für den Agility Check sehr vorteilhaft. Maximilian, der sich gerne mit den Teams duzt und lieber Max genannt wird, versteht sich als moderner Unternehmensberater. Als agiler Coach und gelernter Trainer ist er gewohnt, geschickt mit Gruppen umzugehen. Zum anderen hat er auch einen Blick für den Einzelnen. Denn für die Zusammenarbeit im Team müssen nicht immer die Gruppenprozesse optimiert werden, manchmal ist es wirk-

174 | Die ersten vier Schritte zur agilen Transformation

samer, einem einzelnen Gruppenmitglied die richtigen Impulse zu geben. Die bewirken dann nicht nur bei dem Einzelnen etwas, sondern haben über das daraus hoffentlich resultierende Verhalten große Rückwirkungen auf das gesamte Team.

Der große Vorteil bei den Agility Checks ist eben die Vogelperspektive: Egal, was das Team zusammen mit dem Moderator Lars bereits geschafft hat, Max schaut einfach noch einmal und zwar mit allen Beteiligten auf die gesamte Situation, immer auf der Suche nach dem nächsten wichtigen Impuls, der die agile Transformation weiter nach vorne bringt.

Max macht also heute seinen Aufschlag: »Liebe Mitarbeiter der ScruMa GmbH, heute steht ihr an einer Art Wendepunkt, so wie bei der Achterbahn ganz oben: Entweder nehmt ihr jetzt richtig Fahrt auf oder …?« – »Ja, oder was?«, fragt Camilla ängstlich. »Oder«, sagt Max, »ihr brecht eure kleine Reise ab und es geht zurück in die Hölle von Dienstanweisungen, Siez-Kultur und harten Sanktionen, wenn einer auch nur einen kleinen Fehler macht. Organisationale Steinzeit halt …« Und Max spricht jedes der drei letzten Worte langsam und mit Bedacht aus, wie ein Steppenwolf, der darauf wartet, dass die Hyäne einen falschen Schritt macht. Und dann: ein breites Grinsen: »Haha, habe ich euch jetzt erschreckt? Ihr wisst doch, ist der agile Virus erst einmal ausgebrochen, dann lässt sich das alles gar nicht mehr so leicht rückgängig machen!« – »Gott sein Dank!«, entfährt es der ansonsten ganz und gar nicht so gottgläubigen Camilla.

Sailing Boat: Was bringt uns weiter? Was bremst uns aus?

»Aber bevor wir so richtig einsteigen, sollten wir erst mal schauen, was euch derzeit so bewegt«, sagt Max. »Ein gutes Tool ist das Sailing Boat!« – »Geht das auch auf Deutsch?«, nörgelt ein Kollege, der es einfach nicht mag, dass alles immer Englisch daherkommt. »Na ja, sagen wir einfach mal Segelboot, wa?«, fügt sich Max und schlägt eine neue Seite auf dem Flipchart auf: in der Mitte ein Boot, oben ein stolzes Segel, unten zwei schwere Ankerketten, die das Boot auf dem Grund halten. »Also, die Metapher ist ganz einfach«, betont Max, »alles, was euch ausbremst, schreibt ihr auf kleine Post-its. Das kommt dann nach unten zu den Ankerketten, und die positiven Aspekte, also das, was euch antreibt, was Spaß macht, was nach vorne weist, das kommt dann nach oben in das Segel!«

Das finale Bild ist, dass vieles positiv gesehen wurde, zum Beispiel die offenere Diskussionskultur oder die wachsende Aufbruchsstimmung. Es gibt jedoch auch einige Zettelchen in der Nähe der Ankerketten. So ist vielen im Team unklar, wer wann welche Entscheidungen trifft? Welche Rolle hat eigentlich in der neuen Struktur das Management? Welche Entscheidung wird von wem getroffen?

Delegation Poker

Ja, aber wer macht was? Welche Entscheidungen sollen getroffen werden? Gut, dass Max hier eine Idee hat: »Habt ihr eigentlich schon einmal Delegation Poker gespielt?«, fragt er daher die Gruppe. »Nö, kennen wir nicht«, ist die einhellige Antwort. »Nu jut, denn ma tau ...«, sagt er, holt einen Stift aus seiner Tasche und beginnt, am Flipchart die sieben Entscheidungsstufen des Tools Delegation Poker aufzumalen, eine wichtige Voraussetzung, um das Tool verstehen zu können. Was ist das eine Thema, auf das wir jetzt fokussieren?« fragt Max. »Die Empirie ist hier eindeutig: Euch beschäftigt zur Zeit vor allem das Thema Entscheidungstransparenz« fasst Max das Bild zusammen und schreibt dieses eine Wort dick mit einem Stift auf den langen Rumpf des Segelsegelschiffs. »Und das werden wir jetzt einfach mal angehen!« sagt Max mit einer professionell-optimistischen Grundierung in seiner Stimme.

Delegation Poker ist eine Methode, die sich bei der Einführung agiler Teams bewährt hat. Warum? Beim Übergang in die Selbstorganisation ist den Beteiligten oft nicht klar, wer eigentlich was entscheidet. Wie lässt sich nun verhindern, dass wichtige Entscheidungen nur verzögert oder am Ende gar nicht getroffen werden? Mit der Methode Delegation Poker wird dieses Problem im Sinne von: »It's not a problem, it's a feature!« positiv angegangen.

176 | Die ersten vier Schritte zur agilen Transformation

Der Grundgedanke ist die Visualisierung der Entscheidungsräume und ein spielerischer und trotzdem systematischer Umgang damit: Alle für das Team existierenden Entscheidungsfragen werden auf einem großen Poster gesammelt, dazu bekommt jeder sieben Karten, von denen jeweils eine ausgespielt wird:

Stufe 1: Verkünden

Das Vorgehen wird durch den Delegierenden bekannt gegeben. Die Entscheidung für die Lösung liegt ausschließlich beim Delegierenden.

Stufe 2: Argumentieren

Das Vorgehen wird durch den Delegierenden »verkauft«, einzelne Maßgaben werden im Detail erläutert und mit der Erfahrungswelt des Umsetzenden verknüpft. Die Entscheidung für die Lösung liegt nach wie vor beim Delegierenden.

Stufe 3: Konsultieren

Der Delegierende stellt eine Lösungsidee vor und fragt den Ausführenden nach Handlungsalternativen. Die Entscheidung für die Lösung liegt entweder beim Delegierenden oder beim Umsetzenden.

Stufe 4: Einigen

Delegierender und Ausführender einigen sich auf einen Lösungsweg. Die Entscheidung wird gleichmäßig von beiden Seiten herbeigeführt und getragen.

Stufe 5: Beraten

Der Delegierende stellt vor, was das Ziel ist. Der Ausführende entwickelt dann seinerseits Handlungsoptionen und wird in der Entscheidungsfindung vom Delegierenden beraten. Die Entscheidung trifft der Ausführende am Ende jedoch selbst.

Die ersten vier Schritte zur agilen Transformation | **177**

Stufe 6: Erkundigen

Der Delegierende stellt vor, was das Ziel ist. Die Umsetzenden entwickeln eine Handlungsoption und setzen diese um. Nach erfolgter Umsetzung fragt der Delegierende nach, wie die Entscheidung und die Umsetzung funktioniert haben, und gibt dem Umsetzenden ein Feedback. Die Entscheidung über die Lösung liegt beim Umsetzenden.

Stufe 7: Delegieren

Der Delegierende stellt vor, was das Ziel ist. Der Umsetzende entwickelt eine Handlungsoption und setzt diese um. Die Aufgabe wird durch den Delegierenden komplett abgegeben und es werden keine Kontrollpunkte vereinbart. Die Entscheidung über die Lösung liegt beim Umsetzenden. Weiteres zum Tool »Delegation Poker« findet sich bei Nowotny (2016: 307 ff.).

Eine Entscheidung dahingehend wie in einem konkreten Fall in Zukunft zu verfahren ist, kommt dann auf das Entscheidungsposter, wenn für sie von allen Beteiligten ein klares Votum ausgespielt wurde. Ist die Entscheidung hingegen nicht eindeutig, so wird hierüber zunächst diskutiert und dann geht es in die nächste Runde. Lässt sich kein Konsens erzielen, wird die Entscheidung zurückgestellt. Jeder hat Zeit, es sich durch den Kopf gehen zu lassen. Das nächste Mal wird erneut versucht, einen Konsens zu erzielen.

Klassischerweise wird Delegationspoker zwischen dem Vorgesetztem und jeweils einem einzelnen Mitarbeiter gespielt. In unserem Fall kommt hier die Teamvariante zum Einsatz. Die Parteien sind also zum einen die Geschäftsführung, zum anderen das erweiterte Führungsteam, bestehend vor allem aus den Bereichsleitern der ScruMa GmbH. Die Geschäftsleitung ist hier also der »Delegierende«, das Führungsteam in diesem Fall das agile »Umsetzungsteam«.

Entscheidungen	Stufe 1	Stufe 2	Stufe 3	Stufe 4	Stufe 5	Stufe 6	Stufe 7
Urlaubsplanung	☐						
Anschaffungen				☐			
Einstellungen			☐			☐	
			☐				
					☐		☐
					☐		☐

Zur Verdeutlichung hier eine beispielhafte Darstellung einer Entscheidungsmatrix. In diesem Fall wurde offenbar beschlossen, dass die Urlaubsplanung in Zukunft ohne weitere Konsultationen mit dem Team alleinig durch den Chef vorgenommen wird (Delegationsstufe 1). Zudem werden Anschaffungen in Zukunft durch das Team getätigt, die Führungsebene möchte hierüber lediglich informiert werden (Delegationsstufe 6). Bei Einstellungen entscheidet das Management, allerdings nur nachdem dieses sich mit dem Team abgestimmt hat (Delegationsstufe 3) und so weiter.

Oftmals wird bei Delegationspoker sichtbar, dass die Teams annehmen, ihre Aufgabe liege vor allem darin, Entscheidungen vorzubereiten (Delegationsstufe 3), jedoch nicht, diese am Ende des Tages eigenmächtig zu treffen und umzusetzen (Delegationsstufe 7). Das Management sieht die Teams hingegen oft sehr viel stärker in einer Führungsrolle, möchte jedoch gerne weiterhin informiert werden (Delegationsstufe 6).

Verkehrte Welt? Teams, die Anweisungen erwarten, und eine Management-Ebene, die autonomes Handeln einfordert? Ja, aber das ist nicht untypisch für agile Transformationsprozesse. Die hierarchischen Muster sitzen eben tief, mitunter sogar sehr tief, und können zum Beispiel mittels Delegation Poker Stück für Stück freigelegt werden. Deswegen macht es großen Sinn, das Delegation Poker immer wieder einzusetzen.

Es ähnelt ein bisschen einer archäologischen Ausgrabung: Alles an einem Tag bewerkstelligen zu wollen, birgt die Gefahr, Wichtiges zu übersehen. »In der Archäologie zeigt sich das Absurde der Geschichte. Die Archäologie stellt das durch die Geschichte Zerstörte wieder her«, sagte einmal der neuzeitliche Dichter Friedrich Dürrenmatt. Ganz ähnlich verhält es sich mit Delegation Poker: Tiefe, zum Teil archaische Bedürfnisstrukturen werden sichtbar und diskutierbar gemacht, immer auf der Suche nach der besten und praktikabelsten Lösung für die Zukunft.

Eine häufige Erkenntnis dieser Übung ist übrigens, dass es ein neues Rollenverständnis braucht. Wenn der autokratische Leader nicht mehr vorhanden ist, dann ändert sich die Rollenfunktion aller Beteiligten. Die Führungsrolle hängt nicht mehr zwingend an einer Person, sondern wird als Führungsfunktion betrachtet, die ganz unterschiedlichen Köpfen zufallen kann. Deswegen sind auch die Scrum-Rollen, die Sie im nächsten Kapitel kennenlernen, nicht nur für das Funktionieren von Scrum-Projekten wichtig. Sie sind gleichzeitig ein prägendes Element agiler selbstorganisierender Organisationen, wo der klassischen Führungskraft ganz neue Aufgaben zufallen.

3.
Das smarte Team-Lern-System Scrum

Achte auf deine Gedanken, denn sie sind der Anfang deiner Taten.

Chinesisches Sprichwort

In diesem Kapitel beschreiben wir den Prozess für Scrum-Projekte, so wie er für ein normales Unternehmen heute gut funktioniert. Der Fokus liegt dabei auf dem Grundverständnis und auf den zentralen Elementen, die Scrum ausmachen, zudem auf den psychologischen Aspekten, die dazu führen, dass Scrum heute für viele Fragestellungen die beste Lösung darstellt. Allerdings ist nicht überall, wo Scrum draufsteht, auch wirklich Scrum drin. Um zu verhindern, dass man sich immer wieder neu in Fachsimpelei verstrickt, was nun Teil von Scrum ist und was nicht, hilft es, einfach immer den Fokus auf den zentralen Elementen zu haben.

3.1 Go To Market: Das Hase-und-Igel-Spiel endlich gewinnen

»Auf dem Schnee von gestern können wir auch morgen noch skifahren ...«
Walter Ludin (*1945), Schweizer, katholischer Kapuzinerbruder und Journalist

»... aber nicht auf dem Schnee vom letzten Jahr!«, möchten wir zum Eingangszitat hinzufügen. Wer ist schneller: der Hase oder der Igel? Das fragt sich wohl Daimler gerade in Bezug auf den kürzlich von Tesla vorgestellten elektrischen Truck, den Semi-Truck. Das fragt sich der etablierte Sportwagenhersteller Porsche in Bezug auf den neuen Roadster von Tesla wahrscheinlich ebenfalls.

Schnelligkeit ist zu einer Überlebensfrage nicht nur in der globalen Wirtschaft geworden. Wenn ich heute schon den Markt testen und erste Erfahrungen und Erlöse generieren kann, warum sollte ich dann lange warten? Es ist eine typisch amerikanische Denkart, die in Kauf nimmt, auch einmal nicht perfekte Produkte auf den Markt zu bringen. Mit deutscher Ingenieurskunst und einem Streben nach stets ausgereiften Produkten lässt sich ein schneller Drang in den Markt nicht immer vereinbaren. Allerdings warten im internationalen Vergleich die wenigsten Unternehmen freiwillig so lange wie bei uns, bis ihre Innovationen Marktreife erlangen.

Eine sehr ernüchternde Erfahrung, die auch aus den Führungsetagen deutscher Großkonzerne bestätigt wird: »Ich habe nicht geglaubt, dass die Prozesse in deutschen Unternehmen so unglaublich langsam gehen«, äußert sich eine hochrangige Führungskraft in dem bemerkenswerten Dokumentarfilm *Einsame Spitze: Top-Manager am Limit*, der am 31. Oktober 2016 im NDR-Fernsehen ausgestrahlt wurde (NDR 2016).

Es geht alles so langsam hier!

Den Satz »Es geht alles so langsam hier!« haben wir einer Schauspielerin bei einem Business-Theater-Stück in den Mund gelegt, welches wir nutzten, um einem großen internationalen Konzern mit künstlerischen Mitteln charmant den Spiegel in Sachen Agilität vorzuhalten.

Warum geht alles so langsam hierzulande? Die überall anzutreffende Ungeduld scheint dem jedenfalls nichts entgegenzusetzen zu haben. Ja, jeder wartet auf jeden, sichert sich ab, prüft. Die nüchterne Konsequenz: Die Time to Market steigt rapide an, die Erfolgserlebnisse von Mitarbeitenden und Projektbeteiligten gehen rasant in den Keller.

Was ist der Ausweg? Sie kennen ihn bereits. »Stop starting, start finishing!«, lautet einer der bekanntesten Kanban-Sprüche. Und »Stop pushing, start pulling« möchten wir an dieser Stelle noch hinzufügen. Immer noch eins oben drauf führt dazu, dass eine Organisation auch schnell mal überdreht, daher ist Vorsicht geboten bei dem allgegenwärtigen Multitasking.

Manche Menschen sind wie Fische im Aquarium: Wenn es zu viel zu essen gibt, dann merken sie es nicht und essen munter weiter. Wir malen das Bild jetzt nicht weiter, wichtig ist, dass durch eine Begrenzung von Aufgaben häufig sehr viel mehr erreicht wird, als wenn es diese Begrenzung nicht gäbe. Scheinbar paradox, jedoch zutreffend und praktisch von einer sehr hohen Relevanz!

3.2 Die drei Dimensionen der Agilität: Wissen, Haltung und Verhalten

Die drei Dimensionen der Agilität lauten: (1) Wissen, (2) Haltung, (3) Verhalten. Wir haben das im Abschnitt *Was verändert die Denke von Menschen und Organisationen?* bereits dargestellt.

Wir arbeiten hier in diesem Buch vorwiegend mit Scrum, denn Scrum ist neben Design Thinking, Lean Start-up sowie IT-Kanban eines der differenziertesten Frameworks für Agilität, die uns derzeit zur Verfügung stehen (vgl. Nowotny 2016a).

Was gibt es also (1) an hilfreichem **Wissen** zu Scrum? (2) Welche **Haltungen** sind bei Scrum sinnvoll? Und (3) welches konkrete **Verhalten** macht bei Scrum Sinn?

Zudem werden wir uns mit den Fragen beschäftigen, die auftauchen (können), wenn sich Teams auf Scrum einlassen, und wir werden Ihnen sagen, wo Sie im Zweifel Informationen finden, die Auskunft darüber geben, was »richtig« ist.

Wissen über Scrum

Zusammengehalten wird Scrum durch den **Sprint**, ein feststehendes und für alle bindendes Zeitintervall von ein bis vier Wochen. Um sich erfolgreich in einem Sprint zu organisieren, ist es sinnvoll, sich bestimmter Artefakte (auf Deutsch »Hilfsmittel«) zu bedienen, um stets die Übersicht wahren zu können.

Das wichtigste Artefakt für ein Entwicklungsteam ist der **Sprint Backlog**, also eine Festlegung all der Aufgaben, die innerhalb des Sprints bearbeitet werden sollen.

Zudem ist eine Visualisierung der zu erledigenden Arbeit für das Team über ein **Kanban- beziehungsweise Scrum-Board** empfehlenswert. In diesem Punkt hat Scrum durchaus Ähnlichkeiten mit dem in der Industrie verbreiteten Lean und Shop Floor Management (Hurtz/Best 2014).

In Scrum gibt es zudem die folgenden drei Rollen:
1. Product Owner
2. Scrum Master
3. Entwicklungsteam

Grundsätzlich kümmert sich der Product Owner um das Product Backlog (also um das WAS), der Scrum Master um die Meetings und die Einhaltung der agilen Werte und Prinzipien (also um den PROZESS), und das Entwicklungsteam kümmert sich um die konkrete Bewältigung der Aufgaben (also um das WIE).

Im Wesentlichen besteht der Arbeitszyklus für ein Entwicklungsteam in Scrum aus den folgenden vier Ereignissen:

1. Sprint Planning: Notieren, was zu tun ist
2. Daily Stand-up: Hürden effektiv beiseite räumen
3. Sprint Review: Ergebnisse vorstellen und diskutieren
4. Retrospektive: Vergangenes reflektieren und konsequent handeln

Sinnvolle Haltungen bei Scrum

Auf die Haltung kommt es an, nicht nur bei klassischen Tänzen wie Tango, Walzer oder Latein! Wenn eine größere Organisation agil werden möchte, dann ist das nicht unähnlich einem großen dicken Elefanten, der zum Tanzen gebracht werden soll (vgl. Sander 2017). Mit welchen Haltungen sollte man da herangehen? Hier die vier wichtigsten Punkte:

1. Das Team fokussiert sich auf das Sprint-Ziel und versucht dieses gemeinschaftlich zu erreichen.
2. Hindernisse sind dazu da, beseitigt zu werden. Das ist eine zentrale Aufgabe und wichtige Haltung des Scrum Masters.
3. Die Sprintlänge sollte so gewählt werden, dass in den Reviews zum Ende des Sprints immer wieder Ergebnisse vorgestellt werden können.
4. Eine Entscheidung, die wir heute treffen, kann morgen falsch sein. Trotzdem treffen wir sie heute, sonst würden wir es nämlich nicht herausfinden.

Empfohlenes Verhalten für Scrum

Menschen verhalten sich zu einem Zeitpunkt anders als zu einem anderen Zeitpunkt, das heißt, sie agieren morgen vielleicht anders als heute, um ein korrektes Ziel zu erreichen, weil sich ihr Wissen und ihre Einstellungen verändert haben. Es sollte bei Scrum also immer in Ordnung sein, wenn jemand seine Meinung ändert und sein Verhalten anpasst.

Probleme sind dazu da, sie zu lösen: Jeder sollte daher immer wieder neu darüber nachdenken, wie die Probleme inhaltlich neu und vielleicht intelligenter angegangen werden könnten. Ewiges Theoretisieren bringt zumeist wenig. Sich committen, ausprobieren, liefern, und dann zusammen mit dem Kunden besprechen und Verbesserungsideen generieren, das ist der Verhaltenskanon von Scrum! Jeder agiert natürlich aus seiner Rolle heraus, sollte jedoch stets konstruktiv den Gestaltungsprozess unterstützen. Auch Konflikte sind dazu da, gelöst zu werden!

Fragen, die sich bei Scrum ergeben können

Darf Scrum abweichend vom Scrum Guide gelebt werden? Ja, Variationen sind jederzeit möglich, allerdings sollten Sie sich bewusst sein: Je mehr Kernelemente Sie weglassen, desto schlechter ist in der Regel das Ergebnis.

Welche Zertifizierungen gibt es? Derzeit gibt es weltweit zwei große Anbieter von Scrum-Zertifzierungen: Scrum.org sowie Scrum Alliance. Beide Zertifikate für Scrum Master und Product Owner sind von den Inhalten her vergleichbar, der Weg dahin ist jedoch ein anderer!

Wie funktioniert Scrum mit mehr als einem Team? Das betrifft das Thema »Agile-Skalierung«. Stichworte sind hier Scaled Professional Scrum, LeSS, SAFe und die Spotify Engineering Culture (vgl. Nowotny 2017a).

Nun also erst einmal zu dem, was Scrum zusammenhält: der Sprint mit seinen Elementen Sprint Planning, Daily Stand-up, Review und Retrospektive.

3.3 Der Sprint: Der zentrale Dreh- und Angelpunkt

»Wenn ich Hundefutter verkaufen will, muß ich erst einmal die Rolle des Hundes übernehmen; denn nur der Hund allein weiß ganz genau, was Hunde wollen.«

Ernest Dichter (1907–1991), amerikanischer Sozialforscher

Jeder Sprint ist eine neue Herausforderung, ein neues Ziel. Bei jedem Sprint versuchen wir zu gewinnen. Und: Jeder Sprint ist anders. Wüssten wir vorher, wie alles genau geht, bräuchten wir es nicht mehr zu tun und nur einer Maschine sagen, was Sache ist. Es liegt in der Natur eines Sprints, dass zwar inhaltlich klar ist, wohin die Reise geht, aber nicht, was genau auf dieser Reise passieren wird und was alles dazwischenkommen kann. Fokus ist es trotzdem, das Ziel zu erreichen, gesund und munter, versteht sich!

Der Nutzen eines Sprints

Das Denken und Arbeiten in der Sprint-Logik ist ein konstituierendes Merkmal von Scrum. Der große Vorteil von Sprints ist die absolute Klarheit in Bezug auf das Ergebnis: Am Ende eines Sprints gibt es immer ein Ergebnis. Letztlich gibt es drei Situationen, die hier eintreten können:

a) Der Sprint Backlog wird vollständig abgearbeitet und das Ergebnis entspricht dem, was sich der Product Owner beziehungsweise alle weiteren Stakeholder vorgestellt haben. Es gibt einen Erfolg. Das macht Mut und man kann kräftig feiern. Und das Team hat den Rücken frei, um im nächsten Sprint die nächsten Themen anzugehen.

b) Es wurde vieles oder alles umgesetzt, aber es gibt Änderungswünsche oder neue Ideen, was noch wünschenswert wäre. Es ist nun die Aufgabe des Product Owners, damit den Product Backlog ergänzend zu befüllen. Wenn er diese Themen entsprechend hoch priorisiert, ist es gut möglich, dass das Team diese dann im nächsten Sprint umsetzt.

c) Der Sprint Backlog konnte nicht oder aus Sicht der Auftraggeber nur unzureichend umgesetzt werden. Dann ist es die Aufgabe des Teams, in der sogenannten Retrospektive zu erforschen, woran dies wohl gelegen haben mag. Der Product Owner repriorisiert in der Zwischenzeit die Aufgaben und es wird dann zum Start des nächsten Sprints ein vom Umfang her passender Sprint Backlog durch das Team festgelegt.

Hilfreiches Wissen zum Sprint

Der Sprint ist eine Time-Box, die sich nicht verändert. In Scrum haben Sprints eine zeitliche Erstreckung von einer Woche bis zu einem Monat. Das gibt Sicherheit und es gibt Struktur! Alles verändert sich, nur die Sprint-Zyklen nicht.

Multiple iterations almost always beat a single-minded commitment to building your first idea.

Peter Skillman, Director of Design bei Skype

Sinnvolle Haltungen während des Sprints

Die Sprintlänge sollte sich danach richten, wie lange es vertretbar ist, unter Umständen in die falsche Richtung zu laufen. Unabhängig vom Ausgang des Sprints ist Scrum so angelegt, dass das Team und alle Beteiligten immer mehr lernen: was die Kunden glücklich macht, wie die Anforderungen formuliert werden müssen, damit sie verständlich sind, welche Verhaltensweisen und welche fachlichen Ansätze zu Erfolg oder Misserfolg führen.

Empfohlenes Verhalten bei der Arbeit im Sprint

Jeder Sprint ist anders, trotzdem folgt er stets einer gewissen Abfolge von charakteristischen Ereignissen, die vom Scrum Master orchestriert werden. Für die unterschiedlichen Formate, wie zum Beispiel die Sprint Planning Meetings, die Dailys, die Sprint Reviews oder den Retrospektiven, gibt es jeweils festgelegte maximale Zeitdauern, die nicht überschritten werden sollten. In der Kommunikation sind die agilen Werte, insbesondere Fokussierung, Commitment und Respekt, zu leben.

Fragen, die bei einem Sprint auftauchen können

Darf ein Sprint vorzeitig beendet werden? Was passiert bei Sprintmüdigkeit? In der Regel laufen die Sprints immer weiter, es sei denn, eine fundamental veränderte Unternehmensstrategie lässt das inhaltliche Weiterwerkeln unsinnig erscheinen oder Ähnliches. Sprintmüdigkeit kann es zwar geben, aber diese sollte – ähnlich wie der Muskelkater beim Sport – überwunden werden.

Gibt es einen Sprint 0, also einen vorbereitenden Sprint vor dem eigentlichen Beginn der regelmäßigen Sprint-Zyklen? In der Scrum-Logik ist das Unsinn, da alle Beteiligten am meisten lernen, wenn der Sprint ganz real gestartet und beendet wird. Mit der Selbstverpflichtung, in jedem Fall pro Sprint etwas zu liefern, wird der Scrum-Lernprozess eingeleitet, und der ist für alle so effektiv, wie es eine Vorbereitungsphase niemals sein könnte. Also: Kein Trockenschwimmen mit »Sprint 0«, lieber gleich ins Wasser springen und dann die Technik verfeinern. Das ist effizienter!

3.4 Sprint Backlog: Die Challenge definieren

»Was du auch tust, etwas anderes ist immer dringender.«

Büroweisheit

Im Product Backlog findet sich so ziemlich alles, was sich das Team einmal vorgenommen hat. Alles, was irgendwann einmal Sinn macht, wird hier abgelegt. Im unteren, eher ungeordneten Bereich gleicht es ein bisschen einer gedanklichen Rumpelkammer, im oberen Bereich eher dem Abend-menü eines Sterne-Restaurants: klar strukturiert und zu appetitlichen Portiönchen geformt. Der Sprint Backlog ist eine Auswahl aus dem hoch priorisierten oberen Bereich.

Der Nutzen eines Sprint Backlogs

Alles ist transparent aufgeschrieben und nichts, was sich das Team für den Sprint vorgenommen hat, geht verloren. Das Sprint Backlog umfasst nur diejenigen Aufgaben, von denen das Team überzeugt ist, dass sie im lau-fenden Sprint leistbar sind.

Hilfreiches Wissen zum Sprint Backlog

Eine Liste hat eine bezwingende Eigenschaft: Etwas steht immer an ers-ter Stelle. Das macht man sich hier zunutze, und deswegen sind Backlogs immer als Liste zu führen. Was oben ist, ist wichtiger als das, was unten steht. Das gilt natürlich nicht nur für den Sprint Backlog, sondern eben-falls für den eingangs erwähnten Product Backlog. Der Product Backlog selbst wird vom Product Owner gepflegt. Er steht mit allen im Dialog und sollte auch von allen Seiten akzeptiert sein. Die jeweiligen Priorisierungs-entscheidungen trifft er – beispielsweise aufgrund einer Kosten- und Nut-zenabwägung für die Organisation – ganz alleine.

192 | Das smarte Team-Lern-System Scrum

Sinnvolle Haltungen im Umgang mit dem Sprint Backlog

Grundsätzlich ist der Inhalt des Sprint Backlogs während eines Sprints nicht veränderbar. Das gilt jedoch nicht, wenn das Team schon vorher fertig wird. In diesem Fall kann es sich noch weitere Aufgaben hinzuholen, sollte das vorher jedoch mit dem Product Owner absprechen.

Empfohlenes Verhalten bei der Arbeit mit dem Sprint Backlog

Man sollte die Aufgaben zusammen anpacken, die auch zusammen einen Kundenwert ergeben, und mit klarem Fokus die großen Aufgabenblöcke nach und nach gemeinsam abarbeiten. Zur Übersicht kann ein Sprint Burndown Chart hilfreich sein, also eine Visualisierung, was wie schnell abgearbeitet wurde und wie viel bis zum Sprintende noch geleistet werden muss.

Fragen, die in Zusammenhang mit dem Sprint Backlog auftauchen können

Wer bearbeitet den Sprint Backlog? Das macht immer das Entwicklungsteam selbst. Es ist weder die Aufgabe des Product Owners noch des Scrum Masters, dies zu pflegen.

Welche Software eignet sich hierfür? Es gibt viele Software-Programme. In der Agile Community sind Jira und Trello recht beliebt. Minimal braucht man jedoch keine spezielle Software, eine simple Excel-Liste tut es auch.

Sollte der Sprint Backlog für alle einsehbar sein? Ja, er muss es sogar sein. Noch besser: Alle Aufgaben eines Sprints werden über ein Scrum- beziehungsweise Task-Board für alle sichtbar visualisiert (siehe unten).

3.5 Scrum Board: Arbeit mit Kanban visualisieren

»Die beste Möglichkeit, Träume zu verwirklichen, ist aufzuwachen.«

Lebensweisheit

Der Nutzen des Scrum- beziehungsweise Kanban Boards

Was leistet ein Scrum- beziehungsweise Kanban Board? Alles ist darauf ausgerichtet, die Arbeit für alle Beteiligten sichtbar zu machen. Und durchaus im Wortsinne auch »begreifbar« zu machen! Aber warum sollte sich die ScruMa GmbH mit solch einem japanischen Zeugs beschäftigen?

Kanban hat viele Vorteile, hier die Punkte, die den Projektleiter Christian sofort positiv angesprochen haben:

- ständige Verbesserungen in allen Bereichen eines Unternehmens: Das wollte er doch genau bekommen!
- jede Verschwendung von Material, Zeit und Geld vermeiden
- alle nachgelagerten Prozessschritte als Kunden betrachten und daraufhin die Leistungen verbessern
- Verbesserungen sind immer möglich, es gibt kein Ende
- ständige Verbesserungen erfolgen in kleinen Schritten
- keine Beschränkungen in Bezug auf den Anwendungsbereich; Produkte, Services, Prozesse, Tätigkeiten, Technik, Arbeitsplatz – alles kann verbessert werden
- unterschiedliche Methoden und Werkzeuge werden eingesetzt, entscheidend ist die Wirkung, nicht die Vorgehensweise
- Arbeitsplätze, Arbeitsbereiche und die Situation werden »vor Ort« betrachtet, die Dinge werden live angeschaut und analysiert
- mit ständigen Verbesserungen werden immer höhere Standards gesetzt und zur Regel gemacht

Hilfreiches Wissen zum Scrum- beziehungsweise Kanban Board

Das Wort »Kanban« kommt aus dem Japanischen und bedeutet Signalkarte. Das Team trifft sich im Daily Kanban Meeting und aktualisiert den Fortschritt am Kanban Board. Erfolgreich ist ein Team dann, wenn der Durchsatz steigt. Der Durchsatz ist definiert als die durchschnittliche Anzahl an Aufgaben, die das Kanban-System innerhalb eines definierten Zeitintervalls verlassen. Eine für die Optimierung eines Kanban Boards geeignete Metrik ist zum Beispiel die Lead Time, welche den Zeitraum einer Karte von der Input Queue bis zur Output Queue misst.

Die Warteschlangen-Theorie sagt, dass die Geschwindigkeit von Netzwerken drastisch abnimmt, sobald die Auslastung über 80 Prozent ansteigt. Also ist es auf den zweiten Blick naheliegend, die Zahl der gleichzeitig bearbeiteten Aufgaben zu begrenzen. Ein sehr wirksames Mittel hierfür ist das sogenannte WiP-Limit. WiP ist die Abkürzung für »Work in Progress« und bezeichnet damit die Anzahl an Aufgaben, die bereits begonnen, jedoch noch nicht abgeschlossen sind. Das WiP-Limit begrenzt diese beispielsweise auf eine Aufgabe pro Person oder pro Team.

Mithilfe von zusammenhängenden Nutzer-Storys wird idealerweise ein maximaler Kundenwert generiert, was in einer Kanban-Logik kontinuierlich ausgeliefert wird. Bei Kanban wird nicht der oder die Mitarbeitende gemanaged, sondern vielmehr die Arbeit: »Don't manage the worker, manage the work«, heißt es auch im Englischen sehr eingängig. Das übergreifende Motto von Kanban lautet: »Stop starting, start finishing«. Auch bei Kanban ist es hilfreich, dass das Team regelmäßig eine Retrospektive durchführt, um Verbesserungen zu identifizieren und die Arbeit im Sinne einer evolutionären Veränderung noch besser zu organisieren.

Sinnvolle Haltungen bei der Arbeit mit dem Scrum-/Kanban Board
Die folgenden vier Kanban-Prinzipien entsprechen den Grundhaltungen bei
Kanban:

1. Starte mit dem, was du jetzt machst:
Keine langen Vorbereitungen, sondern den Ist-Prozess einfach von links
(unfertig) bis rechts (fertig) in einer Spaltenlogik abbilden und dann den
Status aller kommenden und aktuellen Aufgaben mit einem Kärtchen mar-
kieren. Dann werden die Kärtchen mit den Aufgaben beschrieben und in
die entsprechenden Spalten geschoben.

2. Verfolge inkrementelle, evolutionäre Verbesserungen:
Alles, was für ein (einfaches) Kanban Board benötigt wird, ist ein quergeleg-
tes Flipchart-Papier. Auf diesem wird die eine oder andere Spalte (zum Beispiel mit den Überschriften »Thema«, »Aufgabe«, »Bearbeitung«, »Erledigt«)
angelegt. Die Prozesse werden dann nach und nach verbessert, das Board
wird angepasst und um entsprechende Regeln oder Klarstellungen ergänzt.

3. Respektiere initiale Prozesse, Rollen, Verantwortlichkeiten und Job-Titel:
Das Team fokussiert sich darauf, einen möglichst großen, schnellen und
dabei gleichzeitig qualitätsgesicherten Durchsatz an Aufgaben zu erzeugen. Jeder trägt aus seiner spezifischen Perspektive hierzu bei. Trotz der
Möglichkeit von unterschiedlichen formalen Zuständigkeiten hilft Kanban,
dass nichts Wichtiges mehr »durch den Rost« fällt.

4. Sorge für Leadership auf allen Ebenen:
Alle sind aufgerufen, sich um die Optimierung der Prozessthemen zu kümmern, und Wichtiges aufzugreifen und zu thematisieren. Die WiP-Limits
sind besonders bei den Spalten »Bearbeitung« und auch durchaus auch bei
»Aufgaben« sinnvoll, um auf diese Weise eine Überlastung bei allen Beteiligten zu vermeiden. Jeder darf – und soll – hier »in Führung gehen«, um
die Aufgaben maximal wertsteigernd für das Unternehmen zu bearbeiten
und um die zugrunde liegenden Prozesse im Unternehmen zu verbessern!

Empfohlene Verhaltensweisen für die Arbeit mit dem Scrum-/Kanban Board

Hier sind vor allem die folgenden sogenannten Kanban-Praktiken zu nennen:

1. Mache die Arbeit sichtbar.
2. Limitiere den WiP.
3. Manage den Flow.
4. Mache die Prozessregeln explizit.
5. Implementiere Feedback-Schleifen.
6. Führe gemeinschaftlich Veränderungen durch.

Diese sollten durch die folgenden spezifischen Kanban-Werte untermauert werden: Vereinbarung, Respekt, Balance, Flow, Kooperation, Führung, Kundenfokus, Transparenz und Verständnis.

Fragen, die beim Scrum- beziehungsweise Kanban Board auftauchen können

Wann macht ein physikalisches Board Sinn? Eigentlich fast immer, die meisten Menschen können Dinge besser begreifen, wenn diese visualisiert werden.

Was sind Kanban-Metriken? Zum Beispiel Durchsatz, Termintreue, Anzahl blockierter Tickets, Anzahl der im Test gefundenen Fehler, Anzahl der vom Kunden gefundenen Fehler oder Aufwand zur Fehlerbeseitigung.

Jetzt kennen Sie die beiden großen agilen Methodenwelten Scrum und Kanban. Was sind die Gemeinsamkeiten?

- Beide verwenden einen »Pull«-Prozess (bei Scrum über das Commitment und bei Kanban über den Workflow).
- Beide begrenzen den WIP (bei Scrum pro Sprint und bei Kanban zu jedem Zeitpunkt pro Spalte).

Das smarte Team-Lern-System Scrum | **197**

- Beide setzen auf Transparenz, um Prozessverbesserungen anzustoßen.
- Beiden geht es zentral darum, release-fähige Produkte frühzeitig und kundenbegeisternd zu produzieren.
- Beide sind in selbstorganisierenden Teams verankert.
- Beide erfordern, dass die Arbeit in Teile zerlegt wird.
- Bei beiden wird der Release-Plan auf der Basis empirischer Daten fortwährend angepasst (»Velocity« oder »Lead time«).

In der gelebten Realität gibt es Teams, die sehr gut mit Kanban und Dailys arbeiten, und es gibt auch Scrum-Teams, die Kanban in Form des Scrum-Boards zur Visualisierung des Scrum-Prozesses nutzen. Beides ergänzt sich, wobei Scrum weitergehender ist als Kanban und zum Teil auch noch höhere methodische Herausforderungen bietet. Das ist ein Grund, warum Scrum mit dem Scrum Master und dem Product Owner zwei zusätzliche Rollen kreiert hat.

Nun zu den vier Ereignissen (beziehungsweise Meetingformaten oder Ritualen, wie diese auch zuweilen genannt werden):

1. Die Planungsdimension: das gemeinsame »Sprint Planning«
2. Der Austausch im Team: das tägliche »Daily Stand-up«
3. Der Sprint Review: Auge in Auge mit dem Auftraggeber
4. Die Retrospektive: Sherlock-Holmes als Gruppentask

1. Sprint Planning: Gemeinsam klären, was geht

Creativity is thinking up new things. Innovation is doing new things.
Theodore Levitt (1925–2006), deutschamerikanischer
Wirtschaftswissenschaftler und Professor an der Harvard Business School

Mit den agilen Teams befinden wir uns im Zeitalter der »Endheroisierung«. Nicht mehr der Einzelne mit schier übermenschlichen Kräften rettet die Situation, nein vielmehr ist es das Team selbst, welches im Sprint Planning

*Prioritäten setzen heißt auswählen,
was liegenbleiben soll.*

Helmut Nahr (*1931), deutscher Mathematiker
und Wirtschaftswissenschaftler

sehr realistische Annahmen darüber macht, wie komplex die zu erwartenden Aufgabenpakete sein werden. Als methodisches Mittel der Wahl hat sich hier das sogenannte Planungspoker durchgesetzt. Die schnelle Variante für erfahrene Scrum-Hasen nennt sich übrigens »Magic Estimation«, wir wollen diese Methode hier jedoch nicht vertiefen.

Der Nutzen von Planungspoker besteht darin, dass jedes der Teammitglieder sich sehr konkrete Gedanken macht, auf welchem Komplexitätsgrad eine Aufgabe angesiedelt ist: Geht es ein Stockwerk nach oben in das dortige Besprechungszimmer? Ist es ein Tagesausflug in den nächsten Park? Oder ist es ein mehrtägiges Outdoor-Event? Diese drei Planungsaufgaben unterscheiden sich sehr klar in ihrer Komplexität, wenngleich wir noch nicht wissen, wie lange die Tätigkeiten jeweils brauchen. Das hängt ja auch stark von der Vorerfahrung jedes Einzelnen, aber auch von vielen anderen Faktoren ab. Aber zu sagen, Ersteres hat vielleicht die Größe »S« (wie »small«, also klein), das Zweite möglicherweise die Größe »M« (wie »medium-sized«, also mittelgroß) und das Dritte die Größe »L« (wie »large«, also groß), ist durchaus möglich und auch sinnvoll! Genau das passiert dann in einem konsensorientierten Teamprozess mit dem Tool »Planungspoker« beziehungsweise »Magic Estimation«.

Hilfreiches Wissen zum Tool »Planungspoker«

Beim Planungspoker werden unterschiedliche Skalierungen eingesetzt. Neben den bereits angesprochenen T-Shirt-Größen ist das insbesondere die von Mike Cohn abgewandelte Fibonacci-Reihe. Wer war Fibonacci?

Ein kleiner Exkurs soll das erhellen. Leonardo di Pisa, auch Fibonacci genannt, war ein Rechenmeister in Pisa und gilt als einer der bedeutendsten Mathematiker des Mittelalters. Die Fibonacci-Zahlen sind eine Zahlenfolge, die mit 0 und 1 anfängt; von da an ist jede folgende Fibonacci-Zahl gleich der Summe der beiden vorhergehenden Fibonacci-Zahlen, also:

0, 1, 1, 2, 3, 5, 8, 13, 21, 34, 55, 89, 144, 233 ...

Mike Cohn hat das Grundprinzip übernommen, die Zahlen jedoch etwas geglättet, sodass in den meisten Planungspoker-Sets die folgenden Schätzzahlen zu finden sind:

0, 1, 2, 3, 5, 8, 13, 20, 40, 100

Hinzu kommt zumeist noch ein Fragezeichen, das Zeichen für unendlich sowie das Bild einer Kaffeetasse als Zeichen für eine notwendige Kaffeepause, um das Pokern zu unterbrechen.

Die Beantwortung der Frage, welche Aufgaben in den nächsten Sprint gezogen werden, ist die Aufgabe des Entwicklungsteams. Der Scrum Master sorgt dafür, dass alle agilen Meetings regelmäßig stattfinden und dass die Spielregeln eingehalten werden. Der Product Owner wird zu Rate gezogen, wenn bestimmte Inhalte aus dem Product Backlog erklärungsbedürftig sind und die Priorisierung nicht klar ist.

Sinnvolle Haltungen beim Planungspokern

Grundsätzlich geht es zwar schon um Genauigkeit, aber nicht um Präzision: Deswegen handelt es sich bei den Einheiten ganz bewusst um eine relative und nicht um eine absolute Größe. Jeder, der eine abweichende Einschätzung formuliert, leistet einen wertvollen Beitrag, denn vielleicht hat er Facetten an der Aufgabe entdeckt, die andere bislang noch nicht bemerkt haben. Die Realität kann so von dem Team besser eingeordnet werden.

Empfohlenes Verhalten beim Planungspoker-Spiel

Man sollte sich angewöhnen, nicht über Aufwände, sondern über die Komplexität zu sprechen. Warum? Erstens: Der Aufwand ist immer an eine oder mehrere Personen gebunden, die Komplexität ist ein inhärentes Merkmal der Aufgabe selbst. Zweitens: Bei Aufwandschätzungen gehen die Befragten in der Regel auf Nummer sicher und packen ein Sicherheitspolster hinein. Der Fokus auf die Komplexität reizt eher dazu, die Dinge sportlich und im Team anzugehen.

Fragen, die beim Planungspoker auftauchen können

Was ist eigentlich eine »Estimate«? Eine Estimate ist generell eine Schätzung. Planungspoker hingegen ist ein konkretes Schätzverfahren. Die Begriffe sind also verwandt, aber nicht deckungsgleich!

Welche Kartensets eignen sich am besten? Hierzu kann man sagen: Das ist Geschmacksache! Wer in den großen Online-Portalen nach Planungspoker-Karten sucht, der wird schnell fündig!

2. Das Daily: Tägliche Magie im Team

»Einfachheit ist die höchste Form der Raffinesse.«

Leonardo da Vinci, italienischer Maler Bildhauer und Architekt

Das Daily ist das Tool Nummer eins für eine erfolgreiche Teamsynchronisation. Die Zahl an Ausreden, warum es für deutschsprachige Unternehmen unmöglich sei, dieses Format zu nutzen, geht gegen unendlich. »Das Instrument fühlt sich für mich irgendwie ungewöhnlich an!«, war dabei noch eines der ehrlichsten Argumente. Dabei geht es ja schlicht und ergreifend nur darum, sich auf eine sehr effiziente Weise täglich wechselseitig im Team »upzudaten«. Das Ziel ist dabei, dies zu einem von allen kontinuierlich betriebenen Ritual werden zu lassen.

»Gewohnheiten sind die Fingerabdrücke des Charakters«, formulierte einmal der österreichische Schriftsteller Alfred Polgar. Wir würden das etwas umformulieren: Das Daily ist der Fingerabdruck der in der Organisation gelebten Agilität!

Das Daily ist ein äußerst effektives Meeting-Format, das maximal fünfzehn Minuten dauert, im Stehen abgehalten wird und bei dem jeder der Anwesenden drei im Grunde simple Fragen beantwortet:

1. Was habe ich in den letzten vierundzwanzig Stunden getan?
2. Was werde ich in den nächsten vierundzwanzig Stunden tun?
3. Wo hänge ich fest beziehungsweise wo komme ich nicht weiter?

Der Nutzen eines Dailys

Der große Nutzen eines Daily Stand-ups besteht darin, dass sich alle zeitgleich auf denselben Stand bringen und aus einer Menge von einzelnen Aufgaben eine ganzheitliche Intention entsteht, die priorisierten Themen schnell umzusetzen.

Hilfreiches Wissen zum Daily

Es können bis zu einem Dutzend Mitarbeiter teilnehmen und es gibt die Vorgabe – im Sinne einer Time Box –, dass jedes Daily nicht länger als fünfzehn Minuten dauern darf. Ob am Ende noch organisatorische Themen besprochen werden, ist ein Stück weit Geschmackssache. Wir empfehlen jedoch, das Daily möglichst kurz zu halten und zum Beispiel durch Blicke und Gesten wechselseitige Verabredungen zu treffen, um bestimmte Teilaspekte dann gleich im Anschluss miteinander unter vier Augen besprechen zu können. Es macht auch Sinn, das Daily direkt vor dem Kanban- beziehungsweise Scrum-Board durchzuführen. Das unterstützt jeden Einzelnen dabei, die drei Perspektiven – Was habe ich getan? Was werde ich tun? Wo sind meine aktuellen Herausforderungen? – leichter und schneller auf den Punkt zu bringen.

Sinnvolle Haltungen im Daily

Gerade am Anfang geht das Daily Stand-up oft nicht so klar von der Hand oder von der Zunge, wie es wünschenswert wäre. Wir empfehlen hier einfach Geduld, Geduld und nochmals Geduld. Mit der Zeit spielt sich dieses Ritual ein und auch größere Gruppen schaffen es dann in dem fünfzehnminütigen Zeitrahmen!

Verständnisfragen sollten jederzeit kurz gestellt und ebenfalls kurz beantwortet werden. Diskussionen im engeren Sinn haben allerdings im Daily nichts zu suchen. Dafür gibt es andere Formate, die dann in der Lage sind, die Wogen zu glätten, etwa wenn Konflikte zwischen einzelnen Personen im Daily fühlbar sind oder wenn unterschwellige Töne in einem Daily auftauchen und die Stimmung belasten. Dann sollte dies jedoch sehr bald an anderer Stelle diskutiert werden. Es ist die Aufgabe des Moderators beziehungsweise des Scrum Masters, solche Eindrücke wahrzunehmen und in geeigneter Form aufzugreifen. Erfahrenere Teams sind in der Lage, eine solche Klärung dann auch eigenständig – etwa in einer Retrospektive – zu erreichen.

Empfohlenes Verhalten für ein Daily

Bringen Sie Ihre Themen auf den Punkt. Es ist auch sinnvoll, sich eine kleine Notiz zu schreiben, wenn man es nicht gewohnt ist, vor Gruppen zu sprechen. Das hat auch den großen Vorteil, dass man sich selbst strukturiert. Alles, was ich nicht verstehen kann, sollte ich als Teilnehmender sofort ansprechen, sodass tatsächlich jeder das Gesagte des anderen nachvollziehen kann. Das Daily ist keine Applaus-Veranstaltung, sondern eine ernsthafte Zurkenntnisnahme dessen, was gerade bei den anderen ansteht, und unter Umständen auch dessen, was gerade emotional vorliegt. Nur wenn klar ist, dass persönliche Angriffe, unterschwellige Bemerkungen, das Beleidigte-Leberwurst-Syndrom und andere unprofessionelle Verhaltensweisen im Daily nichts zu suchen haben, dann hat dieses Format eine Chance, wirklich zu funktionieren.

Fragen, die beim Daily auftauchen können

Wo steht, was der richtige Ablauf ist? Es gibt die einfache und simple Struktur, dass jede Person nacheinander die genannten drei Fragen beantwortet. Die Aufgabe der anderen ist es, zuzuhören und die Person ausreden zu lassen sowie bei inhaltlichen Punkten, die unverständlich sind, kurz nachzufragen.

Wer sollte ein Daily moderieren? Es ist gut, wenn ein Moderator beziehungsweise der Scrum Master in der Lage ist, darauf zu achten, dass die Grundregeln eingehalten werden. Da es sich aber nicht um eine Diskussionsveranstaltung handelt, ist eine Moderation im engeren Sinne nicht erforderlich. Erfahrene Teams sollten in der Lage sein, das Daily auch eigenständig abzuhalten.

Was ist zu tun, wenn es Teammitglieder an anderen Standorten gibt? Die Verbindung zu anderen Teammitgliedern auf einer täglichen Basis ist inhaltlich sowie emotional und motivational extrem wichtig. Wir empfehlen daher, in solchen Situationen Daily Stand-ups immer mit Video-Unterstützung einzuführen. Idealerweise gibt es zwei Webcams, verbunden mit entsprechenden Monitoren. Auf der einen wird das Team im jeweils anderen Raum abgebildet, auf der anderen sind die Bewegungen auf dem Kanban-Board beziehungsweise dem Scrum-Board zu sehen. Zudem sollte immer auch ein offener Audio-Kanal bestehen. Auf diese Art und Weise kommen auch die nonverbalen Informationen, die gesprochenen Worte und auch alle Zwischentöne ungefiltert und damit authentisch auf der anderen Seite an. Nur auf dieser medialen Basis entfaltet auch ein »Remote Daily« seine ganze Kraft!

3. Sprint Review: Jetzt wird geliefert!

»Das Stolpern lernt der Mensch von Fall zu Fall.«

Lebensweisheit

Ausgerechnet Grundschulkinder schneiden bei der sogenannten Marshmallow Challenge am besten ab, am schlechtesten CEOs und MBAs. Die sogenannte Marshmallow Challenge ist eine kurios-grandiose Turmbauübung mit ungewöhnlichen Materialien (unter anderem Spaghettis und Marshmallows), also mit Turmbau-Materialien, deren konkrete Eigenschaften sich vorab in dieser Hinsicht noch nie jemand genauer angeschaut hat, und es ist eine agile Teamübung, die wir immer wieder mit großem Erfolg in Workshops und Seminaren durchführen. Die Erkenntnis: Die Gruppen, die frühzeitig liefern und sich so mit der Realität konfrontieren und daraus lernen, sind klar im Vorteil! Warum? Gruppen, die in dieser Übung vor allem große Theoriegebäude ausbauen und dann ganz am Ende der Zeit erst ihren ersten Turm bauen, werden in aller Regel abgestraft: der Turm verhält sich doch anders als erwartet und fällt einfach um!

Eine gute Theorie ist sicher hilfreich, aber was nützt es Ihnen, wenn zum Beispiel das Navigationssystem auf Ihrem Handy zwar in eine Richtung weist, Sie jedoch nicht wissen, wie herum Sie das Gerät zu halten haben? Man kann versuchen, diese Frage dann theoretisch zu lösen, aber das dauert und manchmal klappt es auch nicht! Die beste Empfehlung ist hier immer noch: einfach ein paar Schritte loslaufen und dann schauen, ob die Richtung stimmt. Alles andere führt nicht selten in die Irre.

Der Nutzen des Sprint Reviews

Der Arzt, Psychiater und Begründer der Existenz-Analyse Viktor Frankl formulierte es einmal so: »Das Ich wird Ich erst am Du.« Was meint das? Weiterentwicklung findet dort statt, wo es eine kontinuierliche Beziehung mit klaren Feedbacks gibt. Dieser Prozess wird im Review angestoßen: Der Product Owner und alle interessierten Stakeholder sind hierzu eingeladen. Die im Sprint erarbeiteten Ergebnisse werden vom Team vorgestellt, um konstruktives Feedback (Lob, Kritik, Verbesserungsvorschläge und Meinungen) zu erhalten.

Im Review geht es nicht nur um eine »Abnahme«. Es ist vielmehr ein Ziel in Form eines sozialen Ereignisses, auf das ein Team hinarbeitet, das es motiviert und zur Höchstleistung anspornt. Wir tun in der Regel Dinge nicht deshalb, weil das in irgendeinem System vermerkt ist, sondern um ganz reale Menschen glücklich zu machen. Im Review sind es die internen und externen Kunden, welche die Arbeit wertschätzen und dem Team neue Impulse geben können. Und das nicht ganz am Ende, sondern je nach Sprintlänge alle ein, zwei oder vier Wochen!

Hilfreiches Wissen zum Sprint Review

Ein Review ist bei einer Sprintlänge von vier Wochen auf vier Stunden angelegt, bei kleineren Sprintintervallen entsprechend kürzer. Anwesend sind in jedem Fall der Product Owner und das Entwicklungsteam, gegebenenfalls noch weitere interne oder externe Anwender beziehungsweise Kunden. Die Struktur ist nicht sehr reglementiert: Das Team präsentiert, anschließend wird diskutiert, abschließend festgehalten, bei welchen Punkten die Kundenseite zustimmt oder auch nicht und wo es noch Verbesserungswünsche oder -ideen gibt.

Sinnvolle Haltungen beim Sprint Review

Beim Review geht es nicht um »hop oder top«, nicht um Tod oder Leben wie im Gladiatorenkampf im alten Rom. Vielmehr ist es ein Ort der Kommunikation, eine strukturierte Diskussion über die Sache, vorbereitet von denen, welche die Dinge im Detail erarbeitet haben – und das zeitnah zur Entwicklung, sodass alle Überlegungen in Richtung der »Für« und »Wider« noch in Gedanken präsent und schnell zugänglich sind.

Ganz wichtig als Grundhaltung beim Review: Offenheit, und zwar von allen Seiten (»Wir wissen noch nicht, wie die Lösung optimalerweise aussieht, aber wir nähern uns Stück für Stück an«). Gift im Review sind: Belehrungen, Besserwisserei, Abwertungen, Spott und Gängelei. Der Review ist das Getriebe, in dem die Energie vom Erzeuger zum Anwender kommt. Mit der richtigen Haltung ist es also ein echter Sweet-Spot der Kommunikation und gleichzeitig ein veritabler Hot-Spot für neue Ideen und für die Produktentwicklung!

Empfohlenes Verhalten im Sprint Review

Sachlichkeit ist Trumpf, wenn es um das Verstehen geht: Wie ist das gemeint? Was hat sich das Team gedacht? Welche Überlegungen haben am Ende zu einer bestimmten Lösung geführt? Hier sollten die Beteiligten die Fragen stellen, die ihnen unter den Nägeln brennen. Auch Klarheit gehört dazu: Dinge anzusprechen, die noch nicht überzeugend sind. Wo

Das smarte Team-Lern-System Scrum | **207**

ist die Lücke? Was fehlt noch, damit der gewünschte Nutzen wirklich da ist?

Empfehlenswert ist es hier für alle Beteiligten, sich die guten alten Feedback-Regeln in Erinnerung zu rufen: Ein Feedback sollte beschreibend, klar und genau formuliert sowie sachlich korrekt sein, zudem ohne Vorverurteilung beziehungsweise Moralisierungen erfolgen, konkret auf veränderbare Aspekte bezogen und zeitnah sein. Zudem in einer für den Empfänger angemessenen Form formuliert werden.

Fragen, die beim Sprint Review auftauchen können

Wer muss zwingend bei einem Review dabei sein? Nun, in jedem Fall der Product Owner, denn der hat die Themen in Auftrag gegeben. Zum zweiten das Entwicklungsteam, denn dieses hat die Themen und Aufgaben umgesetzt, weiß daher am besten, warum es sich für bestimmte Vorgehensvarianten und Lösungen entschieden hat, und kann dies auch aus erster Hand erklären. Wenn andere Interessensgruppen wie Anwender oder Kunden dabei sein wollen, so sind diese herzlich willkommen und können wertvolle Inputs geben. Manchmal entsteht auf diese Weise ein neues Verständnis oder neue Ideen, die für den weiteren Projektverlauf sehr wertvoll sein können. Zwingend erforderlich ist dieser ergänzende Personenkreis bei einem Review jedoch nicht.

Wer entscheidet, ob die Anforderungen erfüllt sind? Diese Entscheidung trifft immer der Product Owner, aber nur nachdem er sich im Review intensiv mit den Lösungen des Entwicklungsteams beschäftigt und alle Sichtweisen angehört und nachvollzogen hat. Auf diese Weise wird ausgeschlossen, dass »Entscheidungsträger«, die sich nicht ausreichend mit den Themen befassen, Entwicklungen permanent verzögern oder gar infrage stellen. Dieser Mechanismus, der dann im positiven Fall in ein klares »Machen wir!« mündet, trägt sehr wesentlich zur Beschleunigung bei! Das Review ist die Überholspur für jegliche Innovationsvorhaben: Ist die Entscheidung getroffen, sind das Team und die Organisation eine oder mehrere wichtige

Stationen weiter. In der Monopoly-Sprache ausgedrückt heißt das »Rücken Sie vor bis auf Los!«, um dann mit einem neu gemixten Themenset gut gelaunt und freudestrahlend in den neuen Sprint starten zu können!

Was genau ist Gegenstand der Präsentation? Das Entwicklungsteam präsentiert die von ihm fertiggestellten Themen, und zwar so ausführlich, wie es erforderlich ist, damit die Stakeholder – und hierbei insbesondere der Product Owner – die getroffenen Entscheidungen auch tatsächlich nachvollziehen können. Konkret geht es hier beispielsweise um Entscheidungen hinsichtlich der Herangehensweise und der genutzten Technologie oder auch um konzeptionelle Fragen, die erarbeitet wurden. Ziel ist es, pro Review mindestens ein fertiges Thema vollständig zu präsentieren. Kommt es dazu nicht, so ist das Review nicht in der Lage, das zu leisten, was es leisten soll, nämlich eine konsequente Konfrontation mit der Realität auf Kunden- beziehungsweise Nutzerseite und der damit verbundenen Möglichkeit, genau daraus immer wieder und systematisch neu zu lernen.

4. Sprint-Retrospektive: der Blick zurück, nur manchmal im Zorn!

»Every sunset is an opportunity to reset.«
Richie Norton, Autor von *The Power of Starting Something Stupid*

Manchmal ist es wichtig, zurückzuschauen. Im klassischen Projektmanagement macht man das genau einmal. Das Ganze heißt dann sinnigerweise »post mortem«, also nachdem das Projekt gestorben beziehungsweise abgeschlossen ist. In der Realität – das ist jedenfalls unsere Erfahrung – passiert es eher halbherzig, zuweilen auch überhaupt nicht, da der Nutzen unklar ist und alle Beteiligten sich sowieso nach Projektabschluss in die unterschiedlichsten Richtungen verstreuen.

Was also tun? »Stupid is the new smart«, würde Richie Norton sagen. Wir wissen nicht, wann etwas in vitaler Art und Weise wichtig wird und wann es vielleicht doch überflüssig erscheint. Jedenfalls dann nicht, wenn wir von Teams und komplexen Projekten sprechen.

Was ist die Lösung? Wir führen **regelmäßig** am Ende eines jedes Sprints eine Retrospektive durch! Immer noch nicht überzeugt? Okay, mal andersherum gefragt: Was passiert, wenn Sie die Fahrradkette nur alle zehn Jahre ölen, oder erst dann, wenn es ohrenbetäubend quietscht? Sie ahnen es, der Crash ist vorprogrammiert!

Wissen über Retrospektiven

Dieser fokussierte Rückblick mit abschließenden klaren Handlungsentscheidungen erfolgt nach dem Prinzip »inspect and adapt«. Man schaut sich also in einer Retrospektive einen ganz bestimmten Sachverhalt konkreter an – das können fachliche Themen sein, genauso gut kann es sich auch um Fragen der Kommunikation im Team handeln – und trifft dann eine gemeinschaftliche Entscheidung, was in Zukunft anders laufen wird.

Retrospektiven können sehr einfach sein und beispielsweise eine Intervention beinhalten. Wir haben im Buch bereits das Retrospektive-Format »Sailing Boat« besprochen: Das Bild eines Segelschiffs verbunden mit den beiden Fragen a) »Was bringt uns weiter?« und b) »Was zieht uns nach unten?«

Es gibt auch komplexere Formen von Retrospektiven. Bei einer Dauer von ein bis zu drei Stunden – bei kürzeren Sprintzyklen entsprechend weniger – sind daher mehrere Interventionsstufen sinnvoll und können und sollen vom Moderator beziehungsweise Scrum Master entsprechend vorbereitet werden. Bei solchen komplexeren Settings empfiehlt sich das folgende Vorgehen (vgl. Nowotny 2016a: 266):

210 | Das smarte Team-Lern-System Scrum

1. Intro und Fokus: Ankommen, Begrüßung, Zielklärung: Was ist der Fokus? Mit welchem Gegenstandsbereich wollen wir uns beschäftigen?

2. Daten sammeln: Was ist passiert? Was war gut? Was war schlecht? Welche Qualitäts- beziehungsweise Produktivitätsdaten gibt es? Ist dies erfolgreich gesammelt worden, erfolgt am Ende üblicherweise ein Clustering, um dann fokussiert mit den »pain points« im nächsten Schritt weiterarbeiten zu können.

3. Einsichten generieren: Wo sind die Zusammenhänge? Was sind die Ursachen? Wie kam es zu dem Problem? Hier darf und soll intensiv gebohrt werden!

4. Maßnahmen einleiten: Welche Optionen bieten sich an? Welche davon wird das Team aufgreifen? Was wird das Team in Zukunft anders machen? Es geht hier im Kern darum, tatsächlich mindestens eine ganz konkrete Entscheidung zu treffen.

5. Abschluss: In dieser Phase wird die Retrospektive selbst noch einmal von allen Teilnehmenden reflektiert. Welches Gefühl haben die Teilnehmenden? Auf was sollte das nächste Mal geachtet werden? Der Moderator erhält Ideen, wie die nächste Retrospektive angegangen oder optimiert werden kann.

Sinnvolle Haltungen bei einer Retrospektive

Die Retrospektive ist ein agiles Meeting-Format mit dem Ziel, gemeinsam Informationen zu sammeln, diese zusammen auszuwerten und am Ende eine Entscheidung zu treffen, was in Zukunft anders gemacht wird. Das setzt Offenheit, Detail- und Konfliktfähigkeit, Lösungs- statt zu starrer Problemorientierung sowie Fingerspitzengefühl voraus.

In einem »no-blame environment« wird dann – frei von Wertungen und Schuldzuweisungen – erst der Sachverhalt geklärt und danach kreativ und zielgerichtet nach einer für alle passenden Lösung gesucht.

Empfohlenes Verhalten für eine Retrospektive

Konflikte, die bei jeder Retrospektive zu Tage treten können, sollten als Herausforderung gesehen werden. In solchen Fällen ist es wichtig, Lösungen zu finden, die für alle akzeptabel sind und bei denen die Bedürfnisse und Sichtweisen aller am Konflikt Beteiligten berücksichtigt werden.

Die Bearbeitung von Konflikten hat auch starke emotionale Anteile und ist daher für sehr fachlich orientierte Menschen nicht gerade einfach zu handhaben. Daher sind aus unserer Sicht beim Moderator beziehungsweise beim Scrum Master speziell für solche Fälle Feingefühl, psychologisches Wissen sowie die Fähigkeit, im Fall des Falles auch eine erfolgreiche Konflikt-Moderation durchführen zu können, zwingend erforderlich.

Wir erleben in der Praxis immer wieder, dass diese Fähigkeiten zu den typischen Anforderungen bei der Begleitung von agilen Teams gehören; in den einschlägigen Scrum-Master-Zertifizierungen werden sie jedoch noch nicht ausreichend abgedeckt. Ähnlich wie im Coaching muss auch hier eine ausreichende charakterliche Reife vorliegen, damit nicht etwa die eigenen Charakterschwächen auf Gruppenmitglieder projiziert werden!

Fragen zu Retrospektiven

Was sollte Gegenstand einer Retrospektive sein? Grundsätzlich sollte in einer Retrospektive all das adressiert werden können, was einzelnen oder auch mehreren Teammitgliedern unter den Nägeln brennt. Also das, womit sie sich gerade intensiv beschäftigen, oder Punkte, bei denen einzelne oder mehrere zu der Überzeugung gekommen sind, dass sie einen großen Hebel für die Verbesserung der Arbeit, des Produktes, der zukünftigen Herangehensweise, der eigenen Prozesse oder des Miteinanders darstellen.

Wie emotional dürfen Retrospektiven verlaufen? Emotionalität muss nichts Schlechtes sein, schließlich werden Menschen dann emotional, wenn Dinge sie in besonderer Weise betreffen. Auf der anderen Seite sollte eine Retrospektive immer auch konstruktiv bleiben, und es ist die Aufgabe des Moderators beziehungsweise des Scrum Masters, sie in vernünftige Bahnen zu lenken. Wenn es an einem spezifischen Punkt sehr emotional wird, empfiehlt sich eine kurze Unterbrechung.

Das ist auch bei schwierigen Verhandlungen eine sehr sinnvolle Empfehlung. Warum? Die betroffenen Personen können sich neu orientieren, vielleicht auch die Metaebene betrachten, und der Moderator kann mit ihnen in einen kurzen Austausch gehen. So kann man gemeinsam neue Kraft schöpfen und vielleicht auch neue Ideen, wie man im Thema konstruktiv weiterkommt. Sollten Momente einmal entgleisen, so empfiehlt es sich, die beiden Kontrahenten ohne »Publikum« und mit einem gewissen zeitlichen Abstand – moderiert unter sechs Augen – wieder zusammenzubringen und dafür zu sorgen, dass sich beide Seiten erst einmal dafür entschuldigen, sich vielleicht etwas laut, verletzend, unfair et cetera verhalten zu haben.

Irrationales Verhalten ist menschlich, und sich dafür zu entschuldigen, ist völlig in Ordnung und auch angebracht. In vielen Fällen ist dies die Grundlage für eine weitere konstruktive Zusammenarbeit. All dies sollte der Moderator beziehungsweise Scrum Master im Blick behalten!

Wann sollte ein Moderator beziehungsweise Scrum Master von der geplanten Struktur abweichen? Die Struktur einer Retrospektive ist eine grobe Orientierung, um mit einer Gruppe zu reflektieren und am Ende zu einem konsensualen und gleichzeitig handlungsorientiert nutzbaren Ergebnis zu kommen. Flexibel auf die Situation einzugehen und nicht auf Biegen und Brechen die eigene Idee des Verlaufes durchzusetzen, gehört zu den essenziellen Tugenden und raren Fähigkeiten eines guten Moderators, übrigens auch eines exzellenten Trainers oder mustergültigen Facilitators. Neben

Das smarte Team-Lern-System Scrum | **213**

der inhaltlichen Struktur gibt es auch die Kaffee-, Smartphone- oder Bio-Pause, die allerspätestens nach neunzig Minuten gewährt werden sollte. Außerdem ist eine Struktur immer nur dann gerechtfertigt, wenn sie hilft und nicht behindert. Planung ist wichtig, aber die Abweichung vom Plan ist häufig die Realität, wie uns ja die agile Methodenwelt ohnehin seit langem lehrt.

3.6 Der zweite große Sprung nach vorn – Scrum bei ScruMa

Das Team der ScruMa GmbH hat sich in den letzten Wochen ein belastbares Fundament für die agile Transformation geschaffen.

Es wurde theoretisches Wissen zum Thema Agilität aufgebaut, die Priorisierung für das agile Pilotprojekt erarbeitet, ein für alle Teammitglieder transparentes Geschäftsmodell konzipiert und – last but not least – ein agiles Vorgehen entwickelt, das in vielen Teilen dem Scrum-Vorgehen entspricht.

Nun ist es endlich Zeit, zum »Machen« zu kommen! Lieber Leser, an dieser Stelle ein Hinweis von uns als Autoren: Wundern Sie sich bitte nicht, dass es bei dem agilen Vorgehen der ScruMa GmbH Abweichungen von dem gängigen Scrum-Lehrbuchwissen gibt. Denn das Team hat sich mit Unterstützung von Lars für einige individuelle Anpassungen entschieden, die den gegebenen Rahmenbedingungen – wie zum Beispiel Zeitmangel – Rechnung tragen. Beispielsweise findet bei der ScruMa ein Daily-Meeting nicht täglich statt, sondern immer montags, mittwochs und freitags um 9:30 Uhr. Darüber hinaus nimmt Peter als Stakeholder und Product Owner eine Doppelrolle ein. Wir werden noch sehen, ob sich das so bewährt.

Wer plant den Sprint?

Bereits zehn Tage nach dem Workshop auf dem Landgut treffen sich die Teammitglieder in dem in Windeseile eingerichteten Meetingraum mit dem Namen »Elbe« wieder, um die Themen in leistbare Aufgaben aufzusplitten. Ziel ist es, bei diesem Sprint Planning ein Sprint Backlog mit Aufgaben zu definieren, die innerhalb von vier Wochen zu erledigen sind.

In den Tagen vor diesem Termin hat Peter in seiner Rolle als »Product Owner« eine Excel-Liste mit den Einzelthemen für die Einführung des CRM erstellt und diese von oben nach unten zueinander priorisiert. Ganz oben in der Liste steht das Thema »Erstellung des Bedarfskatalogs«.

Nach dieser Erstellung hat er die Liste mit Christian Punkt für Punkt durchgesprochen, um für Klarheit zu sorgen, Rückfragen zu beantworten und Ergänzungen vorzunehmen. Beide hatten sich auch darauf geeinigt, jedes Thema durch eine User Story zu unterfüttern. In der Liste wurde einfach eine weitere Spalte nach dem Schema gefüllt, das sich schon bei der Erstellung der Personas für das Business-Modell bewährt hatte.

Zu dem Thema »Erstellung des Bedarfskatalogs« entstand beispielsweise die folgende Story: »Als Geschäftsführer der ScruMa GmbH ist mir die abgestimmte Ermittlung der Anforderungen aller Bereiche an ein neues CRM-System sehr wichtig, um eine Fehlinvestition zu vermeiden und um eine ganzheitliche Lösung finden zu können, die uns dauerhaft nach vorne bringt.«

Peter und Richard sind bei der Sprint-Planung nicht dabei. Richard deshalb, weil er bei dem agilen Pilotprojekt keine Rolle einnimmt und er auf eine mögliche Beobachterrolle verzichtet. Peter hat als »Wächter über die Ergebnisse« seine wesentliche Aufgabe durch die Priorisierung der Themen im Backlog an dieser Stelle bereits im Vorfeld erfüllt.

Wer plant den Sprint?

Normalerweise ist es bei Scrum üblich, dass der Product Owner auch am ersten Sprint Planning teilnimmt. Aufgrund von Peters übervollem Terminkalender in den nächsten Wochen ist dies bei unserem Beispiel nicht möglich und Christian als »Scrum Master« muss einspringen. Aufgrund des sehr engen Austausches der beiden Herren scheint das jedoch eine unkritische Angelegenheit zu sein.

Peter muss sich jetzt darauf verlassen können, dass das Team die Aufgaben eigenständig definiert, die es in den nächsten Wochen auch wirklich erledigen kann. Der Zeitraum »die nächsten« Wochen wird definiert durch die »Sprintlänge«, eine wichtige Festlegung, die sich bei solchen Projekten bewährt hat.

Camilla hatte sich das erstellte Business-Modell von Christian ein paar Tage nach dem zweiten Workshop erklären lassen. Aufgrund ihres Vorstellungsgespräches war sie ja bei der Erstellung nicht dabei. Das Vorstellungsgespräch war sehr erfolgreich verlaufen und sie hat einen unterschriftsreifen Arbeitsvertrag in der Tasche, über den sie in den nächsten vierzehn Tagen entscheiden muss.

Camilla ist dabei hin- und hergerissen. Auf der einen Seite ist das vorliegende Angebot sowohl inhaltlich als auch finanziell sehr attraktiv, andererseits möchte sie aber auch nicht das ScruMa-Team verlassen, das sich offensichtlich auf einen spannenden Weg begeben hat. Dieser Zwiespalt belastet sie sehr und lässt sie sehr schlecht schlafen. Sie fühlt sich fast wie eine Verräterin und hat sich vorgenommen, nach dem Sprint Planning das persönliche Gespräch mit Christian zu suchen, um ihm reinen Wein zur aktuellen Situation einzuschenken und ihn um Rat zu bitten.

Christian ist als Scrum Master im Wesentlichen der »Wächter und Treiber des Prozesses« und sorgt dafür, dass die Rahmenbedingungen für das Team optimal sind. Normalerweise ist ein Scrum Master inhaltlich nicht involviert. Christians Rolle geht hier aber einen Schritt weiter. Sein Marketing-Know-how ist extrem wichtig bei dem CRM-Projekt und aus seinem Team hat sich in den letzten Jahren kein Kollege aufgedrängt, der das Projekt inhaltlich nach vorne bringen könnte.

Christian hat diese Erkenntnis insgeheim etwas erschüttert. Hat er es als Bereichsleiter in der Vergangenheit schlichtweg verpasst, seine Mitarbeiter mehr in die Verantwortung zu nehmen?

Lars soll als agiler Coach unterstützen

Im Nachgang zum letzten Offsite Workshop spricht Christian mit Peter darüber, wie Lars als agiler Coach auch zukünftig den Prozess begleiten kann. Peter ist es dabei wichtig, möglichst schnell auf die Unterstützung von externen Beratern zu verzichten, um nicht in eine dauerhafte Abhängigkeit zu schlittern. »Mir ist wichtig, dass du, lieber Christian, die Rolle als Scrum Master vollumfänglich ausfüllst. Ich möchte dir aber auch anbieten, Lars zum Start an deine Seite zu stellen. Nicht weil ich an dir zweifle, sondern weil ich ahne, dass noch einige Stolperfallen auf unserem Weg lauern. Lars hat die Erfahrung und die Kompetenz, uns hier das eine oder andere zu ersparen. Ich schätze ihn auch als Menschen und glaube, er brennt für unsere Themen«, führt Peter aus.

Christian nimmt dieses Angebot sehr gerne an und bittet Lars, bei dem ersten Sprint Planning dabeizusein. Lars nimmt dieses Angebot mit Freuden an und notiert sich den Termin in seinem Kalender. Christian teilt ihm mit, dass er hierfür vier Stunden eingeplant habe. »Hmmm ... das scheint mir etwas zu knapp bemessen zu sein. Ich kenne solche Zeiten aus Projekten mit einer Sprint-Länge von vierzehn Tagen. Ihr habt eine Sprint-Länge von vier Wochen festgelegt, das verändert auch das »Time Boxing«. Es ist wichtig, dass ihr eine maximale Länge für das Planning festlegt, die nicht überschritten wird. Gerade beim ersten Mal würde ich dir dringend raten, einen ganzen Tag einzuplanen, um zu wirklich guten Aufgaben zu kommen. Glaub mir bitte, die Definition von klar definierten und leistbaren Aufgaben für den ersten Sprint ist kein einfaches Vorhaben«, erklärt Lars.

Christian versteht das gut, hat aber Bedenken, wie die Reaktion seiner viel beschäftigten Kollegen ausfallen würde. Einen ganzen Tag aufzubringen, um ein paar priorisierte Themen in konkrete Aufgaben zu übersetzen, wird sicherlich zu wenig Begeisterungsstürmen führen, ahnt Christian.

Dennoch hört er auf den Rat von Lars und setzt einen ganzen Tag für das Sprint Planning an. Die Reaktion von Johannes und Wolfgang folgt prompt. Wolfgang moniert erwartungsgemäß die Effizienz des Vorgehens. »Ich habe gedacht, wir werden effektiver, und jetzt führen wir Langzeitmeetings durch, die bislang nur ein Viertel der Zeit gebraucht haben«, schreibt er Christian per E-Mail.

Die Tücken der E-Mail-Kommunikation ...

Johannes antwortet ebenfalls per E-Mail. Aber nicht nur an Christian, sondern versehentlich an den gesamten Verteiler der Einladungsmail von Christian. »Danke für die Einladung, aber hier läuft gerade etwas schief. Du kannst doch nicht ernsthaft erwarten, dass wir für das Agilitätsdings einen ganzen Tag opfern, nur um ein paar Aufgaben zu definieren?«, scheppert er in Christians Richtung.

Christian ist in einem externen Termin und liest diese Antwort erst am Folgetag. Und das ist auch gut so! Warum? Es gibt bereits Reaktionen von Camilla und Larissa auf die E-Mail von Johannes. Beide Damen stellen sich voll hinter Christians Vorgehen und betonen ihre Irritation darüber, dass Johannes sich mit seinem Einwand nicht an Christian persönlich, sondern über eine E-Mail an alle Adressaten wendet. Johannes antwortet darauf, dass es ein Versehen gewesen sei, ist aber jetzt in die Defensive geraten. Durch die Formulierung »Agilitätsdings« hat er sich als jemand geoutet, der die agile Veränderung noch nicht wirklich ernst nimmt.

Besonnenheit zeigen und erlebbare Erfolge produzieren

Christian telefoniert nach der Lektüre des munteren Mailverkehrs mit Lars, um dessen Rat einzuholen. »Das ist ganz normal, Christian. Wir dürfen in den Köpfen keine Veränderung auf Knopfdruck erwarten. Die Einwände von Johannes und Wolfgang überraschen mich nicht. Wir brauchen erlebbare Erfolge und wenn wir diese generieren, werden auch die Zweifler leiser werden und vielleicht sogar verstummen. Lass uns besonnen bleiben und unbeirrt vorangehen«, antwortet Lars.

Das Telefonat bestärkt Christian und er hält an seiner Zeitplanung fest. Am Tag des geplanten Termins treffen alle Teammitglieder pünktlich im agilen Meetingraum ein. Zu Beginn erklärt Christian kurz die zukünftige Rolle von Lars in dem Prozess und stellt das erste Thema und die User Story des von Peter im Vorfeld priorisierten Backlogs vor.

Das Thema Nummer eins ist die »Erstellung des Bedarfskatalogs« an das CRM-System für alle Bereiche der ScruMa. Christian hängt das Thema an eine vorbereitete Pinnwand. »Welche Teilaufgaben lassen sich daraus formulieren und was schätzen wir, wie aufwendig das sein wird?«, fragt er in die Runde.

Blutzoll des Teams für den Gesetzgeber

Michael beginnt als Erster, seinen inhaltlichen Beitrag zu leisten, und formuliert eine Reihe von offenen Punkten, die er seitens der Technik noch einmal aufarbeiten muss. Insbesondere die Anforderungen des Gesetzgebers zum Thema Datenschutz muss er in technische Anforderungen an das CRM-System übersetzen. Das wird dadurch erschwert, dass sich die Anforderungen durch die neue Europäische Datenschutz-Grundverordnung verändern. Hier finden sich im Internet viele Informationen von Datenschützern und Rechtsanwälten. Die hier relevanten Punkte herauszufischen, wird einige Zeit beanspruchen.

Johannes wird ganz hellhörig und sagt: »Ich habe gehört, für uns als deutsches Unternehmen ändert sich gar nicht so viel. Es geht doch eher darum, die anderen europäischen Länder auf ein einheitliches Niveau zu heben, was wir hier schon lange haben. Ist das wirklich so oder fehlen mir hier wichtige Informationen?«

»Auch für uns Deutsche wird sich einiges ändern. Insbesondere das Strafmaß bei Verstößen und die Melde- und Informationspflichten bei Datenpannen verschärfen sich«, antwortet Michael. Und weiter: »Du hast doch einige personenbezogene Kundendaten auf deinem Laptop und hast den immer dabei, wenn du auf Reisen bist. Wir sollten uns noch mal ganz genau anschauen, wie wir das mit einem neuen CRM vielleicht professioneller – und vor allem rechtssicher – lösen können«, führt Michael ruhig aus.

»Dann lass uns eine Aufgabe definieren, dass einer von uns mal bei unserem externen Datenschutzbeauftragten anruft und diesen Punkt klärt. Das kann doch nicht so schwer sein, dafür haben wir den doch. Komm Wolfgang, du kümmerst dich darum«, sagt Johannes. Wolfgang reagiert prompt auf diese Arbeitsanweisung: »Wenn das so einfach ist, dann sag mir doch bitte konkret, was ich ihn fragen soll. Ich habe doch gar keine Ahnung, welche Daten in den anderen Bereichen geführt und bewegt werden.«

Datenchaos muss entwirrt werden

Damit löst Wolfgang eine rege Diskussion im Team aus. Eigentlich werden in jedem Bereich Daten gesammelt und jeder hat sein eigenes System dafür entwickelt. Teilweise als Excel-Sheets, teilweise in Form von selbst gebastelten Access-Datenbanken, teilweise auch in Form von exotischen Cloud-Lösungen, bei denen nicht wirklich klar ist, auf welchem Server die Daten liegen. Und trotz aller Appelle aus der IT: Das Wichtigste schlummert manchmal sogar auf den persönlichen Desktops!

Am Ende der halbstündigen Diskussion wird allen Beteiligten – auch Johannes – klar, dass sich hinter der Aufgabe »Datenschutzsicherheit« ganz viele kleine Teilaufgaben verstecken, die jeweils als Karte für das Kanban Board definiert werden müssen. Also macht sich das Team an die Arbeit und schreibt Kärtchen. Bei jeder erstellten Karte fragt Lars nach: »Ist diese Karte für euch alle verständlich formuliert?«

Selbsteinschätzung des Teams oszilliert

Sowohl die glasklare Definition der Aufgaben und Teilaufgaben als auch deren Aufwandseinschätzung fallen dem Team sichtbar schwer. Den Anwesenden fehlt die Erfahrung, und Lars hat den Eindruck, dass sich das Team hinsichtlich der Aufgaben, die in vier Wochen zu schaffen sind, eher überschätzt als unterschätzt. Er bremst das Team aber nicht aus und fokussiert seine begleitenden Worte eher auf die Verständlichkeit der Inhalte und deren Relevanz für das priorisierte Thema.

Es ist normal, dass agile Teams sich bei ihrem ersten Sprint Planning hinsichtlich der zu schaffenden Aufgaben signifikant falsch einschätzen. Das ist aber methodisch unproblematisch, da die Fähigkeit zur Selbsteinschätzung von Sprint zu Sprint stetig verbessert wird. Spätestens im Sprint Review wird offensichtlich, wie hoch die Abweichung zwischen dem Gewollten und dem Erreichten ist. Die Retrospektive bietet dann das richtige Forum, dies zu reflektieren und die Potenziale zur Verbesserung zu identifizieren. Als Folge eines solchen lernenden Systems schließt sich die Lücke immer mehr und das Team kann zuverlässig prognostizieren, welche Aufgaben innerhalb eines Sprints schaffbar sind.

Aber zurück zu unseren ScruMas. Nachdem die Aufgaben zum Datenschutz formuliert und kleinteilig heruntergebrochen sind, nehmen Sie sich nach gleichem Schema weitere Aufgaben zum übergeordneten Task »Bedarfsermittlung« vor. Unterthemen wie zum Beispiel »Berichtswesen«, »Usability«, »Schnittstellen-Architektur« oder »Berechtigungskonzept« werden in kleine Aufgaben filetiert und mundgerecht auf Karten formuliert.

Konsensstreben versus Ego-Taktik: das Ringen beginnt!

Die Pinnwand ist prall gefüllt mit Karten und es wird allen Anwesenden endgültig klar, dass sich die Bedarfsermittlung als wichtige Basis für die Entscheidung für ein CRM-System wie ein Mosaik aus kleinen Bausteinen zusammensetzt, die zu einem Gesamtbild zusammengeführt werden müssen. Für Johannes eine Erkenntnis, die er auch offen kommuniziert: »Hoppla, da ist ja eine ganze Menge an Zeugs zusammengekommen. Gefühlt werden wir das alles niemals in vier Wochen leisten können«, sagt er in einem sehr bestimmten Tonfall.

Lars hat insgeheim schon auf einen solchen Kommentar gewartet und sagt: »Wir haben die Möglichkeit, die Aufgaben auf mehrere Sprints zu verteilen. Mein Ziel ist es, gerade den allerersten Sprint nicht mit zu vielen Aufgaben zu überplanen. Ihr braucht Erfolgserlebnisse und nicht am Ende des ersten Sprints den demotivierenden Blick auf ein Board, auf dem noch viele Karten nicht fertig bearbeitet sind«, sagt er.

Lars schlägt vor, alle Karten wieder zueinander zu priorisieren und dabei auch abzuschätzen, wie aufwendig die Umsetzung ist. Die Karten werden nach Priorität von oben nach unten umsortiert. Ganz oben die Karten mit hoher Relevanz und dann absteigend die Karten mit weniger Priorität. Um es dem Team zum Anfang leichter zu machen, werden die Karten in vier Kategorien aufgeteilt und jeweils entsprechend beschriftet: »S« für kleine, »M« für mittelgroße, »L« für große und »XL« für die ganz großen Aufgaben. Klingt simpel, ist es aber nicht, da im Team nicht immer Einigkeit über die Einordnung der Karten in eines der vier Cluster herrscht.

Bei einigen Aufgaben fällt es unseren ScruMas sehr schwer, zu einer einheitlichen Einordnung zu kommen, doch genau diese Einvernehmlichkeit ist Lars bei der Bewertung wichtig. Es wird rege diskutiert, meist sachlich, aber teilweise auch leidenschaftlich und emotional. Bei Nichteinigung werden die Karten vorerst zurückgestellt, um nach einer Kaffeepause erneut diskutiert zu werden.

Dem Team ist die Anstrengung anzumerken, gleichzeitig aber auch der Willen, diese Hürde der Aufwandseinschätzung gemeinschaftlich zu nehmen. Daran können auch die »semi-lustigen« Beiträge von Johannes nichts ändern: »Wenn wir so weitermachen, sind die vier Wochen um und wir haben nur Kaffee getrunken und keine einzige Karte in »Bearbeitung« gebracht«, frotzelt er grinsend.

Nach vier Stunden ist es vollbracht. Jede Karte ist nach T-Shirt-Größen kategorisiert und bereit, einen Platz im Sprint Backlog ganz links auf dem vorbereiteten Kanban Board zu bekommen. »Traut ihr euch wirklich zu, all diese Karten innerhalb von vier Wochen zu erledigen? Bitte bedenkt, dass ihr nur eine begrenzte Zeit neben eurem Tagesgeschäft für die Erledigung einplanen könnt und wir in den nächsten Wochen zwei Feiertage haben«, gibt Lars zu bedenken.

Kapazitätsplanung mit chronisch Vielbeschäftigten

»Ja richtig, und ich habe auch noch eine Woche Urlaub geplant«, ergänzt Larissa. Und weiter: »Ich kann höchstens eine große Aufgabe und vielleicht noch drei bis vier kleine oder mittelgroße Aufgaben übernehmen.« Lars schlägt dem Team vor, die eigenen Kapazitäten mit Blick auf die Kalender realistisch abzuschätzen. »Larissa hat genau den richtigen Ansatz eingebracht. Bitte schätzt nach dem gleichen Schema mal ab, wie viele Aufgaben ihr je Kategorie übernehmen könnt. Danach können wir uns die Karten noch einmal anschauen und entscheiden, welche Anzahl wir aufwands- und prioritätenabhängig in das Sprint Backlog übernehmen können«, schlägt Lars vor.

Ein Ansatz, der von dem Team sofort umgesetzt wird. Es zeigt sich dabei, dass die verfügbaren Zeitkapazitäten aus den unterschiedlichsten Gründen sehr variieren. Prinzipiell tendieren die meisten ScruMas dazu, sich durch das Tagesgeschäft als wahnsinnig beschäftigt darzustellen. »Klar«, denkt sich Lars insgeheim, »jeder, der jetzt offenlegt, mehr Zeit für das Projekt zu haben, erzeugt ja auch bei den Kollegen den Eindruck, aktuell nicht hundert Prozent seiner Arbeitszeit für das Unternehmen einzusetzen.«

Lars entscheidet sich, an dieser Stelle nicht steuernd einzugreifen. Er möchte erst abwarten, wie viele Themenkarten auf Basis der verfügbaren Kapazitäten den Weg aus dem Themenpool der Pinnwand in das Sprint Backlog finden. Dazu stellt er sich vor die Pinnwand und fragt bei jeder Karte nach, wer aus dem Team diese Karte in den nächsten Wochen bearbeiten kann. Dabei beginnt er mit den Karten, die oben an der Pinnwand sind. Schnell zeigt sich, dass einige Aufgaben bei den ScruMas beliebter sind als andere und schnell einen Adressaten für die Abarbeitung und einen Platz im Sprint Backlog finden.

Die Karten, die zwar priorisiert sind, aber keinen freiwilligen Abnehmer finden, stellt Lars zurück und hängt sie wieder an die jeweilige Stelle an der Pinnwand. Nachdem ungefähr zwei Drittel der Aufgaben verteilt sind, meldet sich Wolfgang zu Wort: »Ich habe jetzt genug Karten angenommen. Ich kann weder eine mittelgroße noch eine kleine Aufgabe zusätzlich übernehmen. Mein persönliches Backlog ist voll«, sagt er mit einem etwas zynischen Unterton.

Die »Mich-will-ja-keiner-Karten« bleiben hängen

Christian ist diese Spitze nicht entgangen und er fragt in die Runde, welche Kapazitäten bei den anderen ScruMas noch frei sind. Nach der Rückmeldung der Kollegen ist endgültig klar, dass nicht alle Aufgabenkarten von der Pinnwand auf das Kanban Board wandern werden. Zu begrenzt ist das verfügbare Zeitkontingent und zu hoch der Anteil an Aufgaben, die keiner übernehmen möchte. »Was nun?«, denkt sich Christian und blickt hilfesuchend zu Lars herüber.

Lars hat das Problem schon erkannt und sagt: »Großartig, was ihr heute schon erreicht habt. Aber wir müssen uns jetzt gemeinsam der Frage stellen, wie wir mit den wichtigen Aufgaben umgehen, für die wir bislang keinen Freiwilligen gefunden haben. Wenn ich das richtig einschätze, müssen die geleistet werden, damit das Thema der Bedarfsermittlung überhaupt erfolgreich abgeschlossen werden kann. Oder ist dies nicht so? Weder Peter noch Christian noch ich werden bestimmen, wer von euch diese Karten übernimmt. Das liegt in eurer Selbstverantwortung und vielleicht findet ihr ja eigenständig eine Lösung. Mein Vorschlag ist, dass wir diese Karten ohne Zuordnung eines Verantwortlichen in den Sprint Backlog überführen und ihr in den nächsten Wochen als Team entscheidet, wie ihr damit verfahren wollt.«

Christian zuckt innerlich etwas zusammen. Er hat die Befürchtung, dass sich diese ungeliebten Karten zu »Gammelkarten« entwickeln und bis zum Ende des Sprints unangetastet im Sprint Backlog verstauben. Das würde Peter sicherlich gar nicht gefallen. »Selbstverantwortung hin oder her, Tatsache ist doch, dass auch geliefert werden muss«, kreist es in Christians Kopf. Er spürt, wie zwei Herzen in seiner Brust schlagen. Auf der einen Seite findet er den Vorschlag von Lars gut und richtig, aber auf der anderen Seite hat er auch die Befürchtung, dass die Kollegen das Fehlen von klaren Anweisungen genau an dieser Stelle ausnutzen könnten.

Aber was wäre denn die Alternative zu Lars Vorschlag? Christian hat keine schnelle Idee, mit der sich das Dilemma jetzt lösen ließe. Natürlich könnte er noch versuchen, die eine oder andere Karte aktiv einem Kollegen schmackhaft zu machen, aber vielleicht hat Lars recht und in den nächsten Wochen findet sich alles von selbst. Dieses Vertrauen in seine Kollegen aufzubringen, fällt ihm schwer, dennoch entscheidet er sich dafür, den Vorschlag von Lars zu unterstützen.

Auch die anderen ScruMas lassen sich auf den Vorschlag ein. Warum auch nicht? Schließlich hat jeder seine Wunschaufgaben bekommen und dafür ein Zeitkontingent zur Verfügung, das von jedem eigenständig als tatsächlich verfügbar gemeldet worden ist. Niemand wurde zu etwas überredet oder bekam eine Anweisung zur Erledigung vorgesetzt.

Das smarte Team-Lern-System Scrum | **225**

Der Sprint Backlog wird geschlossen, inklusive der »Mich-will-ja-keiner«-Karten sind rund achtzig Prozent der Aufgaben dort gekapselt. Das bedeutet, in den nächsten Wochen sind die Aufgaben in den Status »Erledigt« zu bringen. Die fehlenden zwanzig Prozent werden in den nächsten Sprint gelegt beziehungsweise können im Best-Case-Szenario auch noch in den ersten Sprint aufgenommen werden, falls das Sprint Backlog frühzeitig abgearbeitet sein sollte. Darüber entscheidet jedoch nur ein einziges Gremium: das Team selbst.

Mit dem Schließen des Sprint Backlogs wird auch das Sprint Planning Meeting beendet und die Runde löst sich auf.

Beim Herausgehen frotzelt Johannes: »Na, da bin ich ja mal gespannt, was Peter zu unserer tollen Selbstverwaltung sagt. Der schmeißt doch bestimmt noch einiges um und dann fangen wir wieder von vorne an. Prost Mahlzeit!«

Christian tut so, als ob er diesen Kommentar nicht gehört habe. Hat er aber, und er merkt, wie sehr er ihn verunsichert. Natürlich wäre es besser gewesen, wenn Peter in seinen Rollen als Product Owner und Stakeholder das Sprint Planning aktiv begleitet und sich eingebracht hätte. Dann hätte man jetzt Konsens und Christian wäre sicher, dass im ersten Sprint die richtigen Aufgaben angegangen werden. Jetzt besteht ein Restrisiko, dass Peter in den nächsten Tagen auf das initial gefüllte Kanban Board schaut und Johannes Unkenrufe Wahrheit werden.

Zutrauen und Vertrauen sind eine echte Challenge!

Christian kommt am Ende eines anstrengenden Tages an einen Punkt, an dem Zutrauen und Vertrauen eine wichtige Rolle spielen: a) Er muss dem ScruMa-Team zutrauen, die unliebsamen Aufgaben im ersten Sprint auch ohne Anweisungen von oben selbstorganisiert zu leisten, und b) er muss das in ihn gesetzte Vertrauen Peters rechtfertigen.

Kurzer Einschub an dieser Stelle. In der deutschen Sprache muss man Vertrauen »rechtfertigen«. Wir wissen nicht, wie es sich für Sie als Leser anhört. Für uns ist das ein Verb, das eher passiver Natur ist. Rechtfertigen wir uns nicht eher, wenn wir mit Kritik oder – schlimmer noch – Vorwürfen konfrontiert werden? Warum müssen wir uns rechtfertigen, wenn uns jemand sein Vertrauen schenkt? Dieser Jemand entwickelt das Vertrauensgefühl über einen längeren Zeitraum und auf Basis seiner individuellen Kriterien. Hat es sich entwickelt, sollte es eine belastbare Basis auch für Neues und für Fehler sein. Natürlich hat Peter Erwartungen an das agile Pilotprojekt und auch an Christian. Aber muss Christian dieses dann »rechtfertigen«? Wir denken, hier ist es Zeit, über eine neue Wortschöpfung nachzudenken.

Der zertifizierte Scrum Master kennt die Theorie ...

Lars ist mit dem Ergebnis des Tages sehr zufrieden und sucht das Gespräch mit Christian. Er möchte wissen, wie er den Tag wahrgenommen hat, und insgeheim möchte er auch ein Feedback zu seiner Leistung einholen.

»Ich möchte offen sein und mich ehrlich bei dir bedanken. Mir ist völlig klar, dass mir meine Zertifizierung als Scrum Master nur einen theoretischen Rahmen gegeben hat. In der Praxis zeigen sich völlig neue Herausforderungen, die ich ohne deine Unterstützung kaum bestehen würde. Wir haben es bei unserer Transformation mit Menschen zu tun, die alle eine Geschichte mitbringen. Hier ein vereinheitlichendes »Schema F« überzustülpen, kann einfach nicht funktionieren«, sagt er.

Lars freut sich über Christians Worte. Er selbst hat sich nie als Scrum Master zertifizieren lassen. Nicht, weil er die theoretische Basis unsinnig findet, sondern weil ihm die praktische Anwendung am lebenden Objekt fehlt, um eine wertige Zertifizierung zu begründen. Er hat sich vor einigen Jahren zum systemischen Business Coach ausbilden und zertifizieren lassen. Auch hier spielte Theorie eine Rolle, aber viel gewinnbringender fand er die Lehrcoachings unter Anleitung des Ausbilders. Hier konnte er sich in echten Coaching-Situationen ausprobieren und nach dem Feedback des Ausbilders weiterentwickeln. Schon seit Monaten trägt er sich mit dem Gedanken, ein ähnliches Format auch für angehende agile Coaches anzubieten. Was ihm zur Umsetzung fehlt? Vor allem die Zeit, denkt Lars. Wir würden es etwas anders formulieren: der Mumm zur Priorisierung dieser Idee! Es ist immer wieder dieselbe Frage: Was ist wirklich wichtig? Und zwar angesichts der galaktischen Tatsache, dass der Tag – jedenfalls hier bei uns auf der Erde – derzeit und auch in naher und wohl auch fernerer Zukunft genau vierundzwanzig Stunden hat. Vielleicht kommt Ihnen diese kleine Restriktion ja aus Ihrem eigenen Leben bekannt vor?

Camilla lässt die Katze aus dem Sack

Camilla fängt Christian nach dem Sprint Planning Meeting auf dem Weg zu seinem Büro ab. Sie nimmt allen Mut zusammen und erzählt ihm von dem vorliegenden Job-Angebot. Christian zuckt bei der Nachricht innerlich zusammen. Er hat zwar in den letzten Wochen gemerkt, dass seine Kollegin etwas auf dem Herzen hatte, er hat aber nicht die Zeit gefunden, mit ihr darüber zu sprechen.

Jetzt liegen die Fakten auf dem Tisch. Camilla bewegen konkrete Abwanderungsgedanken und wäre bei einer Entscheidung für die neue Stelle in drei Wochen nicht mehr im Team. Sie ist noch in der Probezeit und nicht an längere Kündigungsfristen gebunden. Für Christian wäre ein Abschied von Camilla eine kleine Katastrophe, auf die er nicht vorbereitet ist. Einige der Aufgaben des ersten Sprints kann inhaltlich nur Camilla leisten und er war froh, dass sie diese freiwillig übernommen hat. Sie wirkte in den letzten Stunden motiviert und sehr offen für den neuen Weg der ScruMa und jetzt das. Verdammt!

Es geht Camilla nicht um mehr Geld. Nein, sie will in anderen Strukturen arbeiten. Strukturen mit mehr Freiheiten und der Möglichkeit, sich selbst zu verwirklichen. »Glaubst du denn, dass du die bei dem potenziellen Arbeitgeber so bekommst, wie du dir das wünschst?«, fragt Christian interessiert. »Die Frage stelle ich mir auch. Die bisherigen Gespräche verheißen Großartiges, aber natürlich wird immer viel geredet und kein Recruiter wird in einem Bewerbungsgespräch immer alle Karten offen auf den Tisch legen. Bei der ScruMa weiß ich, woran ich bin, und erkenne einen ernst gemeinten Willen zur Veränderung. Das gefällt mir sehr! Ich habe jedoch die Angst, hier auf ein Pferd zu setzen, dass gerade langsam in Trab kommt und noch einige hohe Hürden zu nehmen hat«, antwortet Camilla.

Christian kann die Bedenken seiner Kollegin sehr gut nachvollziehen und sagt mit großer Bedachtsamkeit: »Du weißt, wie sehr ich dich als Mensch und Kollegin schätze. Ich ärgere mich gerade über mich selbst. Hätten wir früher miteinander gesprochen, hättest du deine berufliche Erfüllung vielleicht nicht bei einem anderen Arbeitgeber gesucht. Ich möchte ehrlich sein und kann dir hier und jetzt auch keine Garantie dafür aussprechen, dass unser Veränderungsprozess erfolgreich sein wird. Ich möchte dich aber bitten, mal in aller Ruhe auf das bislang Erreichte zu schauen. Es hat sich in den letzten Wochen mehr in eine positive Richtung bewegt als in all den Jahren, seit ich hier bin. Warte doch bitte die ersten drei Dailys ab und horche danach noch einmal in dich hinein. Am Ende entscheidet dann ja doch der Bauch und ich würde mir sehr wünschen, dass dieser seinen Daumen am Ende für die ScruMa hebt.«

Beide müssen jetzt lachen. Ein Bauch, der seinen Daumen hebt, gibt im Kopf ein schönes Bild ab, das deutlich zur Entspannung der Situation beiträgt. »Mach dir keine Sorgen, Christian. Ich werde nicht vorschnell eine Entscheidung treffen und dich in jedem Fall rechtzeitig informieren«, sagt Camilla zum Ende des Gespräches.

Die richtigen Aufgaben am Wickel?

Christian ist nach dem Tag sehr erschöpft und sehnt sich nach einem entspannten Abend auf seiner Couch. Als er das Büro verlassen möchte, bemerkt er Licht im agilen Projektraum. Es ist Peter, der vor dem Sprint Backlog steht und sich augenscheinlich intensiv mit jeder Karte beschäftigt. Christian kann nicht einschätzen, ob Peter zufrieden mit der Priorisierung und der Zuteilung der Aufgaben ist, und spricht ihn direkt darauf an: »Na Peter, was sagst du? Haben wir die richtigen Aufgaben in den nächsten vier Wochen am Wickel?«, fragt er mit lockerem Tonfall.

»Ihr wart ja richtig fleißig heute. Ich bin überrascht, wie gut ihr die Aufgaben definiert habt. Ich war zwar heute nicht dabei, verstehe aber sehr gut, an was ihr in den nächsten Wochen arbeiten wollt. Bis auf zwei Ausnahmen finde ich auch die Priorisierungen top und bin sehr gespannt, wie die Ergebnispräsentation in vier Wochen aussehen wird. Ich werde mich nicht einmischen und keine Umpriorisierungen vornehmen. Macht ihr mal genauso weiter«, sagt Peter und klopft Christian auf die Schulter.

Christian spürt das Vertrauen seines Geschäftsführers und ist sehr beruhigt. Hätte Peter den Sprint Backlog komplett aus den Angeln gehoben, wäre der ganze Tag nahezu unsinnig gewesen.

Das erste Daily steht!

Am folgenden Montag ist es Zeit für das erste Daily Stand-up im agilen Projektraum der ScruMa. Lars ist bei diesem Auftakt nicht dabei und es ist somit Christian, der das Team durch das Daily führt.

»Denkt bitte daran, dass wir nur fünfzehn Minuten Zeit haben, um uns abzustimmen. Jeder stellt sich bitte an das Kanban Board und beantwortet uns drei Fragen: Was habe ich die letzten Tage gemacht, was mache ich heute und was bremst mich gerade aus? Bitte bewegt dabei die Karten, an welchen ihr aktuell arbeitet, in die Spalte »Bearbeitung«. So führt er das Prozedere ein.

Bis auf Wolfgang sind alle ScruMas vollzählig und pünktlich erschienen. Niemand weiß, warum Wolfgang durch Abwesenheit glänzt. »Lass uns doch noch fünf Minuten auf Wolfgang warten. Er kommt bestimmt gleich«, sagt Larissa.

Christian lehnt diesen Vorschlag ab und besteht auf einem pünktlichen Start des Meetings. »Es ist wichtig, dass wir uns an die Regeln halten, die wir uns selbst gegeben haben. Ich möchte, dass wir uns hier disziplinieren, sonst arten unsere Meetings in Langzeitveranstaltungen aus, und das will ja wirklich keiner von uns«, formuliert er in aller Klarheit.

Auch Vielredner sind nicht der Nabel der Welt!

Johannes startet und bewegt zwei seiner Karten in die Spalte »Bearbeitung«. Dazu berichtet er ausführlich von seinen Aktivitäten und findet auch nach fünf Minuten noch kein Ende. Dabei lässt er sich auch nicht von der Stoppuhr irritieren, die Christian für alle sichtbar platziert hat. Schon jetzt ist klar, dass entweder nicht alle Teilnehmer zu Wort kommen werden oder, falls doch, nur jeder die drei Fragen im Telegramm-Stil wird beantworten können. Nach der sechsten Minute bittet Christian seinen Kollegen darum, zum Ende zu kommen. Johannes gibt sich aber nicht so schnell geschlagen und will nur noch einen letzten Satz formulieren. Es ist Michael, der diesen letzten Satz unterbricht: »Wir sollten beim nächsten Treffen darauf achten, dass Johannes als Letzter spricht. Dann haben auch wir anderen die Chance, ein paar kurze Worte beizutragen«, sagt er.

Johannes ist es nicht gewohnt, in dieser Weise unterbrochen zu werden, und beendet seine Ausführungen schmollend. »Na, wenn ihr schon alles wisst, dann ist es ja gut!«, tritt er verbal nach. Die Stimmung ist jetzt sehr aufgeladen, fast gereizt, und bessert sich auch nicht mehr in den letzten Minuten. Die übrigen Projektmitglieder haben sehr wenig Zeit für die Darstellung des eigenen Aufgabenfortschritts und fühlen sich gehetzt.

Und dann steckt auch noch Wolfgang fünf Minuten vor Ende des Stand-ups seine Nase in den Raum. »Gut, dass ihr schon ohne mich angefangen habt. Ich musste noch ein paar wichtige Zahlungen freigeben. Tut mir leid, aber ging leider nicht anders«, beschwichtigt er seine verwundert dreinblickenden Kollegen.

Christian ist mit der Situation leicht überfordert und wünscht sich Lars an seine Seite. »Was würde er wohl jetzt an meiner Stelle unternehmen?«, denkt er bei sich. Christian beschließt sodann, auf die Selbstreinigungskräfte des Teams zu vertrauen und die nächsten Meetings dahingehend zu beobachten.

Reaktivierendes Reflexionstelefonat mit Lars

Nach dem ersten Daily ruft Christian direkt Lars an, um ihm zu berichten. »Du hast das genau richtig gemacht. Das Team muss selbst schauen, wie es sich in den fünfzehn Minuten organisiert. Eine harte Ansage von dir hätte zwar kurzfristig das Problem gelöst, aber wir wollen ja Selbstverantwortung und Selbstorganisation erreichen. Das müssen wir in solchen Situationen einfach aushalten, auch wenn es nicht leicht ist«, sagt er.

Lars berichtet in dem Telefonat von seinen Erfahrungen aus anderen Projekten und sichert Christian eine E-Mail zu. In dieser möchte er weitere Störfaktoren aufschreiben, die er alle schon erlebt hat. »Bitte bekomme keinen Schreck, aber ich möchte dich auf weitere Fallen vorbereiten, die dich vielleicht noch ereilen können«, sagt er zum Abschluss des Telefonats.

Die E-Mail trifft zwei Stunden später bei Christian ein und listet folgende Punkte als Auswahl auf:

- Kollege sagt im laufenden Sprint: »Sorry, ich habe in den nächsten Wochen keine Zeit.«
- Das Team will eine Aufgabe zurückgeben, zu der es sich im Sprint Planning verpflichtet hat.
- Einigen Kollegen geht der Fortschritt nicht schnell genug.
- Product Owner ändert die Prioritäten während eines laufenden Sprints
- Kollege ist dauerhaft erkrankt und ohne ihn gehen wichtige Aufgaben nicht weiter.
- Die Motivation im Team lässt nach, weil der Fortschritt zu langsam ist

- Das Team ist unkonzentriert und bespricht Themen, die für den Sprint irrelevant sind.
- Das Team hält sich nicht an das Time Boxing von fünfzehn Minuten und findet das in Ordnung.
- Es gibt einen Wettbewerb der Teammitglieder zu besonders attraktiven Aufgaben, andere Karten möchte dagegen niemand bearbeiten.
- Ein Teammitglied moniert, dass eine als erledigt eingestufte Aufgabe aus seiner Sicht gar nicht erledigt ist.
- Mit Blick auf das Kanban Board moniert der Product Owner die Fortschrittsgeschwindigkeit im Sprint und will steuernd eingreifen.
- Das Team merkt in der letzten Sprintwoche, dass nicht alle Aufgaben fertig werden, und gibt sich gegenseitig die Schuld dafür.
- Die definierten Aufgaben stellen sich im Sprint-Verlauf als zu groß heraus.
- Ein Kollege hat augenscheinlich eine Aufgabe komplett falsch verstanden.
- Ein Kollege kommt immer wieder zu spät oder gar nicht zu den Meetings.
- Ein Kollege verhält sich permanent sehr dominant und lässt den anderen Teammitgliedern keine Zeit zur Interaktion in den Meetings.

Bitte bekommen Sie jetzt als Leser dieser Aufstellung keine Panik! Und die Fülle der kritisch erscheinenden Themen ist auch kein Grund, sich von einer angedachten Transformation abbringen zu lassen. Uns ist wichtig, Ihnen ein Gefühl davon zu geben, was für Herausforderungen auf Sie lauern können. Der Scrum-Prozess ist schnell verständlich, gut nachvollziehbar und in vielen Fachbüchern beschrieben.

Wir glauben daran, dass insbesondere der Umgang mit Störgrößen ein wesentlicher Erfolgsfaktor für Sie sein wird. Also: Kein Grund zur Beunruhigung! Andere habe es durch Veränderungen der Haltungen und des Verhaltens auch erfolgreich geschafft. Warum dann nicht auch Sie? Und bitte vergessen Sie nicht die Retrospektiven am Ende jedes Sprints. Ein tolles Forum, um im Team Verbesserungspotenziale zu diskutieren, damit diese dann bei den folgenden Sprints gehoben werden können.

Auch Christian blickt zunächst etwas panisch auf die Liste, findet dann aber schnell zu alter Ausgeglichenheit zurück. Er will alles in Ruhe auf sich zukommen lassen und sich nicht zu viele Sorgen wegen möglicher Probleme machen, die vielleicht niemals aufkommen werden. Christian blickt auf sein Handy und liest einen aktuellen Tweet von Kari Catur: »Man kann sich vieles schlecht denken. Man kann aber auch einfach mal was entspannt auf sich zukommen lassen und zusehen, was es macht.«

Und langsam nimmt das Team Fahrt auf

Schon beim nächsten Stand-up-Meeting zeigen sich positive Veränderungen. Wolfgang ist pünktlich vor Ort und gut vorbereitet. Schnell und flüssig trägt er seine Antworten auf die drei Fragen vor. Auch die anderen Kollegen glänzen durch Effektivität und beschränken die Redebeiträge auf das Wesentliche. Und Johannes? Er ist dieses Mal der Letzte in der Kette und hat genau neunzig Sekunden Zeit zum Reden. Er hält sich sogar daran. Beziehungsweise er hat sich daran zu halten, weil der Signalton der abgelaufenen Stoppuhr ihm die Zeitgrenze aufzeigt.

Nachdem seine Kollegen den agilen Projektraum verlassen haben, schaut sich Christian das Kanban Board in Ruhe an. Es zeigt sich ein buntes Bild aus Karten, die sich ihren Weg von links nach rechts bahnen. »Hier ist echte Bewegung drin«, denkt er sich. Ihm fällt auf, dass diese Bewegung mit Blick auf die Karten einzelner Kollegen mal mehr, aber auch mal weniger ausgeprägt ist. Johannes, Michael und Camilla kommen augenscheinlich sehr gut aus den Startlöchern und haben jeweils mehrere relevante Themen in Bearbeitung. Michael konnte sogar schon eine kleine Aufgabe mit hoher Priorität abschließen. Die anderen Kollegen haben sich jeweils nur eine der Karten aus dem Sprint Backlog gepickt und in die Bearbeitung genommen.

Christian ertappt sich selbst dabei, wie er bei dieser Beobachtung droht, in gelernte Denkstrukturen zurückzufallen, und versucht ist, diese Unterschiede zu bewerten. »Es ist doch völlig egal, wie viele Aufgaben sich die Kollegen jeweils gezogen haben. Am Ende ist wichtig, welche Team-Performance nach vier Wochen zu Buche schlägt«, denkt er. Tatsächlich geht es nicht darum, möglichst viele Themen parallel zu bearbeiten, sondern um die selbstorganisierte Erreichung der Sprint-Ziele. Viele Teammitglieder bedeuten folglich viele individuelle Strategien für das eigene Vorgehen. Der eine arbeitet gerne mehrere Aufgaben parallel ab, der andere lieber sequenziell. Letzteres ist insbesondere dann der Fall, wenn die Aufgaben aufeinander aufbauen respektive inhaltliche Abhängigkeiten bestehen.

Christian ist mit den ersten beiden Daily Stand-ups zufrieden. Bislang lief vieles in die richtige Richtung, die drohende Kündigung von Camilla einmal ausklammert. Klar, einige ihrer Aufgaben können auch in einem der Folgesprints von anderen Kollegen übernommen werden. Es bleiben jedoch Aufgaben übrig, für deren Bearbeitung Camilla über eine Art »Herrschaftswissen« verfügt. Er nimmt sich vor, Camilla in den nächsten Tagen noch einmal persönlich anzusprechen. Vielleicht kann ja ein Gespräch zwischen ihr und Peter noch helfen. Diesen Vorschlag wird Christian Camilla in jedem Fall machen.

Der Pilot erregt Aufsehen

Immer mehr Mitarbeiter der ScruMa GmbH werden neugierig und interessieren sich für das agile Pilotprojekt. Der Projektraum wird nicht verschlossen und einige Mitarbeiter der Bereiche schauen sich das Kanban Board an, um zu verstehen, was dieses »Agilitätsdings« konkret in der Umsetzung bedeutet. Christian und Peter sehen das mit großer Freude. Zudem machen sie rege vom internen Newsletter Gebrauch, um alle Mitarbeitenden über die nächsten Schritte zu informieren.

Richard hält sich derweil auffällig im Hintergrund. Er beschränkt sein Engagement auf gelegentliche Nachfragen bei Peter zum aktuellen Stand. Im Projektraum wurde er bislang nur einmal gesehen. Sein Sohn hatte ihm diesen kurz gezeigt, nachdem er fertig eingerichtet worden war. Richard hat in seinem langen Arbeitsleben unzählige Meetings in klassisch ausgestatteten Sitzungsräumen gehabt, die meist sehr repräsentativ waren. Das war der neue Projektraum nicht. Keine Stühle, keine modernen Bilder an der Wand und keine Skulptur in einer der Ecken. Dafür Flipcharts, Pinnwände, Whiteboards und alles andere, was wohl so fürs agile Arbeiten benötigt wird. Richard muss bei dem Anblick innerlich schmunzeln. Er hat das Gesicht von seinem Freund Carsten vor Augen, der als Vorstand einer großen Bank bei seinem nächsten Besuch sicher sehr verwundert über den neuen agilen Projektraum »Raum Elbe« sein wird. Richard stellt sich vor, Carsten beim nächsten Besuch zum Gespräch in den Projektraum zu bitten.

Die nächsten Dailys laufen immer routinierter und konzentrierter ab. Es können zwar nicht immer alle Kollegen dabei sein, aber eine mehrmalige Abwesenheit hintereinander kam noch nicht vor. Wenn ein Teammitglied terminlich nicht konnte, informierte es Christian rechtzeitig und gab ihm noch zwei bis drei Sätze zum Status mit auf den Weg. In der Folge konnte Christian dann beim Stand-up den Kollegen vertreten und dessen Karten kurz kommentieren sowie auf dem Board bewegen. Die Idee, so zu verfahren, kam nach dem dritten Daily von Johannes. Er musste ein paar Tage auf Dienstreise gehen und bat Christian um seine Hilfe. Hört, hört.

Sinnhafte Lebenszeit statt Richakratismus

Camilla bittet Christian nach dem Meeting um ein kurzes Gespräch. »Schön, dass du auf mich zukommst. Ich wollte auch dringend mit dir sprechen. Die Frage, ob du bleibst oder gehst, belastet mich schon seit Tagen sehr«, eröffnet Christian das Gespräch. »Das tut mir sehr leid, Christian. Das wollte ich wirklich nicht. Vielleicht war es egoistisch von mir, dich einzuweihen, um mein Gewissen etwas zu erleichtern«, entschuldigt sich Camilla glaubhaft. »Alles gut, Camilla, dass du mich eingeweiht hast, zeigt mir, dass du mir vertraust. Dafür möchte ich dir danken und dir einen Vorschlag machen. Lass uns doch mit Peter darüber reden und schauen, was er dir noch anbieten kann und möchte«, antwortet Christian.

Camilla reagiert mit aufgeregter Stimme auf diesen Vorschlag: »Du hast mich nicht richtig verstanden. Es geht mir nicht um Karriere und mehr Geld. Ich möchte meine Lebenszeit sinnstiftend verleben und das nicht nur privat. Ich will Spaß und Freude bei der Arbeit. Das Gespräch mit Peter brauche ich nicht. Ich brauche Taten und keine Worte. Ihr habt viel Neues auf die Schiene gesetzt, was mich begeistert. Mein Plan ist, dass ich meine Entscheidung nach dem ersten Sprint treffe. Ich denke, dann kann ich besser einschätzen, ob wir gerade wirklich was ändern oder alles nur ein Strohfeuer war und der »Richakratismus« hier wieder einzieht.« Christian ist auf der einen Seite beruhigt, auf der anderen Seite spürt er auch den Druck, den die letzten Sätze Camillas bei ihm auslösen.

Gleichzeitig versteht er Camillas Punkt zu hundert Prozent. Er hat sich in den letzten Wochen selbst die Frage gestellt, wie seine Reaktion aussähe, wenn die Geschäftsführung die Räder wieder zurückdrehen würde. Seine Antwort: »Dann muss ich mir leider was Neues suchen.«

Bergfest, liebe Kolleginnen und Kollegen!

Christian und Lars telefonieren zwei- bis dreimal die Woche miteinander. Das sind oftmals keine langen Telefonate, aber Christian geben diese Gespräche viel Sicherheit und Bestätigung. Lars schöpft aus einem großen Erfahrungsschatz und kann die meisten Fragen von Christian mit direktem Praxisbezug beantworten. Die meisten ScruMa-Themen sind nicht neu und auch schon bei anderen Unternehmen aufgetreten. Allein schon diese Erkenntnis gibt Christian immer wieder Sicherheit und stärkt seine Überzeugung: »Wenn die anderen das geschafft haben, dann schaffen wir das auch!«

Nach den ersten zwei Wochen eröffnet Christian das montägliche Daily mit dem Hinweis: »Bergfest, liebe Kolleginnen und Kollegen!« Die ersten zwei Wochen sind wie im Flug vergangen und Christian blickt in einige erschrockene Gesichter. In zwei Wochen steht das erste Sprint Review mit Peter an und bislang ist nur rund ein Viertel der Karten in die Spalte »Erledigt« gewandert. Dagegen ist die Spalte mit den »Aufgaben« noch üppig gefüllt. Hat sich das Team wirklich überschätzt und schafft es das selbst definierte Pensum nicht?

Die Stimmung ist angespannt. Christian versucht, für Entspannung zu sorgen und sagt: »Lasst uns jetzt bitte nicht in Panik verfallen, sondern überlegen, wie wir uns gegenseitig helfen können. Ich zum Beispiel könnte noch eine mittelgroße Aufgabe aus dem Sprint Backlog zusätzlich übernehmen. Vielleicht hat ja noch jemand anderes die Möglichkeit, zu helfen.«

Die Reaktion des Teams auf diesen Impuls von Christian ist sehr zurückhaltend. Nur Michael reagiert wahrnehmbar und formuliert seine Bereitschaft, zwei kleine Aufgaben zu übernehmen, um den dafür verantwortlichen Kollegen zu entlasten. Schnell sind die Verantwortlichkeiten auf den Karten geändert. Aber wird das reichen, um die Sprint-Ziele zu erreichen? Christian ist da skeptisch, will aber geduldig abwarten, wie sich die nächsten Wochen weiterentwickeln.

Statusreport à la Kanban

Am nächsten Tag besucht Lars spontan Christian in seinem Büro. Er ist neugierig und möchte sich den Status des Kanban Boards ansehen. Beide Herren gehen in den Projektraum und stellen sich vor das Board. »Toll, ihr kommt ja richtig voran«, kommentiert Lars das Gesehene. Christian ist verwundert über dieses Feedback, schließlich sind einige Aufgaben noch nicht einmal in Angriff genommen worden, und es ist recht unwahrscheinlich, dass noch alles in time fertig wird.

Lars nimmt Christians Verwunderung wahr und sagt: »Glaub mir bitte, es ist völlig normal, dass es im ersten Sprint zu Fehleinschätzungen kommt. Wichtig ist nur, dass du und Peter nicht damit im Sprint Review überrascht werdet und ihr gemeinsam auch im laufenden Sprint auf das Board schaut. Macht ihr das schon?«

Tatsächlich ist dies der Fall. Peter und Christian sehen sich regelmäßig zusammen das Board an und verfolgen die Bewegungen gemeinsam. »Dann ist doch alles bestens. Peter ist doch im Info-Loop und über den Status gut informiert«, jubelt Lars.

Vom Ehrgeiz zerfressen ist er selbst am meisten

Christian beruhigt das augenscheinlich. Trotzdem spürt er den Ehrgeiz, alles liefern zu wollen, und möchte diesen Ehrgeiz auch bei den Teammitgliedern spüren. Ein Wunsch, der ihm leider in den nächsten Daily Stand-ups nicht von jedem Kollegen erfüllt wird. Insbesondere Wolfgang kommt nicht wirklich mit seinen Aufgaben voran, scheint aber damit kein großes Problem zu haben. »Ich versuche das Möglichste, aber mehr geht jetzt wirklich nicht«, kommentiert er seinen Stillstand fast bei jedem Meeting.

Das irritiert die Kollegen zunehmend. Schließlich ist es das Team, das am Ende des Sprints vor Peter das Erreichte präsentieren muss. Wolfgang als »lame duck« hier mitzuschleifen, erscheint den Meisten als unfair. Nur Johannes ist das ziemlich egal. Er ist mit seinen Aufgaben sehr gut vorangekommen und sich sicher, alles rechtzeitig zu schaffen, was er sich vorgenommen hat. Er wird vor seinem Geschäftsführer nicht als derjenige dastehen, der nicht performed hat, und das ist, aus seiner Sicht der Dinge, auch gut so.

Eine Woche vor dem nahenden Sprint Review kommt es im Daily Stand-up zu einer Auseinandersetzung zwischen Larissa und Johannes. Warum? Johannes ist mit seinen Aufgaben so weit fertig und verkündet das auch stolz den Kollegen. Auf Christians Frage, ob er noch offene Themen von

Das smarte Team-Lern-System Scrum | **239**

Wolfgang übernehmen könne, schaltet Johannes auf stur. »Moment. Werde ich jetzt mit mehr Arbeit dafür bestraft, dass ich meine Aufgaben sauber abgearbeitet habe? Das kann doch nicht euer Ernst sein«, mokiert er sich laut.

Larissa ist fassungslos über diese Aussage und fährt Johannes verbal an: »Hast du verstanden, was unsere Grundidee ist? Wir wollen uns als Team finden und nicht als Ansammlung von Egomanen ohne Sinn für das Ganze. Natürlich wirst du Wolfgang und damit uns allen helfen. Basta.«

Der Zornige hat alle Sinne bei sich – bis auf fünf

Die Luft im Raum ist mehr als energiegeladen und es droht eine Eskalation auf hohem Niveau. Die anderen Teammitglieder blicken in Christians Richtung und er ergreift energisch das Wort. »Halt. Halt. Lasst uns das zu dritt nach dem Meeting diskutieren. Atmet jetzt bitte tief durch und wir treffen uns nachher in meinem Büro auf neutralem Boden.«

Gesagt, getan. Die Streithähne treffen sich eine halbe Stunde später in Christians Büro wieder. Christian hat Wolfgang gefragt, ob auch er dabei sein kann. Schließlich gehe es ja indirekt auch um ihn. Wolfgang hat diese Einladung ausgeschlagen. »Was habe ich denn mit dem Streit zu tun? Ich werde bei Johannes nicht darum betteln, dass er Themen von mir übernimmt. Entweder er macht das freiwillig oder er lässt es bleiben«, sagte er und ließ Christian im Büro-Flur stehen.

Das Sechs-Augen-Gespräch bei Christian beginnt sehr frostig. Larissa und Johannes haben sich zwar emotional etwas abgekühlt, aber es liegt immer noch sehr viel Spannung in der Luft. Christian entscheidet sich, das Wort zu ergreifen, und zeigt sich sehr menschlich. »Ich verstehe eure Standpunkte wirklich und ahne, dass die heutige Eskalation das Ende lang aufgestauter Emotionen ist. Solche Konflikte sind völlig normal und auch gewollt, solange sie uns als Team weiter nach vorne bringen«, führt er aus.

Larissa hört Christian aufmerksam zu, während Johannes sich gelangweilt zurücklehnt. »Schöne Worte, Christian. Natürlich will ich ganz vorne sein, aber ich lasse mich doch dabei nicht von den Kollegen bremsen, die ihren Job nicht im Griff haben. Wolfgang steht unserem tollen Teamerfolg im Weg. Der könnte liefern, wenn er es nur wirklich wollte. Er will aber nicht und das sehen wir doch alle. Du doch auch, Larissa?!«, sagt er.

Entscheiden ist das Abwägen von Interessen

Larissa erwischt sich dabei, Verständnis für Johannes zu entwickeln, und sagt: »Ich ärgere mich doch auch über Wolfgang, aber wir müssen einen gemeinsamen Weg finden, damit umzugehen. Peter interessiert das Gesamtergebnis und nicht unsere persönliche Befindlichkeit.«

Christian verhält sich eher zurückhaltend und stört den Dialog der beiden Kollegen nicht. Er hat das Gefühl, dass diese auf eine sachliche Ebene zurückgefunden haben und er hier nicht eingreifen muss. Lars hat ihn auf viele Störfaktoren vorbereitet, aber dass sich diese bereits bei den ersten Gehversuchen, quasi in der Experimentierphase, so offen zeigen, hätte er nicht vermutet.

Der weitere Gesprächsverlauf ist weitestgehend harmonisch, und am Ende entschuldigen sich beide, Larissa und Johannes, für ihren Tonfall im Daily Stand-up. Inhaltlich sind sie sich nähergekommen, aber eine einfache Lösung haben sie nicht gefunden. Aber war das unsere Erwartung, lieber Leser?

Der Tag des ersten Sprint Reviews steht an. Christian und Peter haben hierfür vier Stunden angesetzt. Das Review findet im Projektraum statt, der vorher noch mit Stühlen aus dem normalen Konferenzraum der ScruMa ausgestattet wurde. Neben Peter, Christian und den Teammitgliedern ist auch Lars dazu eingeladen. Christian hat ihn in Abstimmung mit Peter dazu gebeten, um das erste Review Meeting zu moderieren.

Karten oder PowerPoint – Ein echter Glaubenskrieg!

Johannes hat beim letzten Daily vor dem Review gefragt, in welcher Form er seine Ergebnisse aufarbeiten soll. Er schlägt eine PowerPoint-Präsentation vor, um en detail seine Leistungen darzustellen. Christian fragt das Team nach dessen Meinung. Es ergibt sich ein sehr heterogenes Meinungsbild. Manche empfinden die gewohnte Präsentationsform als geeignet, andere wollen dagegen lieber frei anhand der Karten auf dem Kanban Board präsentieren. Insbesondere Wolfgang besteht auf einer klassischen Präsentation anhand von Folien am Beamer. Das ist spannend, hat er doch im Vergleich zu den Kollegen am wenigsten fertige Ergebnisse in seinem Koffer. Einem inneren Impuls folgend, stellt Christian die Entscheidung jedem frei. »Ich mache euch keine Vorgaben. Wählt die Form, die euch als die beste erscheint«, beendet er die Diskussion zu der Frage.

Christian schläft die Nacht vor dem Review fast gar nicht. Er macht sich große Sorgen und spielt gedanklich immer wieder alle Szenarien durch, die er für das Review für denkbar hält. Dabei macht er sich weniger Sorgen bezüglich der Reaktionen Peters als vielmehr bezüglich des Verhaltens des Teams in dem Review. Die letzten vier Wochen haben deutlich gezeigt, welche unterschiedlichen Charaktere und Befindlichkeiten in dem Pilotprojekt aufeinandertreffen. »Nicht überall, wo Team draufsteht, ist auch Team drin«, denkt sich Christian, bevor er dann doch noch einschläft.

Freiwillige vor! – Ein Review ist (k)ein Zuckerschlecken

Das Sprint Review beginnt pünktlich und alle Teammitglieder sind anwesend. Lars eröffnet die Runde und erinnert das ScruMa-Team an den Sinn, Zweck und das Vorgehen bei einem Review. Er bittet danach jedes Teammitglied um die Darstellung der Ergebnisse zwecks Abnahme durch Peter in seiner Rolle als Product Owner.

»Freiwillige vor«, sagt Lars mit einem Schmunzeln im Gesicht. Nach einem kurzen Moment der Stille ist es Michael, der an das Board tritt, um anhand seiner Karten die Ergebnisse zu präsentieren. In aller Ruhe führt er Peter durch seine erledigten Karten und beantwortet Rückfragen. Peter kann den Ausführungen sehr gut folgen und bittet nur bei einer Aufgabe um eine ergänzende Nacharbeit im nächsten Sprint. Michael hat in den letzten Wochen fast all seine Aufgaben erledigt, offen blieb jedoch eine mittelgroße Aufgabe, die immer noch in der Startposition, also im Sprint Backlog aufblitzt. Peter kommentiert dies nicht weiter, sondern bedankt sich für Michaels Mut, als Erster nach vorne zu treten.

Normalerweise ist Michael kein Mann für die erste Reihe und es fällt ihm nicht leicht, vor mehreren Menschen zu reden. Aber heute war das ganz anders. Es machte ihm Freude, seine Fortschritte darzustellen, und er war stolz, dass Peter seinen Worten mit viel Zustimmung und Anerkennung nickend folgte. Er ist sich aber auch sicher, dass er den Schritt nach vorne nicht gewagt hätte, wenn Richard anwesend gewesen wäre. Peter vermittelt ihm ein Gefühl von Sicherheit, ein Gefühl, dass er in Richards Nähe nie gespürt hat.

Upps, wie Sie sehen, sehen Sie nichts

Nun ist es Zeit für Johannes. Forsch tritt er an seinen Laptop, um seine mitgebrachte PowerPoint-Präsentation zu starten. »Upps, wie Sie sehen, sehen sie nichts«, sagt er mit leicht panischer Stimme. Er ist bereits eine Woche vor dem Review mit seinen Aufgaben fertig geworden und hat die Zeit genutzt, um in aller Ruhe eine professionelle Präsentation zu stricken. Und jetzt kann man nur den gefürchteten »Blue-Screen« sehen. Nach zwei bis drei Wiederbelebungsversuchen des Rechners ist klar, dass Johannes seine Darstellungsmethode ändern und frei am Board präsentieren muss. Darauf ist er absolut nicht vorbereitet und das macht ihn sehr unsicher; seine gesamte Coolness bröckelt wie Putz von der Decke.

In der Sekunde, als er starten möchte, betritt Larissa den Raum. Sie hat – von allen unbemerkt – den Raum verlassen, um ihren Laptop zu holen. »Hier, Johannes, nimm meinen Rechner. Deine Folien habe ich gestern vom Netzwerk heruntergeladen. Wenn du nichts mehr geändert hast, ist alles auf dem neuesten Stand und du kannst loslegen«, sagt sie ohne Unterton. Johannes fällt innerlich ein Stein vom Herzen. »Larissa hat mir gerade echt meinen Allerwertesten gerettet«, denkt er, bevor er seine Ergebnisse darstellt. Dabei hangelt er sich professionell von Folie zu Folie und gibt vor Peter eine sehr überzeugende Vorstellung ab.

Klarheit ist ein seltenes Feature der Kommunikation

Nach den beiden Ergebnispräsentationen ist die Stimmung im Review deutlich lockerer geworden. Lars achtet sehr darauf, dass alle Anwesenden klar und eindeutig miteinander kommunizieren und es zu klaren Vereinbarungen kommt, welche Aufgaben wirklich erledigt oder im nächsten Sprint nachgearbeitet werden müssen. Immer wenn Formulierungen wie »wir könnten …«, »wir sollten …« oder »man hätte …« fallen, schreitet Lars ein und bittet freundlich um die Beantwortung der Frage: »Machen wir das jetzt oder machen wir das nicht?«

Die Präsentationen von Camilla, Larissa und Christian finden ohne Beamer direkt am Kanban Board statt. Das hilft Peter sehr, einen Überblick zu gewinnen, schließlich kann er eigenständig sein Augenmerk von Karte zu Karte wandern lassen, um auch Zusammenhänge zwischen den Aufgaben der einzelnen Teammitglieder schnell zu erfassen. »Toll, da reden wir alle von Digitalisierung und dann arbeiten wir erfolgreich mit bunten Pappkarten an einer Pinnwand und spielen Verschiebebahnhof«, fährt es Peter amüsiert durch den Kopf, ohne dabei die Methode infrage zu stellen.

Große Enttäuschungen basieren auf übergroßen Erwartungen

Krönender Abschluss nach der letzten Kaffeepause ist Wolfgang. Der wirkt zunehmend angespannt. Ein kurzer Blick auf die Aufgaben im Sprint Backlog verrät den Grund für sein Unbehagen: Von den acht nicht bewegten Karten tragen sechs sein Kürzel. Er hat in den letzten Wochen nicht wirklich viel geschafft und keiner seiner Kollegen hatte die Zeit, die fachliche Kompetenz oder die Lust gehabt, ihm eine Karte abzunehmen. Jetzt steht er am Beamer, um seine Folien zu zeigen, und hat das Gefühl, schon verloren zu haben, bevor er überhaupt mit der Präsentation begonnen hat.

Peter hört ihm dennoch aufmerksam zu und gibt alle Ergebnisse als »done« frei. Er bittet Wolfgang aber darum, beim nächsten Sprint Planning seine Kapazitäten besser abzuschätzen. Das Ziel muss es sein, dass er sich nur das vornimmt, was er auch realistisch leisten kann. Sonst schürt er Erwartungen, die er vielleicht nie erfüllen kann.

»Wie jetzt? Peter verlangt jetzt keine Überstunden von mir?«, denkt Wolfgang. Peters Vater hätte diese Minderleistung niemals zugelassen und ihn mit Druck zum Erfüllen der Aufgaben getrieben. Ja, und wahrscheinlich hätte er dann die Wochenenden durchgearbeitet, um Richards Erwartungen zu erfüllen. Irgendwie hat er es dann immer hinbekommen, auch wenn sein Privatleben oftmals auf der Strecke blieb. »Und jetzt dieser Müßiggang?! Was motiviert denn die anderen Kollegen, wenn es nicht der Druck von oben ist? Am Ende wirklich der Ehrgeiz, das zu erreichen, was man sich im Team vorgenommen hat?«, gärt es weiter in ihm.

Fürchte den Bock von vorn und das Pferd von hinten

Christian ist nach dem Review geradezu übermütig und nimmt Lars kurz in den Arm. Peter beobachtet dies und fragt: »Was ist denn los mit dir? Hattest du Angst vor dem Review? Fürchte den Bock von vorn und das Pferd von hinten, nie jedoch das Review! Ihr habt doch vieles vorangebracht und du kannst sehr zufrieden sein. Also ich bin es!« Ja, Christian ist auch zufrieden, gelangt aber immer wieder an neue Herausforderungen, die weniger mit der Scrum-Methodik als vielmehr mit den handelnden Personen zu tun haben. Er hat Peter nichts von der Eskalation zwischen Larissa und Johannes erzählt. Er hat es gut gemeistert, aber wirklich auf ähnliche Situationen vorbereitet fühlt er sich noch nicht. Und dann steht ja auch noch Camillas Entscheidung an. Sie will sie nach dem heutigen Review fällen und Christian wagt gar nicht darüber nachzudenken, welche Auswirkungen es hätte, wenn sie wirklich alles hinschmeißt.

Apropos Johannes und Larissa. Johannes folgt Larissa nach dem Sprint in ihr Büro und schließt die Tür. Er bedankt sich in aller Form für ihren rettenden Noteinsatz. »Melde dich bitte bei mir, wenn ich irgendwas für dich tun kann«, sagt er glaubhaft. Larissa hat Johannes noch nie so erlebt und freut sich über diesen neuen Zug an ihm. »Das mache ich gerne. Aber noch schöner wäre es, wenn ich mich nicht melden müsste, sondern du einfach die Situationen erkennst, in denen deine Hilfe gebraucht wird«, antwortet sie freundlich.

Peter und Lars gehen nach dem Review noch gemeinsam zum Essen. Lars möchte von Peter erfahren, wie das Review für ihn persönlich war. Schließlich war das auch für Peter eine Jungfernfahrt mit ungewissem Ausgang. »Was ich dir jetzt sage, bleibt bitte unter uns. Es gab vorhin Situationen, bei denen ich mich sehr zusammennehmen musste. Wolfgang war immer ein treuer Gefolgsmann meines Vaters und hat immer alles geliefert, was Richard von ihm wollte. Und heute schaue ich auf eine Vielzahl von unerledigten Aufgaben aus seinem Bereich, die uns aufhalten. Das hat mich geärgert und zum Nachdenken gebracht«, sagt Peter ruhig.

Auch ein toter Gaul muss abgesattelt werden

Lars hat sich schon gedacht, dass es beim Review in Peter mehr gebrodelt hat, als sein Team auch nur ahnen konnte. »Gib Wolfgang Zeit. Er nimmt das Thema Agilität noch nicht wirklich ernst. Ich denke, er sieht darin eine bloße Modeerscheinung, die er nur aussitzen muss. Ich denke aber wirklich, dass er das Potenzial hat, den Weg mitzugehen. Glauben wir bitte hier und heute an eine positive Überraschung. Wenn diese in den nächsten Monaten ausbleibt, kannst du reagieren. Es ist auch richtig, personelle Entscheidungen zu treffen, wenn eine Veränderung bei Einzelnen ausbleibt. Tote Gäule zu reiten, hat keinen Sinn. Klingt hart, ist aber genau so«, führt Lars aus.

Am folgenden Tag besucht Camilla Christian in seinem Büro. Die Zeit ist gekommen, um reinen Tisch zu machen und ihre Entscheidung zu verkünden. Christian ahnt sofort den Anlass des Besuches und fragt ohne viel Vorgeplänkel: »Na Camilla, hast du dich entschieden?« »Ja, das habe ich, mein Lieber. Ich will es kurz machen. Ich werde bleiben und euch nicht alleine lassen«, sagt sie schmunzelnd. Christian springt auf und reißt die Arme vor Freude in die Höhe. »Mir fällt ein echter Stein vom Herzen. Ich bin so froh, dich weiter im Team zu wissen. Ich glaube fest an unseren Erfolg, und dein Weggang hätte diesen sehr gefährdet. Du bist als Mensch und Fachfrau eine wichtige Säule bei unserem Projekt und deine Kündigung hätte mich tief erschüttert«, sagt Christian erleichtert.

»Lieb, dass du das sagst«, sagt Camilla. »Am Ende hat wirklich mein Bauch entschieden. Ich hätte mich als Verräterin einer Idee gefühlt, an die ich wirklich glaube. Wahrscheinlich wäre es leichter, einfach zu kündigen und woanders mein Glück zu suchen. Aber irgendwas hält mich hier in der ScruMa. Ich kann dir nicht genau sagen, was es ist. Vielleicht die Kollegen, vielleicht unser Projektziel, vielleicht der kurze Arbeitsweg, vielleicht aber auch nur mein Ehrgeiz, allen Zweiflern zu zeigen, dass wir unseren agilen Weg erfolgreich weitergehen werden.«

»Na ja, der Bodenseh-Bürokaffee wird es wohl eher nicht sein«, frotzelt Christian und schenkt ihr lachend eine Tasse davon ein.

Tobias hat das Ei des Kolumbus

Zwei Tage nach dem Sprint Review betritt Richard mit entschlossenem Blick Peters Büro. »Wir haben Glück«, beginnt Richard den Dialog mit seinem Sohn, »ich habe gestern durch Zufall die für uns passende CRM-Lösung gefunden. Mein Freund Tobias hat diese in seinem Unternehmen im Einsatz und hat mir gestern beim Abendessen davon vorgeschwärmt. Die kann wirklich alles, was wir uns nur vorstellen können, und ist gar nicht so teuer.«

»Moment. Willst du mir damit sagen, dass du alle unsere Anforderungen schon kennst, obwohl wir diese gerade noch erarbeiten?«, fragt Peter energisch zurück.

Richard hat die Ergebnisse des ersten Sprints noch nicht gesehen, ist aber anscheinend dennoch der Meinung, die Anforderungen bereits überblicken zu können. »Alles, was ich gesehen habe, passt zu hundert Prozent zu ScruMa. Ich kenne doch unsere Prozesse und traue mir zu, das beurteilen zu können. Wir sparen Zeit und Geld, wenn wir einfach Tobias' Lösung übernehmen und sie vielleicht noch bei einigen Kleinigkeiten anpassen. Ich habe die Kontaktdaten von dem Geschäftsführer der Softwarebude. Lass uns da anrufen und einen Termin vereinbaren«, sagt Richard.

»Und genau das werden wir nicht machen, bevor wir nach dem zweiten Sprint nicht alle Anforderungen sauber definiert haben«, entgegnet Peter in ungewohnt wirschem Ton.

Vergiss meine Impulshandlung

Peter zeigt seinem Vater die Ergebnisse des ersten Sprints und beobachtet Richards Reaktion genau. Der verzieht keine Miene, schaut sich aber jeden Punkt des Anforderungskatalogs genau an. Nach zehn Minuten Sichtung wird ihm klar, dass er an viele wichtige Aspekte, die bei der Entscheidung für ein CRM-System beachtet werden müssen, schlichtweg nicht gedacht hat. Insbesondere die Anforderungen, die das operative Tagesgeschäft betreffen, hatte er fast durchgängig nicht auf dem Radar. Eine Erkenntnis, die ihn selber überrascht und ihm vor seinem Sohn fast peinlich ist.

»Ich sehe, ihr wart sehr fleißig in den letzten Wochen und habt euch tief in das CRM-Thema eingegraben. Vergiss bitte meine Impulshandlung; geht den Weg bitte weiter. Ich wollte nur helfen, aber das ging wohl gründlich in die Hose«, sagt Richard und verlässt das Büro.

248 | Das smarte Team-Lern-System Scrum

Nach diesem kleinen Rückfall in alte Zeiten ist Peter alarmiert. Hat sein Vater wirklich noch nicht ganz durchdrungen, was ein agiles Vorgehen bei der ScruMa konkret bedeutet? Es wird Zeit, ihm Ergebnisse zu liefern, denkt er. Der zweite Sprint muss die Bedarfsermittlung abschließen, sonst wird Richard sicher die Geduld verlieren und auf seine Art reagieren.

Die Retro ist jetzt superwichtig

Am Folgetag trifft sich das gesamte Team mit Peter und Lars zur Retrospektive im Projektraum. Lars hat im Vorfeld sowohl Peter als auch Christian noch einmal sehr für die Wichtigkeit dieses Meetings als Abschluss des ersten Sprints sensibilisiert und eine Zeitdauer von drei Stunden vorgeschlagen.

»Die Retro ist superwichtig, wenn man die Verbesserungspotenziale eines jeden Sprints offenlegen möchte, um sich dann im Folgesprint weiter zu verbessern«, erinnert er die beiden Herren. Auf Christians Wunsch hin moderiert Lars das Meeting. Er begrüßt das Team und stellt den Fokus und den Ablauf der nächsten Stunden vor. Lars schlägt vor, den Schwerpunkt auf folgende Fragestellungen zu legen:

- Sind wir mit dem Ergebnis des ersten Sprints zufrieden? Haben wir unsere selbst gesteckten Ziele erreicht und wenn nein: Kennen wir die Gründe hierfür?
- Wie können wir unsere Zusammenarbeit im Team und auch mit Peter zukünftig verbessern?

»Wenn ihr einverstanden seid, sammeln wir wieder auf Karteikarten eure Beiträge zu den Fragen, erkennen im Anschluss auf dieser Basis mögliche Zusammenhänge und Ursachen und einigen uns dann gemeinsam auf Maßnahmen, die wir ergreifen wollen.«

»Alles tutti. Lass uns starten«, ruft Johannes in die Runde. Lars wartet aber noch die Zustimmung der anderen Teammitglieder ab, bevor er die vorgeschlagenen Fragestellungen jeweils auf eine Karte schreibt und als Überschrift an je eine Pinnwand heftet.

Der Start ist zäh wie Halloumi aus der Kreidezeit

Es beginnt sehr zäh. Keiner der Anwesenden drängt darauf, die Sammlung der gewünschten Antworten mit Schwung zu starten. Die ersten Beiträge von Larissa und Michael bringen den Prozess dann langsam in Fahrt.

»Wir wissen alle, dass wir unsere Sprint-Ziele nicht erreicht haben. Genauer gesagt, liegen exakt 82 Prozent der Ergebnisse als erledigt vor«, formuliert Michael, und weiter: »Ich bin damit durchaus zufrieden, denke aber auch, wir hätten 90 Prozent und mehr erreichen können. Die Gründe sehe ich in den Abhängigkeiten der Aufgaben. Einige konnten erst angegangen werden, sobald das Ergebnis einer anderen Aufgabe vorlag. Wenn diese Ergebnisse nicht kommen, macht es peng und man wird nicht rechtzeitig fertig«.

Ein Blick auf die nicht erledigten Karten des Kanban Boards bestätigt Michaels Aussage. »Ich denke, wir sollten zukünftig beim Picken der Karten darauf achten, am Anfang eines Sprints die Karten zu bearbeiten, die Folgewirkungen für andere Aufgaben zeigen«, ergänzt Larissa.

Lars bittet Michael und Larissa, ihre Hinweise kurz auf einer Karte zu formulieren und für alle sichtbar an die Pinnwand zu heften. Nach und nach werden auch die anderen Kollegen munter und die Pinnwände füllen sich zusehends:

- »Die meisten von uns haben an allen Dailys teilgenommen.«
- »Wir haben die Fünfzehn-Minuten-Zeitgrenze nur dreimal gerissen.«
- »Es fällt einem von uns immer noch schwer, seine Redebeiträge im Daily kurz zu halten.«

- »Absagen bei Nichtteilnahme ist bei Einzelnen nicht erfolgt.«
- »Wir haben zu viele Karten auf dem Kanban Board. Das macht es teilweise unübersichtlich.«
- »Die freiwillige Übernahme von Aufgaben anderer Teammitglieder hat kaum funktioniert.«
- »Wir verlieren bei den Dailys zu viel Zeit mit Themen, die nicht das Projekt betreffen.«
- »Ein unpünktliches Erscheinen bei den Dailys stört die Effizienz des Meetings sehr.«
- »Es war gut, dass Peter sich auch während des Sprints anhand des Boards einen aktuellen Überblick verschafft hat.«
- »Peters Reaktionen im Review (auch auf unerledigte Aufgaben) waren hilfreich.«
- »Es ist schlecht, dass neue Aufgaben mit hoher Dringlichkeit frühestens in einem Folgesprint bearbeitet werden können.«

Auch wenn keine konkreten Namen genannt wurden, fühlen sich die indirekt adressierten Kollegen bei einzelnen Kritikpunkten angesprochen und zu einer Reaktion herausgefordert.

Wolfgang macht sich selbst zum Sündenbock

Insbesondere Wolfgangs Laune verschlechtert sich von Minute zu Minute, und nach einer Stunde bricht es aus ihm heraus: »Klasse. Macht mich nur zum Sündenbock für alle nicht gelieferten Ergebnisse, wenn euch das glücklich macht. Aber wisst ihr auch, was ich sonst noch alles um die Ohren habe und für die ScruMa leiste? Ihr wollt jeden Monat pünktlich euer Gehalt haben und da macht es doch Sinn, wenn ich als Finanzchef die notwendigen Überweisungen auch freigebe, oder?«

Wolfgangs Rede trifft die Anwesenden wie ein Kinnhaken. Selten hat man ihn so emotional erlebt und tatsächlich ist vielen nicht wirklich bewusst, welche Aufgaben er im normalen Tagesgeschäft leistet. Klar, er war für die Finanzen zuständig, das wissen alle. Dass Wolfgang aber für jeden Geldstrom vom und zum Unternehmen die Verantwortung im Detail trägt, ist keinem wirklich bewusst. Jede einzelne Buchung muss von Wolfgang geprüft und freigegeben werden. Richard war diese Kontrollfunktion immer sehr wichtig und er prüfte selbst stichpunktartig, ob sie von Wolfgang auch immer erfüllt wurde.

Welche Fehler? – Wir machen hier keine Fehler!

In einem Fall hatte Richard bei einem solchen Check einen Fehler bemerkt, Wolfgang in sein Büro zitiert und ihn hart zur Rede gestellt. Wolfgang musste zugeben, dass ihm ein Lapsus unterlaufen war und er nach einem Zehn-Stunden-Tag im Büro einen Zahlendreher übersehen hatte – mit einem durchaus substanziellen Schaden für die ScruMa GmbH: 5.435 Euro waren auf Nimmerwiedersehen ins Nirwana überwiesen worden!

Richard hatte Wolfgang offen mit Kündigung gedroht, wenn dies noch einmal vorkommen sollte. Seither überprüfte Wolfgang immer alles doppelt und dreifach, um eine Null-Fehler-Quote zu erreichen. Verstehen wir vielleicht jetzt besser, warum er seine Priorität auf sein Tagesgeschäft und nicht auf dieses Agilitätsdings legt?

Sie als Leser kennen den Hintergrund, die Teammitglieder jedoch nicht. Nur Peter hat den Überblick über Wolfgangs Dilemma und bietet ihm während der Retrospektive ein zeitnahes »Vier-Augen-Gespräch« an. »Lass uns doch mal gemeinsam schauen, wie wir dir noch zeitliche Freiräume für das Projekt freischaufeln können. Wenn uns das nicht gelingen sollte, müssen wir bei dem Planning des zweiten Sprints deine reale Kapazität berücksichtigen. Alles andere scheint mir eine Wunschvorstellung zu sein, die dem Projekt nicht weiterhelfen wird«, formuliert Peter.

Wolfgang hört Peter aufmerksam zu, befürchtet aber auch, dass dieses Gespräch unsinnig ist, solange Richard nicht mit von der Partie ist. Er kann einfach noch nicht glauben, dass Peter jetzt der Entscheider ist und Richard sich mit seiner Rolle als »Winke-Onkel« zufriedengeben wird.

Ganz allmählich dreht das Problem gen Lösung

Nach zwei Stunden und nachdem vieles gesagt, aber wenig besprochen wurde, beginnen die ScruMas mit der Formulierung von Maßnahmen für die Verbesserung der Zusammenarbeit im nächsten Sprint:

- »Wir kommunizieren frühzeitig, wenn wir Hilfe brauchen, und bitten Kollegen direkt um Unterstützung«
- »Wir achten gegenseitig darauf, jedem genug Redezeit zu geben«
- »Wir sind pünktlich in den Meetings. Kommt es dennoch zu einer Verspätung, hat der Verspätete eine Runde Donuts auszugeben«

Alle schauen sich zufrieden an, sind zuversichtlich und glauben, dass die Donuts-Regel funktionieren wird. Jetzt fehlt eigentlich nur noch ein bisschen fachlicher Input für den Start des nächsten Sprints. Irgendwie sahen die meisten eher weiße Mäuse als eine klar definierte Vorgehensweise, wenn es um das Thema Sprint Planning ging. Aber alle haben sich inzwischen auch daran gewöhnt, dass es immer in kleinen Schritten nach vorne geht.

Die kleinen Infohäppchen von Lars oder seinem Kollegen Max waren oft Gold wert, weil sie genau im richtigen Moment einen wichtigen Anstoß gaben und dazu führten, dass die Dinge ins Rollen kamen. Es war vielleicht kein »Big Bang«, eher ein leiser, aber dafür beständiger »Wind of Change«, der von den beiden in die Organisation getragen wurde.

Gerade Max hat sich lange nicht blicken lassen, und eigentlich sollte er jetzt schon längst da sein, als plötzlich die Tür aufspringt und er breit lachend im Türrahmen steht: Mit einem »Sorry, aber die U-Bahn hat sich verfahren!«, überspielt er humorvoll seine leichte Verspätung. Den ScruMas ist es egal, denn sie haben wahrlich andere Sorgen: Sie wollen endlich das Sprint Planning besser verstehen, denn das steht in Kürze an. Das letzte Planning Meeting verlief zwar nicht schlecht, aber viele hatten im Nachgang das Gefühl, dass sie irgendetwas Wichtiges vielleicht doch noch nicht ausreichend verstanden hatten.

3.7 Agility Check 2.0

»Der Big-Bang hat genau einmal funktioniert: bei der Entstehung des Universums – jedoch ist man sich selbst da nicht hundert Prozent sicher.«

Rene Grob, Lead Architect

»Wie habt ihr denn früher immer eure Aufgaben priorisiert?«, fragt Max. »Naja, wir haben halt bei den wichtigen Dingen ein Plus oder ein Plus-Plus drangeschrieben. Eigentlich war ja immer alles irgendwie wichtig ...«, sagt Johannes etwas frustriert. »Was ist mit Planungspoker, kennt ihr das?«, hakt Max nach. Larissa merkt mit leichter Vorfreude in der Stimme an: »Etwa schon wieder pokern?«

Max erklärt dem Team Planungspoker: »Also, das ist in etwa so wie Flaschendrehen, nur dass man sich schneller auszieht!« – Fragende Blicke, dann ein Aufatmen, als die Anwesenden das Zwinkern in seinen Augen bemerken. »Also, Planungspoker ist deutlich seriöser, als es sich anhört. Es wird nicht um Geld gespielt, sondern um das, was den finanziellen Ressourcen am nächsten kommt: den Arbeitsaufwand. Beziehungsweise ist es ein bisschen anders: Es geht um nichts anderes als um die Einschätzung der Komplexität von Vorhaben und Aufgaben, und zwar im Team!«

»Und wie soll das gehen?«, fragt Camilla, etwas blass um die Nase. »Jeder von euch bekommt ein Kartenset, okay?«, sagt Max und verteilt routiniert die Planungskarten. Jeder hat ein Set mit rund zehn Karten, auf denen jeweils eine Zahl steht: 1, 2, 3, 5, 8, 13, 21, 40, 100 plus eine querliegende »Unendlich-Acht«, ein Fragezeichen und eine Karte mit einer Kaffeetasse darauf. »Total abgefahren!«, entfährt es Johannes, der tatsächlich etwas überrascht ist.

Unsere Empfehlung: Probieren geht – gerade beim Planungspoker – über studieren. Probieren Sie das ruhig einmal aus, am besten mit dem ganzen Team, und lassen Sie es dann zu einer festen Gewohnheit werden!

»Und jetzt wird einfach losgespielt. Auf wen wollt ihr denn jetzt noch warten?«, fragt Max salopp. »Ihr schätzt gemeinsam als Team, wie groß die Aufgaben aus dem Backlog jeweils sind. Die Zahlen auf den Karten sind Story Points und diese schätzt erst mal jeder für sich. Wenn ihr euch alle innerlich entschieden habt, dann spielt ihr zeitgleich jeweils eine Karte aus. Wenn alle Karten, die dann auf dem Tisch liegen, gleich sind, dann habt ihr einen Konsens und das ist super gut!«

»Und wenn nicht?«, fragt Camilla etwas besorgt und mit einer nervös zuckenden rechten Augenbraue. »Dann ist es vorbei«, sagt Max ernst, »vorbei mit …« Hier macht er eine spannungsvolle, dramaturgisch geschickte Pause und holt kurz Luft. »… dann ist es vorbei mit dem Konsens – ihr seht also jeweils unterschiedliche Facetten der Wirklichkeit und die müsst ihr dann einfach zusammenbringen. Die beiden, die mit ihren Einschätzungen am weitesten auseinander sind, erklären dann, wie sie genau zu ihrer Schätzung gekommen sind.«

Die ScruMas machen sich ans Werk. Oft liegen sie mit ihren Schätzungen gar nicht so weit auseinander und wenn doch, so ergeben sich spannende Diskussionen hieraus. Es ist dann an Max, der das im Sinne der Methode etwas kanalisieren muss. Insgesamt sind jedoch alle froh, dass sie nun einen Weg gefunden haben, genauer drauf zu schauen und mehr in Erfahrung zu bringen als jeder einzelne zu wissen glaubt. Vielleicht ist es das falsche Wort, doch Max meint zu erkennen, dass sich bei dem ein oder anderem Alphatier eine gewisse Demut einstellt. Man sollte es nicht glauben, aber zwischen dem, was der ein oder andere für die eigene Realität gehalten hat und der per Planungspoker erarbeiteten intersubjektiv verankerten Wirklichkeit liegen manchmal ganze Königreiche.

4.
Die ScruMa GmbH wird agil.
Ein Happy-End?

Zwischen Wissen und Können liegen Ozeane.

Sprichwort

Es gibt tonnenweise wissenschaftliche Literatur zum Thema »Change-Prozesse« bei der alle relevanten Faktoren untersucht werden, die dabei helfen sollen, dass eine agile Transformation in die Erfolgszone vorstößt, die dabei helfen sollen, die kritischen Veränderungsprozesse von A nach B ohne Fehler zu überstehen. Eine spannende Entdeckungsreise verkommt zur Kreuzfahrt, wird zu einem riesigen Change-Ungeheuer mit wohldefinierten Start- und Endzielen und einem voll durchgeplanten Entertainment-Programm für alle.

Dabei sind es bei einer agilen Transformation eigentlich vor allem drei Dinge, die wirklich ernst genommen werden sollten:

1. Ein konstruktiv-positives Klima muss geschaffen werden.
2. es muss ein wachsendes Vertrauen in die Methoden entstehen und
3. die Beseitigung von Hindernissen muss angegangen werden.

Sind diese drei Punkte gegeben, dann darf – nein, dann muss – der Rest für eine wirklich agile Entwicklung improvisiert werden. Die Improvisation, in der Ethnologie zu früheren Zeiten auch abwertend als »wildes Denken« bezeichnet, ist, wie der lateinische Ursprung des Wortes nahelegt, etwas sehr Wertvolles. Sie ist der Umgang mit dem nicht Vorhersehbaren. Und genau das macht eine gelungene agile Transformation eben auch aus: ein offener und gleichzeitig gelassener Umgang mit dem nicht Vorhersehbaren. Nur so lässt sich der weite Ozean zwischen Wissen und Können langsam, jedoch dafür umso tragfähiger schließen.

4.1 Konstruktiv-positives Klima schaffen

Sam Kaner, ein US-amerikanischer Experte zum Thema konsensuale Entscheidungsfindung, vertritt die These, dass nicht die Menschen an sich schwierig sind, sondern erst durch bestimmte Situationen dazu gebracht werden, schwierig zu sein. Was sind das also für Situationen, die Menschen schwierig machen, die einen zum Tier werden lassen, die dazu führen, dass die Dinge eskalieren? Und wie kann man eine solche Situation verhindern?

Zumeist ist es die Ohnmacht der Tatsache gegenüber, dass sich Dinge nicht wirklich, also nicht erfolgswirksam, verändern lassen (diese Ohnmacht wird übrigens auf allen Hierarchieebenen in Unternehmen erlebt). Eine gemeinsame, am besten moderierend unterstützte Reflexion über die Frage hilft, wie sich tatsächlich wirksame Veränderungen schaffen lassen, und zwar nicht gegen, sondern mit allen Mitarbeitenden. Leider findet diese konstruktive Diskussion in vielen Unternehmen aktuell gar nicht statt.

Jede Abteilung werkelt oft – zum Teil mit einem hohen Grad an Perfektion – an ihren spezifischen Vorgehensweisen, hochgradig intransparent für andere Bereiche. Ein konstruktiv-positives Klima führt dies immer wieder zusammen und die mentalen Modelle in den Köpfen jedes Einzelnen verbinden sich zu einer positiv erlebten »Ja-genauso-können-wir es-schaffen-Wirklichkeit«. Das ist kein Tschakka Tschakka, das ist eine Vision des Gelingens, gemeinsam geteilt und unterstützt von jedem Einzelnen!

4.2 Vertrauen in die Methode aufbauen

Vertrauen muss wachsen. Nicht nur zwischen Menschen, auch die eingesetzten Methoden und Vorgehensweisen müssen verstanden, nachvollzogen, akzeptiert und verinnerlicht werden. Zudem muss jeder Einzelne auch tatsächlich »Ja« sagen zum neuen agilen Arbeiten, sonst geht es nicht! Deswegen kann Agilität auch nicht verschrieben werden wie eine Pille, sondern ist ein Diskussions- und Experimentierprozess, der als solcher auch für die Entwicklung der einzelnen Teams wertvoll ist.

Wertvoll deshalb, weil die Diskussion des Für und Wider auch sehr stark mit den eigenen Werten und Vorstellungen von guter Arbeit verbunden ist. Diese Auseinandersetzung mit den Vorstellungen jedes Einzelnen führt dann – bei einem positiven Verlauf dieses Prozesses – dazu, dass am Ende jeder willens und in der Lage ist, seine persönlichen hundert Prozent zu geben. Und das ist unterm Strich ganz schön viel!

4.3 Beseitigung von Hindernissen angehen

»Shared leadership« ist ein Begriff, der seit kurzem immer häufiger gebraucht wird. Bei dem Thema Beseitigung von Engpässen wird schnell klar, wie das zu verstehen ist. Der Rat wird hier oft zunächst extern statt intern gesucht: »Berater, liebe Berater, sagt uns, was zu tun ist!« Im Zuge einer agilen Transformation braucht es jedoch zusätzliche interne Rollen, die den Prozess später eigenständig führen.

In der Scrum-Welt ist es die explizite Aufgabe des Scrum Masters, sich um die systematische Beseitigung von Hindernissen zu kümmern. Aber auch diese Rolle kann nicht in einem luftleeren Raum agieren. Die unterschiedlichen Ebenen im Unternehmen müssen aktiv eingebunden werden. Denn deren klassische Aufgaben – wie Orientierung zu geben oder die Teams sowie die einzelnen Mitarbeitenden zu befähigen und zu entwickeln – werden in einer agil aufgestellten Organisation nicht kleiner. In einem Satz zusammengefasst: Eine agile Transformation braucht viel Zeit und viel Arbeit mit den Teams und mit dem Management.

Der häufig anzutreffende Teufelskreis in den Organisationen (»Die wollen nicht!« – »Wir dürfen nicht!«) muss zugunsten eines Dialogs hinsichtlich der erforderlichen Kompetenzverteilung und Kompetenzentwicklung aufgeknackt werden. Transformation durch Kollaboration, das ist die neue Formel, um die Siloproblematik mit ihren starren Abteilungsgrenzen überwinden zu können.

Die ScruMa GmbH wird agil. Ein Happy-End? | **261**

Dafür sind die Haltungen aller Beteiligten entscheidend. Das betrifft Glaubenssätze, welche Organisationen prägen (zum Beispiel »Wer bei der Arbeit lacht, hat noch Reserven!«, »Am Ende muss ich doch immer wieder alles selbst machen!«), sowie die Förderung von Pioniergeist und Mut statt ewiger Ausreden und perpetuierender Angst- und Resignationsmuster (vgl. Häusling 2017).

Das Ziel sind praktikable und für alle zu beschreitende Wege zu mehr Selbstverantwortung und funktionierender Selbstorganisation. Diese bewirken, ermöglicht und unterstützt durch ein agiles Mindset, dass eine lebendige agile Methodenwelt mit positiven Teamerfahrungen entsteht. Der so entstehende soziale Kit leimt die funktionalen Teams wie Schwalbennester organisch an die Dachrinne der agilen Methodenwelten an.

Was müssen Führungskräfte in einem solchen Prozess lernen? Sie müssen lernen, dort loszulassen, wo es geht und Sinn macht, und sie müssen zuzuhören. Dienstleistung statt Dienstwagen. Der Reflex: »Das kenne ich schon!« hilft hier nicht! Eher die Erkenntnis, dass alles nicht zur gleichen Zeit durch die gleiche Tür gebracht werden kann und dass deswegen Geduld hier oft mehr wert ist als ungezügelter Tatendrang!

4.4 Auf dem Weg zu echter Meisterschaft

Wir werden in diesem Abschnitt zwei Themen verfolgen: erstens die Frage, was noch erforderlich ist, damit die ScruMa GmbH wirklich agil wird, und zweitens die Frage, wie die Story weitergeht. Aber alles der Reihe nach …

Was braucht die ScruMa GmbH, um wirklich agil zu sein?
Woran erkennt man eine agile Organisation? Nach unserem Verständnis sind es vor allem die folgenden sechs Punkte, welche eine wirklich agile Organisation ausmachen (vgl. Nowotny 2016c):

1. Ausgeprägte Selbstorganisation
2. Gemeinsame agile Werte
3. Nutzung agiler und flexibler Arbeitsmethoden
4. Nutzung agiler Meeting-Formate
5. Unternehmenskultur, die agiles Denken und Handeln erlaubt
6. Geringe interpersonale Distanz mit intensiver Interaktion

Wagen Sie eine Analyse: Wo genau steht die ScruMa GmbH derzeit?

Ad 1: Ausgeprägte Selbstorganisation

+

−

Ad 2: Gemeinsame agile Werte

+

−

Ad 3: Nutzung agiler und flexibler Arbeitsmethoden

+

−

Ad 4: Nutzung agiler Meeting-Formate

+

−

Ad 5: Unternehmenskultur, die agiles Denken und Handeln erlaubt

+

−

Ad 6: Geringe interpersonale Distanz mit intensiver Interaktion

+

−

Gerade Großunternehmen empfinden eine agile Transformation zuweilen als Angriff auf eine langjährig etablierte Prozesslandschaft und eine lieb gewonnene Projekt-DNA. An dieser Stelle nur ein paar kurze Fragen, die hier relevant sein könnten: Wie viele Parallel-Projekte existieren zeitgleich? Wie sieht das konkrete Teamverständnis aus? Gibt es ein Selbstverständnis des Managements als »Servant Leader«? Gibt es Bremser, Blockierer, Wenig- oder Gar-nicht-Leister? Geht es zu schnell, geht es zu langsam? Passt die Geschwindigkeit für alle? Wo liegen die Zwickmühlen, die Dilemmata? Blockieren nicht getroffene Entscheidungen die Köpfe unserer ScruMas?

Daher bieten sich die folgenden sechs Schritte an, um echte Agilität zu ermöglichen (vgl. Vollmer 2017):

1. Projekte runterfahren
2. Neuen Teambegriff leben
3. Organigramm auf den Kopf stellen
4. Non-Performer aus der Reserve locken
5. Mit Augenmaß verändern
6. Selbstzensur abbauen

Jedes Unternehmen ist anders. Die Balance zwischen Bewahren und Verändern fällt nie gleich aus. Neue Besen kehren gut, aber bitte nicht zu heftig, denken sich viele! Der Spagat zwischen dem Puls der Zeit zum einen und der Veränderungsgeschwindigkeit und -fähigkeit jedes einzelnen zum anderen, sorgt dafür, dass derzeit überall die Karten neu gemischt werden. Agil sein oder nicht agil sein, das ist hier die Frage!

Wie geht's tatsächlich weiter bei den ScruMas?

Die Spannung steigt: Was wird tatsächlich passieren bei der ScruMa? Werden die Erkenntnisse der Retro umgesetzt? Wird die traditionsreiche ScruMa GmbH nun tatsächlich ein wirklich agiles Unternehmen? Und lässt sich die DNA so wandeln, dass echte Agilität wie eine neu erschlossene Ölquelle nahezu ungebremst hervorsprudeln kann?

Success is going to require talented experts, a beginner's mind, and a long-term orientation.

Jeff Bezos (*1964), Gründer und Inhaber einer
nach einem Flusslauf in Südamerika benannten
E-Commerce-Schmiede mit Bilderbuch-Charakter

4.5 Agile Anpassungsmeister statt kollektiver Kontrollverlust

Es gibt inzwischen zarte Hinweise darauf, dass die Fähigkeit, sich anzupassen, der sogenannte »Adaptability-Quotient« (AQ), in Zukunft weit wichtiger sein könnte als der Intelligenz-Quotient (IQ) und der emotionale Intelligenz-Quotient (EQ) zusammen (vgl. Fratto 2018). Der AQ drückt ja im engeren Sinne auch genau das aus, was wir als ein genuin evolutionäres Moment bezeichnen würden: Durch intensive, systematische und punktuell sicher auch einmal schmerzhafte Lernprozesse kommt es also vermutlich in Zukunft weniger darauf an, wie schnell die Rübe tickt, und auch nicht darauf, ob jemand in einer emotional intelligenten Form mit sich selbst und anderen umgeht, nein, es ist vielmehr die schnelle und umfassende Anpassungsleistung an die VUCA-Welt, die zählen wird – nicht nur an Entwicklungen außerhalb eines Unternehmens, sondern auch an interne Veränderungen und Verwerfungen.

Mal sehen, was unserem ScruMa-Team so an positiv-agiler Anpassungsleistung abverlangt wird – und ob die lieben Kolleginnen und Kollegen in der Lage sind, die Veränderungsdynamik zu reiten oder ob sie vielmehr eher in die dunklen Tiefen des Chancen-Strudels hinabgerissen und wie in ein schwarzes Loch auf Nimmerwiedersehen verschlungen werden …

Wolfgang und Peter setzen sich zwei Tage nach der ersten Retrospektive für eine Stunde zusammen. Natürlich waren am Anfang alle etwas irritiert – wir könnten vielleicht auch sagen, ganz schön »bluna« – aber dann fügte sich für Peter plötzlich alles nahezu magisch zusammen wie ein komplexes, über fünf Meter laufendes Billy-Wandregal-Ensemble. Beide Herren sind auf der Suche nach einer Lösung für Wolfgangs Zeitproblem. »Was hältst du davon, wenn wir Sebastian mit in das Projektteam aufnehmen. Er hat dich ja schon einmal beim Workshop vertreten und wirkte sehr motiviert. Er könnte dich doch von einigen Aufgaben entlasten«, schlägt Peter vor.

266 | Die ScruMa GmbH wird agil. Ein Happy-End?

Wolfgang hört die Mäuse trapsen

Wolfgang reagiert verhalten auf diesen Vorschlag. Will Peter ihn unauffällig aus dem Projekt entfernen, weil er mit seiner Leistung nicht zufrieden ist? Sebastian ist zwar ein sehr kompetenter und motivierter Mitarbeiter, aber doch auch weitestgehend unerfahren im Umgang mit komplexen Aufgabenstellungen. Auf der anderen Seite wäre es tatsächlich eine erhebliche Entlastung für ihn, wenn Sebastian aktiv im Projekt mitarbeiten würde. Wolfgang hatte schon immer große Schwierigkeiten damit, Themen und Aufgaben an Mitarbeiter zu delegieren. Er hat es in der Vergangenheit ein paarmal versucht, aber die erzielten Ergebnisse waren oftmals nicht zufriedenstellend und er hatte am Ende mit der Korrektur der Fehler mehr Arbeit, als wenn er es gleich selbst gemacht hätte.

Sebastian ist jetzt seit fast drei Jahren bei Wolfgang im Team. Er hat sich gut entwickelt und sich privat zu einigen Fachthemen weitergebildet. Er ist zuverlässig und denkt sehr zielorientiert. Aber ist er schon so weit, sich gegen Alphatiere wie Johannes durchzusetzen und auch kritische Situationen zu überstehen?

Nach diesen Überlegungen sagt Wolfgang: »Ich finde es gut, dass du dir zu meiner Situation Gedanken machst. Sebastian ist der einzige Mitarbeiter, den ich für geeignet halte, aber wir dürfen auch nicht zu viel von ihm erwarten. Außerdem müssen wir genau beobachten, wie der Rest meines Teams es aufnimmt, dass Sebastian an einem Projekt auf Bereichsleiterebene mitarbeitet. Das könnte durchaus zu Neid und Missgunst bei seinen Kollegen führen.«

An den letzten Punkt hat Peter nicht gedacht, kann ihn aber gut nachvollziehen. »Du wärst aber prinzipiell einverstanden, Sebastian als Teammitglied aufzunehmen?«, fragt er. Wolfgang bejaht das zögerlich, schließlich hat er ja keine Alternatividee, die er Peter anbieten könnte. Unter Richard hatte jedoch immer die Regel gegolten, dass kein interner Mitarbeiter auf die Bereichsleiterebene aufsteigen durfte, der nicht von Richard persönlich hierfür vorgeschlagen wurde. »Erhebt euch nicht über die Regeln, die ihr noch nicht gründlich verarbeitet habt«, hat Richard es im Führungskreis oft formuliert, unwissend, dass er damit Robert Schumann, den deutschen Komponisten aus der Romantik, zitierte, und pflegte dann vielsagend zu schließen mit »… denn so weit wollen wir es bei der ScruMa GmbH ja nicht kommen lassen!«

Apropos Richard. Peter hat schon länger nichts mehr von ihm gehört. In diesem Moment leuchtet eine unbekannte Nummer auf Peters Handy-Display auf, welche ihn jäh aus seinen Gedanken reißt. Ja, der Agility Check 2.0 hat auch bei Peter wahrlich vieles angeregt, und so war er nicht der einzige, der sich nun immer wieder über das Team und seine Optionen für die Zukunft Gedanken machte, manchmal auch regelrecht gedankenverloren, wie er sich in diesem Moment eingestehen muss.

Nach dem Agility Check werden die Karten neu gemischt

Bereits zwei Tage nach dem Agility Check 2.0 ist die Zeit für das nächste Sprint Planning gekommen. Neben dem gesamten Team ist dieses Mal Peter in seiner Rolle als Product Owner live dabei. Auch Sebastian ist an Bord und erlebt das Planning als seine Jungfernfahrt.

Sebastians Anwesenheit verändert Wolfgangs Verhalten. Er verhält sich fast väterlich und führt seinen Mitarbeiter geduldig in die Methodik des Plannings ein. Peter ist erstaunt, wie umfassend und präzise Wolfgang agiert. Weder abwertende Formulierungen noch ein sarkastischer Unterton schwingen in Wolfgangs Ausführungen mit. Er vermittelt gegenüber Sebastian vielmehr den Eindruck, dass dieses agile Vorgehen der passende Heilsbringer ist, der eine erfolgreiche Einführung der CRM-Lösung ermöglichen wird.

»Spielt Wolfgang vor Sebastian gerade seine gelernte Rolle als Führungskraft oder steht er wirklich hinter der Agilität?«, denkt Christian. Es ist ja durchaus nicht unüblich, dass Vorgesetzte ihren Mitarbeitern Entscheidungen als gut und richtig verkaufen, selbst wenn sie selbst nicht mit Leib und Seele dahinterstehen.

Die Story Points purzeln wie nie zuvor

Christian moderiert das Planungspoker und zügig sind die Story Points je Karte ermittelt. Die spielerische Art, die Aufwendungen je Aufgabe zu bewerten, kommt auch im Live-Modus sehr gut bei den ScruMas an. Nur in einem Fall muss das Team länger diskutieren, um zu einem Konsens zu kommen. Johannes wird dabei als Einziger etwas ungeduldig, diskutiert aber dennoch rege mit. Den Kollegen fällt dabei auf, dass sich sein Tonfall verändert hat. Noch vor ein paar Wochen wäre bei einer abweichenden Meinung eines Kollegen seine Wortwahl energischer, teilweise sogar vernichtend gewesen.

Johannes ist als guter Verkäufer sehr redegewandt und kann Menschen schwindelig reden, wenn er es will. Aber jetzt? Kann er nicht oder will er nicht? Er argumentiert laserscharf, lässt aber auch Kollegen mit einer anderen Meinung ausreden.

Die Aufgaben, die im ersten Sprint zum hoch priorisierten Thema »Bedarfsermittlung« nicht erledigt wurden, lasten die Kapazitäten des zweiten Sprints nur zu rund 35 Prozent aus. Damit ist für Peter der Augenblick gekommen, das nächste Thema des Backlogs in die Planungsrunde zu geben. Nach der Analyse und Bewertung der Bedarfe an das CRM der Zukunft steht nun die Marktrecherche als Basis für die Anbieter- und Softwareauswahl an.

Wie schon beim ersten Sprint wird dieses Thema anhand von Karteikarten in kleine Aufgaben zerbröselt, an die Pinnwand angepinnt und pokernd mit Story Points bewertet. Auf diese Weise wird schnell klar, dass alle Aufgaben der Marktrecherche kapazitiv passgenau noch im zweiten Sprint leistbar sein sollten. Das würde im Ergebnis bedeuten, dass nach zwei Sprints à vier Wochen alle Vorbereitungen soweit abgeschlossen wären, um in konkrete Gespräche und Verhandlungen mit Lösungsanbietern zu gehen. Und dies mit einem abteilungsübergreifenden und lückenlosen Anforderungsprofil im Gepäck, auf das sich alle ScruMas geeinigt haben. Respekt, aber feiern wir bitte an dieser Stelle nicht zu früh.

Das Gefühl, nicht austauschbar zu sein

Nach dem Sprint Planning ist das Kanban Board wieder reich bestückt mit Karteikarten. Sebastian, der Neue, bleibt nach dem Ende der Runde noch etwas länger im Raum und studiert jede einzelne Karte genau. Er will sich schnell einen Überblick verschaffen, um seine eigenen Informationslücken zum Projekt zu schließen. Peter hat sein Handy vergessen und kommt in den Projektraum zurück. »Hey Sebastian, du bist ja noch hier. Na, was sagst du? Ist es nicht spannend zu sehen, wie viele Mosaik-Steinchen am Ende passend zusammenkommen müssen, um ein Großes und Ganzes zu ergeben?«, sagt er mit lockerem Tonfall.

Sebastian nickt mit dem Kopf und überlegt dabei, ob er jetzt wirklich seinem Geschäftsführer offen sagen kann, was ihm als offene Antwort spontan durch den Kopf schwirrt. Peter wundert sich über die paar Sekunden, die vergehen, bevor Sebastian die ersten Worte findet.

»Ich möchte ehrlich sein.«, sagt Sebastian mutig. »Meine heutige Nacht war nicht von viel und schon gar nicht von ruhigem Schlaf geprägt. Die Vorstellung, als Rookie in die heutige Planungsrunde zu gehen und dann vielleicht in einem eventuell stattfindenden Kompetenzgerangel unserer Führungskräfte zwischen die Mühlen zu geraten, hat mich schon sehr beunruhigt. Ich bin Wolfgang gegenüber loyal und habe ihm auch viel zu verdanken. Aber nach dem heutigen Tag habe ich das erste Mal das Gefühl, wirklich bei der ScruMa gebraucht zu werden und nicht austauschbar zu sein.«

Peter muss innerlich etwas schlucken und er spürt ein schlechtes Gewissen in sich aufsteigen. Ihm fällt auf, dass er fast nichts Persönliches von vielen seiner Mitarbeiter der unteren Hierarchieebenen wie zum Beispiel

Sebastian weiß. Dabei sind doch genau diese Kollegen das Fundament seines Unternehmens. Und jetzt steht einer dieser Mitarbeiter einen knappen Meter vor ihm und schenkt ihm sein Vertrauen, indem er sehr offen auf eine eher lapidare Frage von ihm antwortet.

»Danke dir, Sebastian, für deine Worte. Es ist für mich spannend zu beobachten, welche Erkenntnisse ich dazugewinne, seit ich meinen Elfenbeinturm verlassen habe und durch unser Pilotprojekt sehr viel näher an meiner Mannschaft dran bin. Schön, dich dabei zu haben«, sagt Peter, bevor er sich von Sebastian verabschiedet. Er hat es etwas eilig, weil er noch einen Arzttermin an der Binnenalster hat.

Gute Kugellager haben keine Laufgeräusche

Die Stand-ups in der ersten Woche nach dem Planning verlaufen alle reibungslos, ja fast harmonisch, leise wie ein Kugellager. Sebastian hat sich sehr schnell in das Vorgehen eingefunden und niemand lässt ihn die vorhandenen Hierarchieunterschiede spüren. Selbst Wolfgang gelingt es auffallend gut, Sebastian im Projekt auf nahezu gleicher Ebene zu begegnen. Eben kein »Ober schlägt Unter«, sondern eine Begegnung auf Augenhöhe.

In der zweiten Sprintwoche erreicht Peter die Nachricht, dass Christian mindestens zwei Wochen wegen Krankheit ausfällt. Er hat sich beim Tennisspielen die Achillessehne angerissen und muss diese Verletzung in den nächsten Wochen auskurieren. Wird dieser Ausfall jetzt zu einem echten Problem für Fortschritte im CRM-Projekt? Das ist die Frage, die sich Peter besorgt stellt. Schließlich ist es Christian als Scrum Master, der sich in den letzten Wochen fast rührend um die Durchführung der Stand-ups gekümmert hat.

Selbstverantwortung auch für das Stand-up?

Peter ruft Lars auf seinem Handy an. Der ist zwar gerade in München auf einer Fortbildung zum Thema »Agile Skalierung«, ruft Peter aber in einer Pause zurück.

»Mach dir keine Sorgen. Dein Team sollte so weit sein, die Stand-ups eigenständig durchzuführen. Vielleicht findet sich ja auch ein Freiwilliger, der übergangsweise die Moderation übernimmt. Mein Eindruck ist, dass Camilla hieran Freude hätte. Wenn sich niemand findet, ist das Team in seiner Gesamtheit dafür verantwortlich. Remember: Selbstverantwortung. Mich braucht ihr in jedem Fall nicht dafür, auch wenn ich den Zusatzumsatz nicht verschmähen würde«, sagt Lars schmunzelnd.

Beim nächsten Stand-up ist Peter anwesend. Natürlich haben die Kollegen schon von Christians Verletzung erfahren, sie sind aber dennoch pünktlich und vollzählig anwesend. »Ein gutes Zeichen«, denkt Peter und richtet folgende Worte an das Team: »Ich danke euch dafür, dass ihr alle erschienen seid. Wir müssen jetzt gemeinsam einen Weg finden, Christians Ausfall zu kompensieren. Habt ihr schon Ideen?«

Christian will auf Krücken ins Büro kriechen

Johannes ergreift als Erster das Wort. »Ich habe gestern kurz mit Christian telefoniert. Er würde auch auf Krücken ins Büro kommen, damit das Projekt weiterläuft. Ich habe ihm daraufhin gesagt, dass ich ihn persönlich nach Hause fahre, wenn er seine Nase hier in das Büro steckt. Er soll gesund werden und uns alleine machen lassen. Mein Vorschlag ist, dass derjenige ihn vertritt, der in Summe am wenigsten Story Points zu leisten hat. Wenn ich das richtig überblicke, ist das dann wohl Michael«, sagt er.

Es ist tatsächlich Michael, der bereits im ersten Sprint Vollgas gegeben hat und aktuell nur noch Aufgaben des zweiten Themas »Marktrecherche« erledigen muss. Michael blickt etwas erschrocken auf. Er mag es nicht besonders, vor Gruppen zu reden. Schon die Präsentation im Sprint Review Nummer eins fiel ihm nicht wirklich leicht. Die Vorstellung, dreimal die Woche vor die Kollegen treten zu müssen, führt zu Unbehagen in seiner Magengegend. Bevor er aber Johannes Vorschlag kommentieren kann, ergreift Larissa das Wort: »Ich würde das gerne machen, wenn es für euch in Ordnung ist. Ich rechne nicht mit viel Mehrarbeit dadurch, vorausgesetzt, ihr zieht alle mit und ich muss euch nicht einzeln zum Stand-up tragen«, sagt sie lächelnd.

»Du willst mich nicht tragen? Ich dachte, wir sind ein Team und helfen uns alle gegenseitig«, kontert Johannes lachend. »Ja genau, und danach habe ich einen Bandscheibenvorfall und falle dann auch noch aus«, frotzelt Larissa amüsiert zurück.

Peter nimmt Larissas Angebot auf und fragt das Team, ob es Alternativvorschläge gibt. Nachdem diese ausbleiben, ist jetzt klar, dass Larissa als Scrum Master den Staffelstab von Christian für die nächste Zeit übernimmt.

Der Staffelstab wandert weiter

Und Larissa fackelt nicht lange, sondern startet das anstehende Stand-up mit den Worten: »Na los, Johannes. Was gibt es denn Neues von dir? Und bitte wirf auch einen Blick auf die Aufgaben von Christian. Vielleicht kannst du die eine oder andere Karte noch in deinen persönlichen Sprint Backlog aufnehmen. Die müssen wir nämlich alle noch auf uns aufteilen«, sagt sie forsch.

Die Blicke des Teams wandern zu Johannes und es liegt eine spürbare Spannung in der Luft. Wird Johannes tatsächlich Aufgaben von Christian übernehmen? Und wenn nicht, wie erklärt er es? Johannes Blick versteinert sich und seine gute Laune von eben dreht sich genau in das Gegenteil.

»Moment mal. Wie soll ich denn jetzt noch mehr Aufgaben übernehmen? Das würde ja heißen, dass ich vorher weniger übernommen habe, als ich leisten könnte. Das ist Quatsch. Ich bringe die Zeit in das Projekt ein, die ich einbringen kann, und mehr geht einfach nicht. Lasst uns doch einen Mitarbeiter von Christian temporär in das Projekt aufnehmen, um seine Aufgaben abarbeiten zu lassen«, sagt er.

Peter weiß aus Christians Erzählungen beim Feierabendbier, dass im Marketingteam bislang kein Kollege durch besonderen Ehrgeiz oder viel Engagement positiv aufgefallen ist. Er folgt vor diesem Hintergrund seinem spontanen Bauchgefühl und schlägt vor, selbst einige Aufgaben von Christian zu übernehmen. »Wir müssen jetzt als Team zusammenrücken und neu denken. Ich habe zwar als Product Owner eine ganz andere Rolle, aber ich möchte uns helfen und übernehme gerne zwei Aufgaben von Christian«, teilt er der Runde mit.

Die Teammitglieder überrascht dieser Vorschlag von Peter sehr. Allen ist bekannt, dass Peter nach Richards Rückzug ein immenses Arbeitspensum leistet, um seine Aufgaben als Geschäftsführer zu erfüllen.

»Nein, nein«, wirft Camilla ein. »Das kann so von uns nicht gewollt sein. Ich bin mir sicher, wir bekommen die Aufgaben auch ohne dich gelöst. Ich schlage vor, wir versuchen heute, möglichst viele Aufgaben von Christian neu zu verteilen, und schauen in der verbleibenden Zeit des Sprints, ob wir auch die anderen Karten umverteilen können«, schlägt Camilla dann vor.

Ihr ist in letzter Zeit aufgefallen, dass Peter nicht wirklich fit wirkt und regelmäßig zu Arztterminen aufbricht. Sie hat ihn vor ein paar Tagen auch einmal direkt darauf angesprochen, und er antwortete sehr kurz angebunden mit den Worten: »Das sind reine Routineuntersuchungen.« Das hat Camilla nicht wirklich beruhigt. Ihr Gefühl sagt ihr, dass Peter hier nicht ganz ehrlich war.

Camillas Vorschlag wird von dem Team angenommen und tatsächlich lassen sich noch einige Karten neu verteilen. Bis auf Johannes versorgen sich alle Teammitglieder so mit mehr Aufgaben. Viel mehr, als es gut ist, aber das wissen die ScruMas nicht – und wer könnte es ihnen in diesem Moment sagen?

274 | Die ScruMa GmbH wird agil. Ein Happy-End?

Und Johannes? Der fühlt sich gerade nicht wirklich gut in seiner Haut, strahlt aber nach außen den Souveränen aus und verlässt nach dem Ende des Stand-ups als Erster den Raum.

Friederike kämpft mit einem Virus

Aber was ist denn mit Peter wirklich los? Da war doch der Anruf von der unbekannten Telefonnummer. Es war ein Anruf aus dem Labor des Bernhard-Nocht-Instituts für Tropenmedizin, das größte Institut für Tropenmedizin in Deutschland und nicht nur in Hamburg sehr angesehen. Peters fünfjährige Tochter, seine Friederike, hat seit ein paar Monaten zunehmend mit Magen-Darm-Problemen zu kämpfen. Lange Zeit haben die Ärzte nicht den Auslöser dafür gefunden. Jetzt ist klar, dass es sich dabei um einen seltenen und weitestgehend unerforschten Virus handelt. Die kleine Friederike ist sehr tapfer, braucht aber jetzt auch viel Aufmerksamkeit und Nähe ihrer Eltern. Die Zeit dafür versucht sich Peter zu nehmen, aber er scheitert oftmals an der Fülle seiner beruflichen Aufgaben.

Warum er trotzdem den Vorschlag macht, Aufgaben von Christian zu übernehmen, wissen wir an dieser Stelle nicht. Klar ist aber, dass die gefundene Teamlösung auch vor diesem Hintergrund die bessere ist. Wahrscheinlich hätte die zusätzliche Mehrbelastung für Peter das Fass zum Überlaufen gebracht und am Ende wäre sowohl der ScruMa als auch Friederike nicht geholfen gewesen.

Endlich aus dem Schatten treten

Kann denn Richard nicht helfen? Sicherlich kann er und er würde es auch. Peter hat seinem Vater aber bislang noch nichts von der Erkrankung seiner Enkelin erzählt. Peter glaubt noch fest daran, alles ohne Richard hinzubekommen. Er möchte seinem Vater beweisen, dass er erfolgreich aus seinem großen Schatten treten kann. Da kann er doch nicht gleich bei der ersten Turbulenz um Hilfe bitten, ist die Denke, die Peter hier zu Höchstleistungen treibt. Die nächsten Wochen werden zeigen, ob er mit dieser Einstellung mehr gewinnt oder mehr verliert.

Die ScruMa GmbH wird agil. Ein Happy-End? | **275**

Richard? Wie geht es ihm eigentlich? Als konsequenter Mensch gönnt er sich tatsächlich eine Auszeit und ist mit seiner Frau auf Reisen gegangen. Bereits vor zehn Jahren hat er sich ein Luxus-Wohnmobil gekauft, das er aber nie wirklich genutzt hat. Jetzt war es endlich an der Zeit, den Tachostand von um die etwa 5.000 Kilometer in den fünfstelligen Bereich hochzuschrauben. »Einfach mal losfahren und Europa entdecken«, war sein Motto, als er seiner Frau Christine diese Idee beim Abendessen präsentierte. Christine fiel aus allen Wolken. Seit der Gründung von ScruMa hatten beide immer nur Kurzurlaube gemeinsam verbracht und selbst diese mussten sie regelmäßig abbrechen, weil Richard dringend in die Firma musste, um Probleme zu lösen, die er nach seiner Meinung nur alleine lösen konnte. Jetzt war die Zeit gekommen, vieles gemeinsam nachzuholen, aus dem Schatten der Omnipräsenz herauszutreten und andere Ecken der Welt kennenzulernen.

Das Team wird besser

Die restlichen Stand-ups des zweiten Sprints verlaufen allesamt ruhig und routiniert. Nach und nach übernehmen die Teammitglieder weitere Karten von Christian. Sogar Johannes greift jetzt beherzt zu. Wir können an dieser Stelle nur orakeln, warum er nun doch bereit ist, weitere Aufgaben zu übernehmen. Vielleicht spürt er ja so etwas wie eine innere Verantwortung für das Team und will eben nicht derjenige sein, der den Anschluss an das Team verliert und im übertragenen Sinn von »außen« zusieht, was die neue Crew hier beschwingt leistet.

Zum Ende des zweiten Sprints ist es wieder Zeit für das Sprint Review. Im Vergleich zum ersten Sprint ist der Prozentsatz der fertigen Aufgaben deutlich gestiegen. Satte 95 Prozent der Aufgaben sind aus Sicht des Teams komplett erledigt. Die nicht erledigten Karten sind allesamt »in Arbeit« und benötigen im folgenden Sprint nur noch wenige Tage bis zum »erledigt«.

Peter ist bei zwei erledigten Aufgaben mit dem Ergebnis nicht hundertprozentig einverstanden und wünscht sich für diese eine Nachbearbeitung im dritten Sprint. Aber insgesamt spiegelt der Blick auf das Kanban Board ein tolles Bild wider. Innerhalb von vier Wochen haben die allermeisten Karten einen stetigen Weg von der linken zur rechten Seite genommen.

Peter hatte vom Kanban Board nach dem ersten Sprint ein Bild mit seinem Handy gemacht und zeigt es dem Team. »Schaut euch mal die Veränderung an. Ihr habt euch großartig verbessert. Man muss fast Angst haben, dass das Board nach rechts abkippt, weil hier so viele erledigte Karten hängen. Meinen Glückwunsch und Respekt für diese Leistung. Ich wünsche mir von euch, dass ihr euren Mitarbeitern von dieser Leistung berichtet oder ihnen das Kanban Board zeigt«, sagt er voller Anerkennung.

Retro, die Zweite

Die erste Retrospektive ist für viele der anwesenden Teammitglieder eine anstrengende, gleichzeitig aber auch spannende Erfahrung gewesen. Jetzt steht die zweite Retro an, um zu ermitteln, welche Verbesserungen tatsächlich umgesetzt wurden, welche nicht und warum nicht. Gleichzeitig ist die Retro genau das richtige Forum, um neue Verbesserungspotenziale gemeinsam zu entwickeln und auf den Weg zu bringen. Gemäß dem Credo von John D. Rockefeller: »Habe keine Angst, das Gute aufzugeben, um das Großartige zu erreichen«.

Die ermittelten Verbesserungspotenziale der ersten Retrospektive sind anhand der erstellten Karteikarten auf einer Pinnwand für alle sichtbar. Das Team spricht die Inhalte der Reihe nach durch. Dabei wird deutlich, dass insbesondere die Disziplin hinsichtlich der Pünktlichkeit und der Frequenz der Teilnahmen an den Stand-ups sich deutlich verbessert hat. In den vergangenen Wochen mussten nur Michael und Larissa die vereinbarte Strafe bei einem Zuspätkommen leisten und die Kollegen mit einer Runde Donuts versorgen. Auch die Time Box von fünfzehn Minuten wurde nur einmal gerissen. Der Grund dafür war die notwendige Diskussion, die sich nach Christians Erkrankung ergeben hat.

Das Thema »Wir verlieren zu viel Zeit bei den Dailys mit Themen, die nicht das Projekt betreffen« hat sich dagegen nicht wirklich verbessert. Insbesondere in den montäglichen Stand-ups schlucken die Antworten auf die Standardfrage »Wie war das Wochenende?« zu viel Zeit. Klar ist es wichtig, sich über die erneute Niederlage des HSV (oder den erneuten Sieg von Bayern München) in der Fußball-Bundesliga zu unterhalten, aber hierfür das Stand-up zu nutzen, ist nicht wirklich gewollt.

Johannes bekommt ein besonders gutes Feedback vom Team. Er hat es tatsächlich geschafft, seine Redezeiten deutlich zu reduzieren, und kam in den Stand-ups viel schneller auf den Punkt. Auch sein Sinneswandel hinsichtlich der Übernahme von Aufgaben des erkrankten Christians wird von dem Team sehr honoriert.

Ein neuer Punkt zu eigenen Verbesserungen wird auch herausgearbeitet. Die ersten beiden Sprints haben deutliche Unterschiede hinsichtlich der Aufarbeitung der Ergebnisse gezeigt. Während Larissa, Camilla und Wolfgang sehr präzise und informativ in der Aufarbeitung sind, neigen Michael und Johannes dazu, sehr viel Prosa beizutragen, die über den Kern der relevanten Informationen hinausgeht.

Das One-Pager-Formular

Das Team beschließt daher, sich hier in der Breite und Tiefe der Ergebnisaufarbeitung besser anzugleichen. Dazu wird es ein klassisches Formular als »One-Pager« geben, das in Stichpunkten formuliert Antwort auf folgende Fragen geben soll:

- Was war die Aufgabe?
- Was ist das Ergebnis?
- Welche Folgeaufgaben leiten sich aus dem Ergebnis ab?
- Optional: Was ist im nächsten Sprint noch an der Aufgabe zu leisten?

Wir können es schon erahnen. Auch diese Formulare verschwinden nicht als Dateien in einem Netzwerk-Laufwerk, sondern werden als DIN-A-4-Blatt an das Kanban Board an den rechten Rand gepinnt. Jedes Mitglied erstellt zukünftig vor einem Sprint Review dieses Formular und stellt es dann knackig bei einem Review vor. Nach einer Abnahme durch Peter wandern die fertigen Ergebnisse an eine andere Pinnwand. Ergebnisse, die nicht abgenommen werden, erhalten zum letzten Punkt einen Eintrag und wandern zurück in das Sprint Backlog für den nächsten Sprint.

Lars muss schallend lachen, als er von Peter von diesem Vorgehen hört. »Das ist ja klasse. Das Wort Formular erinnert mich sofort an das Kundenzentrum des Bezirksamts bei mir um die Ecke in Eppendorf. Klingt nun wahrlich nicht sehr dynamisch und modern. Aber sei es drum. Wenn das Team hier einen Hebel zur eigenen Optimierung sieht, sollten wir den umlegen«, sagt er.

Der dritte Sprint läuft und läuft und läuft wie ein alter VW-Käfer

Unsere ScruMas befinden sich zwar noch in einer Art Experimentierphase der eigenen Transformation, kommen aber mittlerweile immer besser und besser mit der agilen Methodenwelt klar. Ein Eindruck, der sich auch bei den nächsten Sprints immer weiter bestätigt. »Ich bin wirklich stolz auf euch. Ihr habt schon wirklich viel erreicht«, sagt Lars zu Peter als sie sich bei einem gemeinsamen Abendessen über den Stand der Transformation austauschen. Lars hat zwei Tage zuvor spontan an der Retrospektive des dritten Sprints teilgenommen. Die Wochen vorher gab es nur wenige Berührungspunkte zwischen ihm und den ScruMas. Christian ist nach seiner Genesung im dritten Sprint wieder als Scrum Master in das Projekt zurückgekehrt und hat Lars wöchentlich kurz per Telefon über die Entwicklungen des Projektes informiert.

»Ich habe ja den direkten Vergleich zu anderen Transformationen, die ich begleite oder bereits begleitet habe. Es ist großartig zu sehen, wie partnerschaftlich deine Schergen miteinander umgehen. Die brennen richtig darauf, die beste CRM-Lösung einzuführen, die es unter der Sonne nur geben kann«, jubiliert Lars weiter.

Peter und Lars haben in den letzten Monaten ein echtes Vertrauensverhältnis zueinander aufgebaut. Daher fasst sich Peter ein Herz und erzählt Lars von der Erkrankung seiner Tochter und seinem eigenen Seelenzustand: »Wir haben uns nach der Sichtung verschiedener CRM-Lösungen jetzt dazu entschieden, eine Open-Source-Lösung zu nehmen und sie von einer Hamburger Softwarefirma auf unsere Bedarfe umstricken zu lassen. Sie waren begeistert von dem Detailgrad unserer Vorarbeiten und konnten ein sehr passendes Angebot für die Umsetzung machen. Außerdem arbeiten sie auch mit Scrum und das war auch ein wichtiger Grund für uns, mit ihnen zusammenzuarbeiten. Das passt alles. Was nicht passt, bin ich. Die Doppelbelastung Familie und Beruf zermartert mich gerade. Ich habe das Gefühl, viel zu wenig für meine Tochter da zu sein, und das belastet mich schwer. Ich muss dringend was ändern«, sagt er mit ruhiger Stimme.

Lars ist etwas überrascht über die offenen Worte seines Kunden. Er hat Peter immer als souveräne und stressresistente Führungskraft wahrgenommen und dabei nicht geahnt, was ihn hinter dieser Fassade wirklich bewegt. Nun klingt das Gesagte fast wie ein Hilferuf und Lars hat das Gefühl, einen Lösungsweg anbieten zu müssen.

Neue Wege entstehen, indem man sie findet und geht

»Danke für deine Ehrlichkeit. Natürlich sollte deine Tochter jetzt Vorrang haben. Kinder sind das Wichtigste und alles andere ist alles andere. Lass uns bitte überlegen, wie wir dich schnell entlasten können«, sagt Lars.

»Lass uns das Projekt noch einmal neu denken. Ich habe die spontane Idee, dass wir das Setting für die weiteren Schritte ändern. Du sagst ja, dass die Softwarebude auch mit Scrum arbeitet. Wie wäre es denn, wenn wir mit dem Dienstleister ein gemeinsames Scrum-Projekt aufsetzen und Christian zum Product Owner machen«, sprudelt es aus Lars heraus.

Peter hat sich schon viele Lösungswege überlegt, die er aber auch allesamt wieder verworfen hat. Lars Ansatz ist neu und begeistert ihn. Christian steckt inhaltlich tief in dem CRM-Thema und wird das Projekt sicherlich erfolgreich zum Ende bringen. Davon ist Peter überzeugt. Aber wie sieht dann die Umsetzung in der Praxis aus? Die Softwarefirma ist mit dem Auto fast eine halbe Stunde von ScruMa entfernt. Wie soll denn da ein Stand-up sinnvoll durchführbar sein?

»Klar ist die räumliche Distanz ein Thema. Aber wir sollten uns davon nicht beirren lassen. Die moderne Technik macht es doch möglich, per Videokonferenz oder, wenn es günstiger sein muss, per Skype die Stand-ups durchzuziehen. Denk einfach mal in Ruhe darüber nach«, sagt Lars, bevor er sich über seinen Nachtisch hermacht.

Peter spricht am nächsten Tag Christian an, um seine Meinung zu Lars Idee zu erfragen. Christian ist sofort begeistert und sagt ganz euphorisch: »Mensch Peter, das wird uns sehr helfen, im engen Austausch mit den Entwicklern zu bleiben und uns vor unliebsamen Überraschungen schützen. Wir sind so ganz nah am Prozess und bekommen mehrmals die Woche einen Überblick über das Vorangehen. Lass uns das bitte unbedingt so machen.«

Mit »Fischer und Konsorten« scrummen?
Dieser Elan von Christian beflügelt Peter, den Geschäftsführer der Softwareschmiede Fischer und Konsorten, Felix, direkt anzurufen, um ihm die Idee eines gemeinsamen Scrummings zu unterbreiten.

Felix reagiert etwas verhalten auf den Vorschlag. Einen Kunden so nah in die eigenen Prozesse einzubinden, kann gut funktionieren, muss es aber auch nicht. Nicht jeder seiner Entwickler ist ein Kommunikationswunder und mag es besonders gerne, wenn der Kunde im übertragenen Sinne auf seinem Schoß sitzt. Er bittet daher um einen Tag Bedenkzeit. Er möchte sich mit seinem Team darüber abstimmen, um hier nicht gleich zum Start der Zusammenarbeit mit der ScruMa einen riesen Fauxpas zu landen.

»Gut, wir machen das«, sagt Felix am nächsten Tag, als er mit Peter telefoniert. Und weiter: »Wir haben das gestern im Team diskutiert und finden den Ansatz sehr spannend. Für uns ist es immer fürchterlich, wenn uns ein Kunde eine Release nicht abnimmt, weil sich vielleicht seine Anforderungen in der Zeit von der Beauftragung bis zur Abnahme verändert haben. Lasst uns voneinander lernen und das allerschärfste CRM-System aufbauen, das es nur geben kann.«

Unsere ScruMas erfahren von Christian von dem angedachten Vorgehen. »Finde ich super. Ich wollte schon immer mal mit Technik-Nerds zusammenmenarbeiten. Normalerweise sitzen die immer im Keller und vertragen kein Tageslicht«, frotzelt Johannes.

Die Bemerkung trägt zur allgemeinen Belustigung des Teams bei. Nur Michael muss etwas schlucken, schließlich ist er selbst einer von diesen »Nerds«. Egal, unsere ScruMas sind mittlerweile neugierig und offen genug, auch dieses neue Experiment einzugehen. Leinen los.

Die Selbstorganisation greift

Das Kick-off-Meeting für das gemeinsame Projekt findet an einem neutralen Ort statt. Christian hat wieder den Workshop-Raum in Hamburg angemietet, den das Team auch für den eigenen Kick-off-Workshop genutzt hatte. Nachdem sich alle Anwesenden vorgestellt haben, geht es auch gleich zur Sache. Peter hat Lars gebeten, ebenfalls dabei zu sein, um das Kick-off zu moderieren.

Schnell stellt sich aber heraus, dass dies eigentlich gar nicht notwendig ist. Alle kennen sowohl die Theorie und die Praxis von Scrum und nutzen die verfügbare Zeit für organisatorische Vereinbarungen: Wann? Wo? Wie? Das sind die konkreten Fragen, die jetzt zu beantworten sind. Lars bekommt fast ein schlechtes Gewissen, ist er doch weitestgehend nur Beobachter des Treibens.

Peter nimmt an diesem Kick-off nicht teil. Er hat sich entschieden, eine dreiwöchige Auszeit zu nehmen, um mit seiner Frau und seiner Tochter einen Kur-Urlaub im Allgäu zu verbringen. Peters Tochter Friederike geht es zwar schon besser, aber die Ärzte raten ihr noch zur Ruhe und empfehlen einen solchen Kuraufenthalt in den Bergen.

Richard hat mittlerweile über Peter von der Erkrankung seiner Enkelin erfahren und sofort den Abbruch seiner Europareise angeboten. Peter hat das mit der Begründung abgelehnt, dass das ScruMa-Team 2.0 jetzt gefestigt genug ist, um auch turbulentere Zeiten gemeinsam zu meistern. »Kurvt ihr mal weiter in der Toscana rum und wenn es passt, besucht ihr uns im Allgäu, okay?«, hatte Peter am Telefon gesagt.

Die Karre aus dem Dreck holen?

Richard ist nach dem Anruf beunruhigt. Peter im Allgäu. Er selbst in der Toscana. Damit ist das Team in Hamburg doch jetzt komplett auf sich alleine gestellt! »Wie kann Peter das nur zulassen?«, gärt es in Richard. Einem Impuls folgend, ruft er seinen alten Gefolgsmann Wolfgang auf dessen Handy an: »Was denkst du, Wolfgang? Soll ich mich auf den Weg nach Hamburg machen, um den Karren aus dem Dreck zu ziehen?«, fragt er. »Klar, das ist eine super Idee, wenn du den Anspruch hast, unser Engagement der letzten Monate komplett ad absurdum zu führen. Du kannst uns gerne besuchen kommen, aber eine Karre aus irgendwas rauszuziehen, ist wirklich nicht notwendig«, antwortet Wolfgang.

Und Wolfgang hat wirklich recht. Das Kick-off ist ein Riesenerfolg. Spontan verlagert das neue ScruMa-Team, nach der Klärung des gemeinsamen Vorgehens, den Ort der Zusammenkunft in eine kleine Pinte direkt am Hamburger Hafen. Es wird ein ausgelassener Abend, der bis weit nach Mitternacht dauert. Selbst Lars hält bis zum Ende durch. Eigentlich ist es sonst nicht seine Art, mit Kunden zu versacken, aber die Stimmung ist einfach zu gut und unbeschwert, um sich zurückzuziehen.

Die ScruMa GmbH wird agil. Ein Happy-End? | **283**

Strukturell ändert sich am Setting des Projektes nicht viel. Es bleibt bei den drei Stand-ups am Montag, Mittwoch und Freitag. Das Sprint Planning, das Sprint Review und die Retrospektive finden jetzt in der erweiterten Konstellation im agilen Projektraum der ScruMa statt. Larissa übernimmt die Rolle des Scrum Masters nun dauerhaft von Christian, während Holger diese Rolle bei den Entwicklern übernimmt. Insgesamt arbeiten drei weitere Entwickler aus dem Team »F&K – Fischer und Konsorten« an der Umsetzung des CRM-Systems.

Auch die Struktur des Kanban Boards bleibt eins zu eins erhalten, wird aber bei den Kollegen von F&K inhaltlich komplett auf deren Board gespiegelt. Das heißt, jede Aufgabe ist bei beiden Firmen identisch einzusehen, auch wenn die Boards räumlich weit voneinander getrennt sind. Bewegungen der Karten werden nur in den vereinbarten Stand-ups vorgenommen und sind jeweils per Webcam für alle Teammitglieder nachvollziehbar, unabhängig davon, in welchem Büro sie sich gerade befinden.

Redundanz schafft Sicherheit

»Mensch, dann haben wir jetzt eine echte Sicherheitskopie von unserem Board. Ich warte schon seit Wochen darauf, dass unsere Putzkraft mal unseren Kartenwald von der Wand nimmt, um Ordnung zu schaffen«, ist der lockere Kommentar von unserem Spaßvogel Johannes zu diesem Thema.

Apropos Johannes. Wir sollten mal einen genaueren Blick auf seine Veränderungen der letzten Monate werfen. Wir erinnern uns noch an einen Kollegen, der sehr auf sich und sein eigenes Vorankommen fokussiert war; jetzt können wir ein anderes Bild von ihm zeichnen. Klar, ihm war schon immer bewusst, dass Teamarbeit und Kommunikation wichtig sind, aber de facto war es für ihn immer einfacher, seine Entscheidungen für sich zu treffen und dann abzuwarten, was sie für Auswirkungen auf die anderen Bereiche wie Marketing oder Kundenservice haben würden.

284 | Die ScruMa GmbH wird agil. Ein Happy-End?

Dieses Verhalten hat sich sehr zum Positiven gewandelt. In seinen Kundenterminen verspricht er viel weniger als in der Vergangenheit und weist darauf hin, dass er sich intern noch abstimmen muss. Noch vor ein paar Monaten hätte er konkrete Zusagen getroffen, ohne wirklich zu wissen, ob die anderen Bereiche bei ScruMa diese auch wirklich umsetzen können. Das hat immer wieder zu Konflikten mit den anderen Bereichsleitern geführt, die durch Johannes Alleingänge regelmäßig in echte Krisensituationen gerieten. »Ich habe es so satt, dass du mir immer diese brennenden Feuerbälle in den Garten wirfst«, schimpfte Camilla als Leiterin des Kundenservice einmal wutentbrannt. Johannes hatte damals einen Service verkauft, der prozessual für Camilla zu erheblichen Mehraufwendungen führte. Im Ergebnis waren diese Mehraufwendungen, im konkreten Fall durch eine notwendige Neueinstellung im Kundenservice, wesentlich höher als der Mehrumsatz durch den akquirierten Zusatzauftrag. Bingo.

Camillas Wutausbruch hatte Johannes damals noch kalt gelassen: »Camilla, ich habe Zielzahlen zu erreichen und ich werde die auch schaffen. Macht einfach Euren Job und lasst mich mit Euren Problemen in Ruhe«, hatte er scharf gekontert, bevor er Camilla stehen ließ und ging.

Johannes 2.0
Wir wollen an der Stelle nicht behaupten, dass Johannes sich durch das agile Projekt zu einem komplett neuen Menschen gewandelt hat. Was wir aber schon sehen, ist seine schrittweise Wandlung zu einem wertvollen Teamspieler. Diese Veränderung hat auch Eva, Johannes Frau, in letzter Zeit wahrgenommen. Früher erzählte er abends immer von den »Idioten aus dem Controlling« oder von den »aufgeblasenen Marketingfuzzis«. Solche Formulierungen gehören jetzt der Vergangenheit an. Johannes erzählt vielmehr von den Erfolgen, die das Team gemeinsam erreicht hat.

Eva hatte ihren Johannes vor fast zwanzig Jahren beim gemeinsamen Studium der Betriebswirtschaft in München kennengelernt. Sie mochte seine lebensfrohe und unbeschwerte Art und verliebte sich in ihn. Vier Jahre

Die ScruMa GmbH wird agil. Ein Happy-End? | **285**

später heirateten die beiden und bekamen zwei Söhne. Nach dem Studium entdeckte Johannes seine Leidenschaft für das Verkaufen und wurde von Jahr zu Jahr ehrgeiziger. Es verging fast kein Tag, an dem er nicht an neuen Verkaufsstrategien tüftelte, um noch mehr Umsätze für seinen jeweiligen Arbeitgeber zu realisieren.

Der Erfolg gab ihm dabei immer recht und die Erfolgsprämien sicherten der Familie einen gehobenen Lebensstil. Aber glücklich war Eva damit nicht in Gänze. Dieses »immer höher und weiter« war für sie eher eine Bedrohung, als dass es ihr Sicherheit gab. Von dieser Verunsicherung seiner Frau wollte Johannes nie etwas hören. Er war der Versorger der Familie und das bedeutet nun mal auch Opfer, war seine Argumentation, mit der er Diskussionen zu dem Thema oftmals im Keim erstickte.

Johannes 2.0 wirkt in letzter Zeit deutlich entspannter. Wir können nur erahnen, was der Grund hierfür ist. Spürt er vielleicht, dass der berufliche Druck durch die Verteilung auf mehrere Schultern deutlich abgenommen hat? Hat das neue Miteinander der ScruMas auch zu einer Entlastung bei Johannes geführt?

Sprint für Sprint geht es voran!
Der Fortschritt des CRM-Projektes ist immens. Sprint für Sprint nähert sich das firmenübergreifende ScruMa-Team der optimalen Lösung. Die Scrum-erfahrenen Entwickler von F&K sind positiv erstaunt, mit welchem Elan die ScruMas in den Sprints agieren. Natürlich gibt es immer wieder Potenziale zur Verbesserung, die aber in den gemeinsamen Retrospektiven diskutiert und in den nachfolgenden Sprints auch weitestgehend umgesetzt werden.

Christian geht in seiner Rolle als Product Owner voll auf und wird vollends von allen Teammitgliedern akzeptiert. In der Regel nimmt er 85 Prozent der Ergebnisse eines Sprints in den Sprint Reviews als erfolgreich erledigt ab. Die ausstehenden 15 Prozent werden dann im Folgesprint zum Erfolg gebracht. Lars agiert während der Sprints als Mentor für die Scrum Master

Larissa und Holger sowie für den Product Owner Christian und gibt immer dann wertvolle Tipps, wenn ihn ein Anruf oder eine E-Mail als kleiner Hilferuf erreicht.

Peter hat seine Auszeit in den Bergen sehr genossen und auch seine Tochter Friederike ist mittlerweile gesundheitlich fast wieder vollends genesen. Er verfolgt den Projektverlauf interessiert mit, mischt sich aber inhaltlich nicht offensiv ein. Warum auch, schließlich hat er das Gefühl, weniger zu wissen als die Beteiligten, und möchte hier den Flow nicht negativ beeinflussen.

Go-Live als symbolisches Buzzer-Drücken

Jetzt ist die Zeit gekommen, das neue CRM-System einzuführen. Das Roll-Out-Szenario ist zwischen allen Beteiligten eng abgestimmt und jedes Teammitglied kennt die eigenen Verantwortlichkeiten für ein erfolgreiches Gelingen. Larissa hat die Idee, das »Go-Live« feierlich mit dem gesamten ScruMa-Team im Rahmen eines Events zu feiern. Peter stimmt sofort zu und schlägt vor, sämtliche Mitarbeiter der ScruMa und von F&K hierzu einzuladen und die »Scharfschaltung« des neuen Systems mit dem symbolischen Druck auf einen »Buzzer« zu feiern.

Nun sollte auch Richard über den Stand der Dinge informiert werden. Peter ruft seinen Vater auf dem Handy an, um Vollzug zu melden und von dem geplanten Event zu berichten. Richard beendet gerade seine Tour durch Europa und lädt sich spontan selbst zum Drücken des Buzzers ein.

Der große Tag ist jetzt gekommen. Peter hat für den »Go-Live«-Event einen kleinen Saal in einem Hamburger Nobelhotel anmieten lassen. Nachdem sich alle Teilnehmer eingefunden haben, ist es Zeit für den großen Moment. Peter betont in seiner kurzweiligen Rede seinen Stolz auf das Erreichte und lobt die partnerschaftliche Zusammenarbeit mit den Kollegen von F&K. Dann drückt er gemeinsam mit Felix, dem Geschäftsführer der F&K, auf den Buzzer und gibt so den Startschuss für die entwickelte CRM-Lösung.

Christian hat als Marketingchef noch eine ganz besondere Überraschung in petto. Heimlich hat er in Abstimmung mit Peter und Johannes ein neues Logo für die ScruMa entwickelt, das er nun feierlich enthüllt.

Ein neues Logo? Die Idee hatte Peter in seiner Auszeit entwickelt. Er will auch in der Außendarstellung die agilen Veränderungen seiner Firma sichtbar machen. Als er Christian und Johannes diese Idee präsentierte, waren beide Herren begeistert. »Das ist großartig. Die Tatsache, dass wir unsere Dienstleistungen in enger Abstimmung und fokussiert auf deren Wünsche entwickeln, lässt sich verkaufen wie die Hölle«, war die spontane Reaktion von Johannes.

Aber Moment. Hatte Johannes dabei schon die Vision, nicht nur das agile Pilotprojekt zum Ende zu bringen, sondern nach und nach die Agilität in den Arbeitsalltag der ScruMa zu integrieren?

Richard hält sich bewusst im Hintergrund und beobachtet die Szenerie aufmerksam. »Keine Ahnung, was in den letzten Monaten hier passiert ist, aber das ist nicht mehr die Firma, die ich aufgebaut habe. Zum Glück muss ich mich nicht mehr darum kümmern«, denkt er sich insgeheim und wundert sich insbesondere über Wolfgangs Ausgelassenheit.

Aber nicht nur Wolfgang feiert diesen Meilenstein in der Firmengeschichte mit reichlich Promille, sondern auch alle anderen Anwesenden lassen der Freude über das Erreichte freien Lauf und nutzen die Getränke-Flatrate ausgiebig aus. Wir ziehen uns an dieser Stelle diskret zurück und gratulieren herzlich. Good job, liebe ScruMas!

4.6 Agility Check 3.0

Am nächsten Morgen ist die Party Vergangenheit. Das gemeinsame Lernen und Aufschnappen von neuen Impulsen gewinnt wieder an Zugkraft. Und die Idee des voneinander Lernens. Zudem der Fokus auf das gemeinsame Anliegen: Wir wollen in Sachen Agilität nach vorne kommen und immer professionaler werden! Und natürlich müssen auch die neuen Gegebenheiten und Ereignisse vom Team eingeordnet und unter Umständen auch emotional verarbeitet werden. Vielleicht kann ja auch wieder Delegationspoker gespielt werden, diesmal nicht Geschäftsführung versus Führungsteam, sondern ScruMa versus Fischer & Konsorten.

»Wir nageln heute wieder vorläufige Leitplanken an die Wand, damit ihr wisst, wo die Straße ist!«, sagt Max salopp, als er mit dem Team in den Agility Check einsteigt, und freut sich dabei diebisch über seine kokett-provokative Formulierungsgabe. »Was machen wir, wenn ein Hirsch kommt und alles umstößt?«, fragt Camilla. »Du meinst, wenn einer dieser Katastrophentage in der Zukunft über eure selbst gegebenen Spielregeln hinwegfegt und erst mal die Brandherde gelöscht werden müssen?«, fragt Max. »Kein Problem, wir bauen dann die Leitplanken neu, vielleicht muss ja auch gleich die eine oder andere (Kommunikations-)Straße neu verlegt werden, das machen wir dann in einem Aufwasch ...« Camilla lehnt sich entspannt zurück. Dieser Max ist gar nicht so schlecht und auch gar nicht so arrogant, wie sie am Anfang dachte.

Die ScruMa GmbH wird agil. Ein Happy-End? | **289**

Was hat das Team in der letzten Retrospektive gelernt? Prinzipien locken den Erfolg an, während Regeln eher dazu ermuntern, den Misserfolg zu rechtfertigen. Das Team braucht wenige, dafür aber gut passende Prinzipien und alles in allem deutlich weniger Regeln, denkt Max. Die Vielzahl der Regeln entspricht dem verwirrenden Schilderwald auf manch einer Straße, ein relevantes Prinzip wäre hingegen »sicher fahren«. Also, wie genau sollen unsere ScruMas nun mega-sicher sowie krisenfest-resilient-agil geleitet durch wenige wichtige Prinzipien ihre Zukunft selbst gestalten? Es gibt viele Wege. Max blickt in die Runde, um einen Aufhänger, ein Stichwort, einen Strohhalm zu finden, an dem entlang er die letzte Intervention für diesen Tag aufbauen kann ...

Ausgepokert? Denkste! Action, Klappe, die Dritte!
»Können wir nicht noch eine neue Art von Poker spielen?«, meldet sich Camilla zu Wort, nicht ohne Hinterlist. Ihr Ziel ist es, Max jetzt einmal so richtig zu »challengen«. Sie hat im Vorfeld schon einmal recherchiert: Neben dem Delegationspoker und dem Planungspoker gibt es nichts mit »Poker« drin, was jetzt sinnig spielbar wäre. Nun ja, Max ist ja nicht auf den Kopf gefallen, aber ob er diese kleine Nuss knacken wird?

»Kennt ihr eigentlich schon Skalierungspoker?«, fragt Max lässig in die Runde. »Hm, Skalierungspoker, das ist doch bestimmt etwas Unanständiges!«, vermutet Christian und blickt dann auf Peter, denn der kennt Max besser als er. »Ich weiß nicht, was Max genau meint, aber mich elektrisiert der Begriff ›Skalierungspoker‹ durchaus, was immer auch sich dahinter versteckt«, bemerkt Peter süffisant und gibt den Ball augenzwinkernd an Max zurück. »Es ist ganz einfach«, leitet Max die folgende Übung ein: Im Skalierungspoker werden – jeweils einmal reihum – die folgenden Fragen von allen Teammitgliedern beantwortet:

1. Wie agil sind wir auf einer Skala von eins bis zehn? (1 = minimal, 10 = maximal)
2. Was hat alles dazu beigetragen, dass wir schon so weit gekommen sind?

Ich konnte noch nie einer Herausforderung widerstehen, bei der die Aussicht auf Erfolg gering war und ich das Gegenteil beweisen konnte.

Richard Branson (*1950), britischer Unternehmer und Philanthrop

3. Was brauchen wir noch, um möglichst schnell auf eine Zehn zu kommen?

Die Übung und die darauffolgende Diskussion verläuft sehr lebendig und es werden sehr viele Dinge benannt, die ein enormes Potenzial für die zukünftige Entwicklung versprechen, welche in der Lage sein werden, die ScruMa GmbH wirklich agil und zukunftsfähig zu machen.

»Okay, das war eine sehr gute Übung, Max«, sagt Johannes, der Vertriebsmann, am Schluss, »aber warum hast du das eigentlich Skalierungspoker genannt?« Max schmunzelt und sagt: »Wenn ich jetzt sage, was ich denke, dann hätten wir alle etwas zu lachen!« Die vorgesehenen neunzig Minuten sind vorüber und Max löst die Runde entspannt auf mit: »Let's have a little break together!«

Der Schlusspunkt für heute

Soweit unser Schlusspunkt für diesen Moment. Wie geht die Story weiter? Was wird in Zukunft passieren? Wird es neue Komplikationen geben? Kann sein, kann auch nicht sein. Vielleicht ist aber auch der nächste agile Quantensprung möglich. Wir wissen es nicht! Und es gilt: Die größte Konstante ist nach wie vor das Unbekannte!

Hätten Sie etwas anderes erwartet? Gut, natürlich gibt es Erfahrungswerte. Oft geht es an einem solchen Punkt der agilen Transformation darum, die gesamte Organisation in die Lage zu versetzen, immer mehr Hindernisse für agiles Arbeiten zu beseitigen und die Weichen nachhaltig auf agil zu stellen. »No more Waterfall!«, hören und lesen wir in der letzten Zeit immer öfter. Erschreckend wäre es – und auch solche Fälle gibt es – wenn am Ende von einer agilen Transformation wenig bis nichts übrig bleibt, wenn agiles Arbeiten plötzlich wieder von wasserfallartigen Vorgehensweisen überflutet wird. Etwas böse wird das dann auch »Zombi-Agilität« genannt (vgl. Bösenberg 2018).

Eine andere Umschreibung für ein ähnliches Phänomen lautet: »WATER-SCRUM–FALL« (vgl. Humble 2016). Die einzelnen Teams versuchen hier, agil zu arbeiten, jedoch sind sowohl die vorgelagerten Planungs- und Entscheidungsprozesse als auch die nachgelagerten Auslieferungs-, Feedback- und Go-to-Market-Mechanismen nach wie vor vollständig klassisch organisiert. Die systematische Verlangsamung, zuweilen auch eine systemimmanente vollständige Ausbremsung agiler Arbeits- und Vorgehensweisen, ist in einem »WATER–SCRUM–FALL«-Szenario gewissermaßen vorprogrammiert.

Wie lässt sich das verhindern? Spätestens hier muss das ganze Unternehmen in das gemeinsame agile Boot geholt werden. Was können Vorstände, was kann die Geschäftsleitung, was können die Management-Boards sowie das Senior Management dazu beitragen, dass sich zum Beispiel Budgetplanungen und Business-Cases so flexibilisieren lassen, dass sie ein agiles Vorgehen unterstützen (und nicht ad absurdum führen)? Ein Stichwort hierfür wäre agiles Portfolio-Management. Hier sind oft Kreativität und ein gemeinsamer, von allen getragener Wille erforderlich, um substanziell voranzukommen.

Unsere Empfehlung: unbedingt die Agility Checks extern moderieren lassen! Warum? Alle mit ins Boot zu nehmen, eröffnet ein riesiges Potenzial und gleichzeitig ist es ein sehr sensibler Punkt: Es ist eben nicht einfach, die Weichen voll auf Agilität zu stellen. Und die Stabilitätserfordernisse eines größeren Unternehmens können nicht ignoriert werden, sie müssen vielmehr auf eine neue Art und Weise erfüllt werden. Und das ist manchmal fast schwieriger als die Bildung einer neuen Regierungskoalition!

Das Unternehmen liegt in so einem Fall fast nackt da, wie ein in seine Einzelteile zerlegtes Mofa. Ein emotionaler Windstoß, zwei, drei Entgleisungen, und schon bald liegen alle wieder in den sicheren Schützengräben der Wasserfall-Welten. Schade drum!

Agile Schnittchen und begleitete Schrittchen

Eine gute Begleitung ist für diese Phase daher sehr wertvoll. Sparen Sie also weder an agilen Schnittchen noch an begleiteten Schrittchen. Eine neue Qualität der Arbeit sowie eine Weiterentwicklung des Business-Modells und die Verbesserung der Geschäftsprozesse in Verbindung mit einer anwachsenden Umsetzungsgeschwindigkeit werden nicht lange auf sich warten lassen!

»Agility Checks«: Den Begriff und auch das Konzept dazu haben wir übrigens in Kunden-Projekten gemeinsam mit diesen erdacht und weiterentwickelt. Diese Checks sind generell eine Plattform, um es allen Beteiligten zu ermöglichen, relativ angstfrei die für die Organisation wichtigen Punkte anzusprechen und ganz fokussiert mithilfe eines externen Inputs im eigenen Agilitätsprozess voranzukommen. Eine mögliche Form für die ersten Agility Checks haben wir in diesem Buch exemplarisch mit Leben gefüllt.

Jetzt sind Sie dran! Schreiben Sie doch hier an dieser Stelle einmal alle Ideen auf, die Ihnen jetzt gerade durch den Kopf schießen, was der Gegenstand eines Agility Checks sein könnte. Gerne diskutieren wir mit Ihnen darüber (oder noch besser, probieren diese Ideen bei Ihnen im Unternehmen aus :-)).

Meine Ideen für den anstehenden Agility Check bei den ScruMas:
1.
2.
3.

Liebe Leser, wir können hier nicht die ganze Geschichte der ScruMa GmbH zu Ende erzählen. Warum? Sie wird nie zu Ende sein, da der Weg in die Agilität ein fortwährender Prozess der eigenen Optimierung ist. Wir geben Ihnen aber die Möglichkeit, diesen Weg dauerhaft weiter zu verfolgen.

Werden Sie jetzt Mitglied der ScruMa-Community! Hier finden Sie Ihren persönlichen Zugangscode für die Inhalte auf der Seite *www.scruma.de*:

Ihr Code lautet:

GET_THE_FRUITS_2018

Literaturverzeichnis

Agentur für Arbeit (2016): Der Arbeitsmarkt in Deutschland – MINT-Berufe. https://statistik.arbeitsagentur.de/Statischer-Content/Arbeitsmarktberichte/Berufe/generische-Publikationen/Broschuere-MINT.pdf, abgerufen am 5. April 2018.

Bauer, Joachim (2015): Selbststeuerung: Die Wiederentdeckung des freien Willens. Karl Blessing, München.

Beck, Kent et. al. (2001). Manifesto for Agile Software Development: http://agilemanifesto.org, abgerufen am 21. März 2018.

Bösenberg, Christina (2018): Zombie-Agilität: Vielen Unternehmen fehlt der Mut für echte Agilität! Blog-Artikel vom 9. Februar 2018: https://vision.haufe.de/blog/zombie-agilitaet-vielen-unternehmen-fehlt-der-mut-fuer-echte-agilitaet, abgerufen am 21. März 2018.

Chamorro-Premuzik, Tomas (2013): Geld ist nicht alles. Online-Artikel vom 25. Juni 2013: http://www.harvardbusinessmanager.de/blogs/gehalt-mehr-geld-fuehrt-nicht-zu-mehr-motivation-und-zufriedenheit-a-907448.html, abgerufen am 5. April 2018.

Csikszentmihalyi, Mihaly; Szöllösi, Ingeborg (2010). Flow – der Weg zum Glück. Herder, Freiburg.

DPA (2017): Uhren-Schwergewicht Fossil läuft Smartwatch-Trend hinterher. Online-Artikel vom 10.05.2017: https://www.wallstreet-online.de/nachricht/9569390-uhren-schwergewicht-fossil-laeuft-smartwatch-trend, abgerufen am 5. April 2018.

Gloger, Boris (2016): Scrum Thing big: Scrum für wirklich große Projekte, viele Teams und viele Kulturen. Carl Hanser, München.

F.A.Z. (2016): Daimler baut Konzern für die Digitalisierung um. Online-Artikel vom 07.09.2016: http://www.faz.net/aktuell/wirtschaft/daimler-baut-konzern-fuer-die-digitalisierung-um-14424858.html, abgerufen am 21. März 2018.

Fratto, Natalie (2018): Screw Emotional Intelligence – Here's The Key To The Future Of Work. Online-Artikel vom 18. Januar 2018: https://www.fastcompany.com/40522394/screw-emotional-intelligence-heres-the-real-key-to-the-future-of-work, abgerufen am 21. März 2018.

Greve, Gustav (2016): Organisational Flow: Der leichte Weg zur Höchstleistungsorganisation. Springer Gabler, Heidelberg.

Häusling, André (2015): Die drei Säulen agiler Führung. Youtube-Video vom 20.06.2017. https://www.youtube.com/watch?v=CuRdf99ugFE, abgerufen am 21. März 2018.

Humble, Jez (2016): Why Scaling Doesn't Work. Youtube-Video vom 4. Mai 2015: https://www.youtube.com/watch?v=2zYxWEZOgYg&feature=share, abgerufen am 21. März 2018.

Hurtz, Albert; Best, Daniela (2014): Raus aus der Lean-Falle: Lean erfolgreich zur Gewohnheit machen. BusinessVillage, Göttingen.

Kane, Libby (2017): In internal Tesla Memo the CEO Elon Musk says the way most companies communicate is ‚incredibly dumb'. Blog-Artikel von 30.08.207: http://www.businessinsider.de/tesla-elon-musk-how-to-communicate-2017-8, abgerufen am 21. März 2018.

Laloux, Frederic (2015): Reinventing Organizations: Ein Leitfaden zur Gestaltung sinnstiftender Formen der Zusammenarbeit. Vahlen, München.

Hurz, Albert; Claushues, Judith (2017): Agiles Lean gelingt nur mit den Menschen. BusinessVillage, Göttingen.

Lotter, Wolf (2014): Was der Kunde wirklich will. Artikel in Brand Eins 05/2014: https://www.brandeins.de/archiv/2014/im-interesse-des-kunden/was-der-kunde-wirklich-will, abgerufen am 21. März 2018.

manager magazin (2017): Reisebranche zeigt sich agil – Telekombranche fällt zurück. Meldung in manager magazin Online vom 21.06.2017: http://www.manager-magazin.de/unternehmen/artikel/agile-performer-index-agilitaet-als-wettbewerbsvorteil-a-1153364.html, abgerufen am 5. April 2018.

Marquard, Pascal (2017): Unsere Studie ist da: Führung im digitalen Zeitalter. Online-Artikel vom 3. März 2017: https://blog.metaberatung.de/2017/03/03/unsere-studie-ist-da-fuehrung-im-digitalen-zeitalter/#more-540, abgerufen am 21. März 2018.

NDR (2016): Einsame Spitze: Top-Manager am Limit. NDR-Online-Artikel vom 31. Oktober 2016: http://www.ndr.de/fernsehen/sendungen/45_min/Top-Manager-am-Limit,sendung570844.html, abgerufen am 21. März 2018.

Nowotny, Valentin (2016a): Agile Unternehmen: Fokussiert, schnell, flexibel. Nur was sich bewegt, kann sich verändern. BusinessVillage, Göttingen..

Nowotny, Valentin (2016b): Nur was sich bewegt, kann sich verändern. Blog-Artikel vom 09.06.2016: http://www.businessvillage.de/Nur-was-sich-bewegt-kann-sich-verbessern/mag-1545.html, abgerufen am 21. März 2018.

Nowotny, Valentin (2016c): Unternehmenskultur: Was ist eine agile Organisation. Online-Artikel von 23. August 2016: http://www.business-wissen.de/artikel/unternehmenskultur-was-ist-eine-agile-organisation, abgerufen am 21. März 2018.

Nowotny, Valentin (2017a): Agile Strukturen: Erfolgsmodelle der Zukunft: Neue Geschichten aus der agilen Welt. NowConcept Pocket Books, Berlin.

Nowotny, Valentin (2017b): Agile Führung: Leadership 4.0. Die besten Führungs-Tools für das 21. Jahrhundert. NowConcept Pocket Books, Berlin.

Nowotny, Valentin; Schaaf Alexander (2017c): Agile Tools, agile Praktiken: Agiles Arbeiten 4.0. Einfach agil arbeiten! NowConcept Pocket Books, Berlin.

Nowotny, Valentin (2017d): Scrum & Co: Ein Plädoyer für selbstorganisierte Teams. Online-Artikel vom 26. Dezember 2017: https://upload-magazin.de/blog/21597-scrum-selbstorganisation, abgerufen am 5. April 2018.

Nowotny, Valentin (2017e): Agil verhandeln mit Telefon, E-Mail, Video, Chat & Co. Die Toolbox mit Strategien, Verhaltenstipps und Erfolgsfaktoren. Schäffer-Poeschel.

Pechmann, Jan (2017): Agiles Marketing – die Flitterwochen sind vorbei. Blog-Artikel: http://onetoone.de/de/artikel/agiles-marketing-%E2%80%93-die-flitter%C2%ADwochen-sind-vorbei, abgerufen am 5. April 2018.

Redaktion CHIP (2015): Aus für die Apple Watch? Düstere Prognose für Apples Edel-Uhr. Online-Artikel vom 14.04.2016: http://www.chip.de/news/Aus-fuer-die-Apple-Watch-Trifft-diese-duestere-Vorhersage-wirklich-zu_92284983.html, abgerufen am 21. März 2018.

Rooney, Jennifer (2014): Applying Agile Methodology To Marketing Can Pay Dividends: Survey.Forbes-Online-Artikel vom 14. April 2014: https://www.forbes.com/sites/jenniferrooney/2014/04/15/applying-agile-methodology-to-marketing-can-pay-dividends-survey, abgerufen am 21. März 2018.

Sander, Constantin (2017): Agiles Management: Können Elefanten tanzen? Blog-Artikel vom 19. Juni 2017: http://www.mind-steps.de/ 2017/06/19/agiles-management-koennen-elefanten-tanzen, abgerufen am 21. März 2018.

Schüller, Anne M. (2016): »Führungsstil: Mitarbeiter als Moderator und Möglichmacher führen«. Blogbeitrag vom 3. Juli 2016: https://www.business-wissen.de/artikel/fuehrungsstil-mitarbeiter-als-moderator-und-moeglichmacher-fuehren, abgerufen am 5. April 2018.

Schmid, Fidelius (2017): Mietwagen zweckentfremdet: Daimler ramponiert Tesla bei heimlichen Tests. Online-Artikel vom 2. Dezember 2017: http://www.spiegel.de/auto/aktuell/tesla-daimler-ramponiert-tesla-mietauto-bei-heimlichen-tests-a-1181279.html, abgerufen am 21. März 2018.

Schneider, Ulf (2012): Die balancierte Organisationskultur. Blog-Artikel vom 19.08.2012: https://allesagil.net/2012/08/19/die-balancierte-organisationskultur, abgerufen am 21. März 2018.

Schwaber, Ken; Sutherland, Jeff (2017): Der Scrum Guide™ Der gültige Leitfaden für Scrum: Die Spielregeln. https://www.scrumguides.org/docs/scrumguide/v2017/2017-Scrum-Guide-German.pdf, abgerufen am 21. März 2018.

Vollmer, Alexandra (2017): Agilität: Sechs Herausforderungen, die Großunternehmen meistern müssen. Online-Artikel vom 17. Juli 2017: https://t3n.de/news/agilitaet-herausforderungen-unternehmen-837497, abgerufen am 21. März 2018.

Wolf, Gunther (2018): Mitarbeiterbindung: Strategie und Umsetzung im Unternehmen. Haufe, Freiburg.

Zimmermann, Volker (2017): Digitalisierung der Wirtschaft: breite Basis, vielfältige Hemmnisse. Unternehmensbefragung herausgegeben von der KfW: https://www.kfw.de/PDF/Download-Center/Konzernthemen/Research/PDF-Dokumente-Unternehmensbefragung/Unternehmensbefragung-2017-%E2%80%93-Digitalisierung.pdf, abgerufen am 21. März 2018.

Agile Unternehmen

Valentin Nowotny
Agile Unternehmen
Nur was sich bewegt, kann sich verbessern
4. Auflage 2018

396 Seiten; Broschur; 29,80 Euro
ISBN 978-3-86980-330-2; Art.-Nr.: 985

Dauerhaft werden nur agile Unternehmen erfolgreich sein – Unternehmen, die fokussiert, schnell und flexibel neue Geschäftsfelder entdecken und entwickeln und bereit sind, traditionelle Kontexte zu verlassen. Doch was ist eigentlich »Agilität«? Welche Voraussetzungen müssen agile Unternehmen mitbringen? Und welche Konsequenzen hat das für Management, Führungskräfte und Mitarbeiter(innen)? Antworten darauf liefert dieses Buch.

Der Diplom-Psychologe und langjährige Projektmanager Valentin Nowotny zeigt in seinem neuen Buch, wie Unternehmen die Kraft agilen Denkens und Handelns erfolgreich nutzen. Anschaulich und fundiert erklärt er die psychologischen Grundprinzipien agiler Methoden wie zum Beispiel Scrum, Kanban oder Design Thinking. Nowotny beschreibt die agilen Werte, Prinzipien und Rituale, die passende Unternehmenskultur sowie mögliche Wege einer Transformation unterschiedlicher Bereiche, Abteilungen und Arbeitsgruppen.

Schritt für Schritt zeigt er, wie der erforderliche Prozess gestaltet werden muss, um alle Hierarchieebenen eines Unternehmens in ein agiles System einzubinden. Reduziert auf die wesentlichen Denk- und Handlungsprinzipien agiler Systeme zeigt dieses Buch anschaulich, wie der Erfolg von zeitgemäßen, digital aufgestellten Unternehmen, zum Beispiel Apple, Facebook, Google und Spotify, für Unternehmen jeder Größenordnung und Branche versteh- und nutzbar wird.

www.BusinessVillage.de

Agile Teams

Jörg Bahlow, Gerhard Kullmann
Agile Teams
Neue Herausforderungen fokussiert meistern
1. Auflage 2017

232 Seiten; Broschur; 24,95 Euro
ISBN 978-3-86980-369-2; Art.-Nr.: 1013

Schnell, beweglich und effizient – agil müssen Unternehmen heute sein, um dauerhaft Erfolg zu haben. Der wichtigste Rohstoff für agile Unternehmen sind dabei motivierte Mitarbeiter und agile Teams.

Was macht aber ein agiles Team aus, das schnell reagiert und außergewöhnliche Leistungen erbringt? Wie lassen sich agile Teams gezielt entwickeln? Und wie werden diese Teams möglichst wirksam im Unternehmen eingesetzt?

Antworten darauf liefern Jörg Bahlow und Gerhard Kullmann in ihrem neuen Buch. Sie zeigen, wie die Balance zwischen Führung, eigenverantwortlichem Handeln und effizienter Selbststeuerung im Team gelingt. Denn wesentliche Voraussetzungen für agile Teamarbeit sind Verbindlichkeit und Fokussierung. Und die entstehen nur auf der Grundlage von Vertrauen und Kommunikation.

Schritt für Schritt zeigen die Autoren, wie agile Teamkonzepte auch über die Softwareentwicklung hinaus realisiert werden. Reduziert auf die wesentlichen Denk- und Handlungsmuster, zeigt dieses Buch anschaulich, wie agile Teams in Unternehmen jeder Größe und Branche einsetzbar sind.

www.BusinessVillage.de

Agil moderieren

Michaela Stach
Agil moderieren
Konkrete Ergebnisse statt endloser Diskussion
1. Auflage 2016

254 Seiten; Broschur; 24,80 Euro
ISBN 978-3-86980-332-6; Art.-Nr.: 984

Diskussionsrunden, Meetings oder Projektbesprechungen produzieren oftmals nur frustrierte Teilnehmer und keine verwertbaren Erkenntnisse. Die Ergebnisse liegen meist nicht im Einflussbereich der Teilnehmer, es wird aneinander vorbeigeredet, Konkretes wird vermieden und die Gespräche drehen sich im Kreis – eben typische Alibimoderationen, die das eigentliche Ziel verfehlen.

Gleichzeitig sind Fragestellungen komplex und oftmals interdisziplinär. Vom Zeit- und Erfolgsdruck ganz zu schweigen. Tragfähige Lösungen können aber nur dann entstehen, wenn der Kopf kühl bleibt und die verschiedenen Perspektiven und Expertisen integriert und genutzt werden. Und genau hier setzt die Aufgabe des agilen Moderierens an.

Michaela Stach zeigt in ihrem neuen Buch, wie man mit Offenheit, Wertschätzung und gesunder Multiperspektivität ganz neue Akzente setzt. Basierend auf den Erfahrungen und Praxiserfolgen der systemischen Moderation wird illustriert, wie ein Moderationsprozess entwickelt wird, die Teilnehmer durch gezielte Fragen aktiviert und einbezogen werden und wie aus Ideen und Erkenntnissen umsetzbare Ergebnisse und Commitment entstehen …

www.BusinessVillage.de

Die intelligente Organisation

Mark Lambertz
Die intelligente Organisation
Das Playbook für organisatorische Komplexität
1. Auflage 2018

192 Seiten; Broschur; 24,95 Euro
ISBN 978-3-86980-409-5; Art-Nr.: 1036

In Zeiten zunehmender Dynamik erkennen immer mehr Unternehmen, dass das tayloristische Command & Control nicht mehr funktioniert. Auch die Reduktion auf Teal Organisations oder Holokratie und andere Kochrezepte bringen keineswegs die erhofften Erfolge. Wir müssen erkennen, dass wir in komplexen Systemen agieren, nicht alles wissen und nicht alles in unserem Sinn steuern können.

Doch wie können wir den Herausforderungen komplexer Systeme dann begegnen? Wie entwickeln wir ein Gesamtkonstrukt, das es erlaubt, das große Ganze zu sehen und uns nicht in punktuellen Einzelmaßnahmen zu verlieren? Lambertz' neues Buch gibt Antworten auf genau diese Fragen. Es liefert eine vollkommen neue Sichtweise auf Organisationen, die es ermöglicht, Normen, Strategie, Taktiken und Wertschöpfung im Zusammenhang zu verstehen. Denn erst daraus lassen sich die Fähigkeiten des Unternehmens identifizieren und bestmöglich entfalten: Die Symbiose von notwendiger Selbstorganisation mit ebenso notwendiger Führung.

Lambertz' Neuinterpretation des Viable System Model lädt in Form eines Playbooks zum Mitdenken und Experimentieren ein und zeigt an vielen Praxisbeispielen, wie man sein eigenes Modell für die jeweilige konkrete Situation erstellt.

Das Denkwerkzeug für die Organisationsentwicklung.

www.BusinessVillage.de

Mit strukturierter Agilität zu außergewöhnlichen Ideen

Nils Bäumer
Mit strukturierter Agilität zu außergewöhnlichen Ideen
Wenn aus Scrum murcS wird
1. Auflage 2018

160 Seiten; Broschur; 9,95 Euro
ISBN 978-3-86980-416-3; Art-Nr.: 1052

Agil, innovativ, kreativ: Das sind die Schlüsselkompetenzen, um in einer sich immer schneller verändernden Welt zu überleben. Bewährte Prozesse und Methoden reichen bei Weitem nicht mehr aus. Als Reaktion darauf wird auf agile Methoden gesetzt. So soll beispielsweise Scrum den notwendigen Schwung für zukünftige Herausforderungen verleihen. Dabei wird übersehen, dass Scrum keine Allzweckwaffe gegen Ideenlosigkeit und Veränderungsresistenz ist.

Bäumers Buch erklärt einen neuen Ansatz. Denn bei agilen Methoden wie Scrum bleiben Kreativität und Ideenfindung oftmals auf der Strecke. Darum wird aus Scrum jetzt murcS. Ein Ansatz, mit dem in agilen Strukturen Kreativität und Ideengenerierung Platz finden und gefördert werden.

murcS ist für alle Gruppen und Teams anwendbar, die sich den Herausforderungen der agilen Arbeitswelt stellen wollen. Denn Agilität braucht Struktur und Kreativität.

www.BusinessVillage.de